U0635897

遼史

〔元〕脱脱 等撰

點校本
二十四史
修訂本

第五册
卷七一至卷一一六

中華書局

2016 年 4 月第 1 版　　2023 年 11 月第 4 次印刷

ISBN 978-7-101-11607-6

遼史卷七十一

列傳第一〔一〕

后妃

肅祖昭烈皇后蕭氏　懿祖莊敬皇后蕭氏　玄祖簡獻皇后蕭氏
德祖宣簡皇后蕭氏　太祖淳欽皇后述律氏　太宗靖安皇后蕭氏
世宗懷節皇后蕭氏　世宗妃甄氏　穆宗皇后蕭氏
景宗睿智皇后蕭氏　聖宗仁德皇后蕭氏　聖宗欽哀皇后蕭氏
興宗仁懿皇后蕭氏　興宗貴妃蕭氏　道宗宣懿皇后蕭氏
道宗惠妃蕭氏　天祚皇后蕭氏　天祚德妃蕭氏　天祚文妃蕭氏
天祚元妃蕭氏

書始嬪虞，詩興關雎。國史記載，往往自家而國，以立天下之本。然尊卑之分，不可易也。司馬遷列呂后于紀，班固因之，而傳元后於外戚之後，范曄登后妃于帝紀。天子紀年以敍事謂之紀，后曷爲而紀之？自晉史列諸后以首傳，隋、唐以來，莫之能易也。

遼因突厥，稱皇后曰「可敦」，國語謂之「脦俚蹇」，尊稱曰「耨斡麼」〔二〕，蓋以配后土而母之云。太祖稱帝，尊祖母曰太皇太后，母曰皇太后，嬪曰皇后。等以徽稱，加以美號，質於隋、唐，文於故俗。后族唯乙室、拔里氏，而世任其國事。太祖慕漢高皇帝，故耶律兼稱劉氏；以乙室、拔里比蕭相國，遂爲蕭氏。

耶律儼、陳大任遼史后妃傳，大同小異，酌取其當著于篇。

肅祖昭烈皇后蕭氏，小字卓真。歸肅祖，生四子，見皇子表。乾統三年，追尊昭烈皇后。

懿祖莊敬皇后蕭氏，小字牙里辛。肅祖嘗過其家曰：「同姓可結交，異姓可結婚。」知爲蕭氏，爲懿祖聘焉。生男女七人。乾統三年，追尊莊敬皇后。

玄祖簡獻皇后蕭氏，小字月里朵。玄祖爲狠德所害，后嫠居，恐不免，命四子往依鄰家耶律臺押，乃獲安。太祖生，后以骨相異常，懼有陰圖害者，鞠之別帳。重熙二十一年，追尊簡獻皇后。

德祖宣簡皇后蕭氏，小字巖母斤。遥輦氏宰相剔剌之女。男、女六人，太祖長子也。天顯八年崩〔三〕，祔德陵。重熙二十一年，追尊宣簡皇后。

太祖淳欽皇后述律氏，諱平，小字月理朵。其先回鶻人糯思，生魏寧舍利，魏寧生慎思梅里，慎思生婆姑梅里，婆姑娶匀德恝王女，生后于契丹右大部。婆姑名月椀〔四〕，仕遥輦氏爲阿扎割只。

后簡重果斷，有雄略。嘗至遼、土二河之會，有女子乘青牛車，倉卒避路，忽不見。未幾，童謠曰：「青牛嫗，曾避路。」蓋諺謂地祇爲青牛嫗云。

太祖即位，羣臣上尊號曰地皇后。神册元年，大册，加號應天大明地皇后。行兵御衆，后嘗與謀。太祖嘗渡磧擊党項，黄頭、臭泊二室韋乘虛襲之；后知，勒兵以待，奮擊，大破之，名震諸夷。

時晉王李存勗欲結援，以叔母事后。幽州劉守光遣韓延徽求援，不拜，太祖怒，留之，使牧馬。后曰：「守節不屈，賢者也。宜禮用之。」太祖乃召延徽與語，大悦，以爲謀主。吴主李昪獻猛火油〔五〕，以水沃之愈熾。太祖選三萬騎以攻幽州。后曰：「豈有試油而攻人國者〔六〕？」指帳前樹曰：「無皮可以生乎？」太祖曰：「不可。」后曰：「幽州之有土有民，亦由是耳。吾以三千騎掠其四野，不過數年，困而歸我矣，何必爲此？萬一不勝，爲中國笑，吾部落不亦解體乎！」其平渤海，后與有謀。

太祖崩，后稱制，攝軍國事。及葬，欲以身殉，親戚百官力諫，因斷右腕納于柩。太宗即位，尊爲皇太后。會同初，上尊號曰廣德至仁昭烈崇簡應天皇太后〔七〕。

初，太祖嘗謂太宗必興我家，后欲令皇太子倍避之，太祖册倍爲東丹王。太祖崩，太宗立，東丹王避之唐。太后常屬意於少子李胡。太宗崩，世宗即位于鎮陽，太后怒，遣李胡以兵逆擊。李胡敗，太后親率師遇于潢河之横渡。賴耶律屋質諫，罷兵。遷太后于祖州。

應曆三年崩，年七十五，祔祖陵，謚曰貞烈。重熙二十一年，更今謚。

太宗靖安皇后蕭氏，小字温，淳欽皇后弟室魯之女。帝爲大元帥，納爲妃，生穆宗。及即位，立爲皇后。性聰慧潔素，尤被寵顧，雖軍旅、田獵必與。天顯十年崩，謚彰德，葬奉陵。重熙二十一年，更今謚。

世宗懷節皇后蕭氏，小字撒葛只，淳欽皇后弟阿古只之女。帝爲永康王，納之，生景宗。天禄末，立爲皇后。明年秋，生萌古公主。在蓐，察割作亂，弒太后及帝。后乘步輦，直詣察割，請畢收殮。明日遇害。謚曰孝烈皇后。重熙二十一年，更今謚。

世宗妃甄氏，後唐宮人，有姿色。帝從太宗南征得之，寵遇甚厚，生寧王只没。及即位，立爲皇后。嚴明端重，風神閑雅。内治有法，莫干以私。劉知遠、郭威稱帝，世宗承强盛之資，奄奄歲時。后與參帷幄，密贊大謀，不果用。察割作亂，遇害。景宗立，葬二后于醫巫閭山，建廟陵寢側。

穆宗皇后蕭氏，父知璠，内供奉翰林承旨。后生，有雲氣馥郁久之。幼有儀則。帝居藩，納爲妃。及正位中宫，性柔婉，不能規正。無子。

景宗睿智皇后蕭氏〔八〕，諱綽，小字燕燕，北府宰相思温女。早慧。思温嘗觀諸女掃地，惟后潔除，喜曰：「此女必能成家！」帝即位，選爲貴妃。尋册爲皇后，生聖宗。

景宗崩，尊爲皇太后，攝國政。后泣曰：「母寡子弱，族屬雄强，邊防未靖，奈何？」耶律斜軫、韓德讓進曰：「信任臣等，何慮之有！」於是后與斜軫、德讓參決大政，委于越休哥以南邊事。統和元年，上尊號曰承天皇太后。二十四年，加上尊號曰睿德神略應運啓化承天皇太后。二十七年崩，謚曰聖神宣獻皇后。重熙二十一年，更今謚。

后明達治道，聞善必從，故羣臣咸竭其忠。習知軍政，澶淵之役，親御戎車，指麾三軍，賞罰信明，將士用命。聖宗稱遼盛主，后教訓爲多。

聖宗仁德皇后蕭氏，小字菩薩哥，睿智皇后弟隗因之女。年十二，美而才，選入掖庭。統和十九年，册爲齊天皇后。

嘗以草莛爲殿式，密付有司，令造清風、天祥、八方三殿。既成，益寵異。所乘車置龍首鴟尾，飾以黄金。又造九龍輅、諸子車，以白金爲浮圖，各有巧思。夏秋從行山谷間，花木如繡，車服相錯，人望之以爲神仙。

生皇子二，皆早卒。開泰五年，宫人耨斤生興宗，后養爲子。帝大漸，耨斤詈后曰：「老物寵亦有既耶！」左右扶后出。帝崩，耨斤自立爲皇太后，是爲欽哀皇后。護衛馮家奴、喜孫等希旨，誣告北府宰相蕭浞卜、國舅蕭匹敵謀逆。詔令鞫治，連及后。興宗聞之曰：「皇后侍先帝四十年，撫育眇躬，當爲太后；今不果，反罪之，可乎？」欽哀曰：「此人若在，恐爲後患。」帝曰：「皇后無子而老，雖在，無能爲也。」欽哀不從，遷后于上京。

車駕春蒐，欽哀慮帝懷鞠育恩，馳遣人加害。使至，后曰：「我實無辜，天下共知。卿待我浴，而後就死，可乎？」使者退。比反，后已崩，年五十。是日，若有見后于木葉山陰者，乘青蓋車，衞從甚嚴。

追尊仁德皇后。與欽哀並祔慶陵。

聖宗欽哀皇后蕭氏，小字耨斤，淳欽皇后弟阿古只五世孫。黝面，狠視。母嘗夢金柱擎天，諸子欲上不能；后後至，與僕從皆陞，異之。久之，入宮。嘗拂承天太后榻，獲金雞，吞之，膚色光澤勝常。太后驚異曰：「是必有奇子！」已而生興宗。仁德皇后無子，取而養之如己出。后以興宗侍仁德皇后謹，不悦。聖宗崩，令馮家奴等誣仁德皇后與蕭浞卜、蕭匹敵等謀亂，徙上京，害之。自立爲皇太后，攝政，以生辰爲應聖節。

重熙元年，尊爲仁慈聖善欽孝廣德安靖貞純寬厚崇覺儀天皇太后〔九〕。三年，后陰召諸弟議，欲立少子重元，重元以所謀白帝。帝收太后符璽，遷于慶州七括宮。六年秋，帝悔之，親馭奉迎〔一〇〕，侍養益孝謹。后常不懌。帝崩，殊無戚容。見崇聖皇后悲泣如禮，謂曰：「汝年尚幼，何哀痛如是！」

清寧初，尊爲太皇太后。崩，謚曰欽哀皇后〔二〕。

后初攝政，追封曾祖爲蘭陵郡王，父爲齊國王，諸弟皆王之，雖漢五侯無以過。

興宗仁懿皇后蕭氏，小字撻里，欽哀皇后弟孝穆之長女。性寬容，姿貌端麗。帝即位，入宮，生道宗。重熙四年，立爲皇后。二十三年，號貞懿慈和文惠孝敬廣愛崇聖皇后。

道宗即位，尊爲皇太后。清寧二年，上尊號曰慈懿仁和文惠孝敬廣愛宗天皇太后。九年秋，敦睦宮使耶律良以重元與其子涅魯古反狀密告太后，乃言于帝。帝疑之，太后曰：「此社稷大事，宜早爲計。」帝始戒嚴。及戰，太后親督衞士，破逆黨。大康二年崩，謚仁懿皇后。

仁慈淑謹，中外感德。凡正旦、生辰諸國貢幣，悉賜貧瘠。嘗夢重元曰：「臣骨在太子山北，不勝寒溧。」寤，即命屋之，慈憫類此。

興宗貴妃蕭氏，小字三𡢃，駙馬都尉匹里之女。選入東宮。帝即位，立爲皇后。重熙初，以罪降貴妃。

道宗宣懿皇后蕭氏，小字觀音，欽哀皇后弟樞密使惠之女〔二〕。姿容冠絶，工詩，善談論。自制歌詞，尤善琵琶。重熙中，帝王燕趙，納爲妃。清寧初，立爲懿德皇后。皇太叔重元妻以艷冶自矜，后見之，戒曰：「爲貴家婦，何必如此！」后生太子濬，有專房寵。好音樂，伶官趙惟一得侍左右。大康初，宫婢單登、教坊朱頂鶴誣后與惟一私，樞密使耶律乙辛以聞。詔乙辛與張孝傑鞫狀，因而實之。族誅惟一，賜后自盡，歸其尸於家。乾統初，追謚宣懿皇后，合葬慶陵。

道宗惠妃蕭氏，小字坦思，駙馬都尉霞抹之妹〔三〕。大康二年，乙辛譽之，選入掖庭，立爲皇后。

居數歲，未見皇嗣。后妹斡特懶先嫁乙辛子綏也，后以宜子言于帝，離婚，納宮中。八年，皇孫延禧封梁王，降爲惠妃，徙乾陵〔一四〕；斡特懶還其家。頃之，其母燕國夫人厭魅梁王，伏誅。貶妃爲庶人，幽于宜州，諸弟没入興聖宮。天慶六年，召還，封太皇太妃。後二年，奔黑頂山，卒，葬太子山。

天祚皇后蕭氏，小字奪里懶，宰相繼先五世孫。大安三年入宮。明年，封燕國王妃。乾統初，册爲皇后。性閑淑，有儀則。兄弟奉先、保先等緣后寵柄任。女直亂，從天祚西狩，以疾崩。

天祚德妃蕭氏，小字師姑，北府宰相常哥之女。壽隆二年入宮，封燕國妃，生子撻魯。乾統三年，改德妃，以柴册禮，封撻魯爲燕國王，加妃號贊翼。王薨，以哀戚卒。

天祚文妃蕭氏，小字瑟瑟，國舅大父房之女。乾統初，帝幸耶律撻葛第，見而悅之，匿宮中數月。皇太叔和魯斡勸帝以禮選納，三年冬，立爲文妃。生蜀國公主、晉王敖盧斡，尤被寵幸。以柴册，加號承翼。

善歌詩。女直亂作，日見侵迫。帝畋遊不恤，忠臣多被疏斥。妃作歌諷諫，其詞曰：「勿嗟塞上兮暗紅塵，勿傷多難兮畏夷人；不如塞姦邪之路兮，選取賢臣。直須卧薪嘗膽兮，激壯士之捐身；可以朝清漠北兮，夕枕燕雲。」又歌曰：「丞相來朝兮劍佩鳴，千官側目兮寂無聲。養成外患兮嗟何及！禍盡忠臣兮罰不明。親戚並居兮藩屏位，私門潛畜兮爪牙兵。可憐往代兮秦天子，猶向宮中兮望太平。」天祚見而銜之。

播遷以來，郡縣所失幾半，上頗有倦勤之意。諸皇子敖盧斡最賢，素有人望。元后兄蕭奉先深忌之〔一五〕，誣南軍都統余覩謀立晉王，以妃與聞，賜死。

天祚元妃蕭氏，小字貴哥，燕國妃之妹〔一六〕。年十七，册爲元妃。性沉靜。嘗晝寢，近侍盜貂裀，妃覺而不言，宮掖稱其寬厚。從天祚西狩，以疾薨。

論曰：遼以鞍馬爲家，后妃往往長於射御，軍旅田獵，未嘗不從。如應天之奮擊室韋，承天之御戎澶淵，仁懿之親破重元，古所未有，亦其俗也。

靖安無毁無譽；齊天巧思，乃奢侈之漸；宣懿度曲知音，豈致誣衊之階乎？文妃能歌詩諷諫，而謂謀私其子，非矣。若簡憲之艱危保孤，懷節之從容就義，雖烈丈夫何以過之。欽哀很桀，賊殺嫡后，而興宗不能防閑其母，惜哉！

校勘記

〔一〕列傳第一　「列傳」，原作「史傳」，據北監本、殿本及文例改。

〔二〕國語謂之脦俚蹇尊稱曰耨斡麼　本書卷一一六國語解「脦俚蹇」作「忒里蹇」，「耨斡麼」作「耨斡麽」。

〔三〕天顯八年崩　「八年」，原作「十一年」。按本書卷三太宗紀上天顯八年十一月辛丑「太皇太后崩」，此蓋誤以「十一月」爲「十一年」，今據改。

〔四〕婆姑名月椀　本書卷三七地理志一儀坤州條作「容我梅里」，「容我」或即「月椀」之異譯。

〔五〕吴主李昪獻猛火油　通鑑卷二六九後梁紀四均王貞明三年二月甲午謂「吴王遣使遺契丹主以猛火油」。契丹國志卷一三后妃傳襲用此文，本書因之，又臆增「李昪」二字，然是時吴主實爲楊隆演。

〔六〕豈有試油而攻人國者　「油」，原作「𩜁」，諸本皆同。今據道光殿本及通鑑卷二六九後梁紀四均王貞明三年二月甲午改。

〔七〕廣德至仁昭烈崇簡應天皇太后　「皇」字原闕，據本書卷四太宗紀下會同元年十一月壬子補。

〔八〕景宗睿智皇后蕭氏　「睿智」，原作「睿知」，據下文及本書卷二〇興宗紀三重熙二十一年十一月丁未改。

〔九〕重熙元年尊爲仁慈聖善欽孝廣德安靖貞純寬厚崇覺儀天皇太后　按本書興宗紀重熙元年十一月己卯「上皇太后尊號曰法天應運仁德章聖皇太后」，二十三年十一月壬申「上皇太后尊號曰仁慈聖善欽孝廣德安靜貞純懿和寬厚崇覺儀天皇太后」。本傳蓋將重熙二十三年所上尊號誤爲重熙元年。

〔一〇〕六年秋帝悔之親馭奉迎　本書卷一八興宗紀一繫此事於八年七月。

〔一一〕謚曰欽哀皇后　清寧四年聖宗欽哀皇后哀册册蓋作「欽愛皇后」。

〔一二〕欽哀皇后弟樞密使惠之女　據乾統八年妙行大師行狀碑、重熙七年耶律元妻晉國夫人蕭氏墓誌、重熙十四年晉國王妃秦國太妃耶律氏墓誌，宣懿皇后爲欽哀皇后弟蕭孝惠（本書皆作蕭孝忠）之女。

〔一三〕駙馬都尉霞抹之妹　據蕭德温墓誌，德温爲惠妃父，季弟德讓，爲諸行宫副都部署、駙馬都尉，尚道宗長女魏國公主」，另據卷六五公主表，道宗長女撒葛只，咸雍中徙封魏國，下嫁蕭末，即此處之蕭霞抹。又卷二三道宗紀三大康二年六月丁未封「叔西北路招討使余里也遼西郡王、漢人行宮都部署駙馬都尉霞抹柳城郡王」。因知德讓名霞抹，於惠妃爲叔父行。

〔四〕八年皇孫延禧封梁王降爲惠妃徙乾陵　據本書卷二四道宗紀四，延禧封梁王在大康六年三月庚寅，降皇后爲惠妃、徙乾陵乃八年十二月事。

〔五〕元后兄蕭奉先深忌之　據下文元妃傳及卷一〇二蕭奉先傳，「元后」應作「元妃」。

〔六〕燕國妃之妹　「燕國」下疑闕「王」字。按燕國妃係德妃，與元妃非姊妹。元妃之姊爲天祚皇后，曾封燕國王妃。

遼史卷七十二

列傳第二

宗室[一]

義宗倍 子平王隆先　晉王道隱　章肅皇帝李胡 子宋王喜隱

順宗濬　晉王敖盧斡

義宗，名倍，小字圖欲，太祖長子，母淳欽皇后蕭氏。幼聰敏好學，外寬內摯。神册元年春，立爲皇太子。

時太祖問侍臣曰：「受命之君，當事天敬神。有大功德者，朕欲祀之，何先？」皆以佛對。太祖曰：「佛非中國教。」倍曰：「孔子大聖，萬世所尊，宜先。」太祖大悅，即建孔子廟，詔皇太子春秋釋奠。

嘗從征烏古、党項，爲先鋒都統，及經略燕地。太祖西征〔三〕，留倍守京師，因陳取渤海計。天顯元年，從征渤海。拔扶餘城，上欲括户口，倍諫曰：「今始得地而料民，民必不安。若乘破竹之勢，徑造忽汗城，克之必矣。」太祖從之。倍與大元帥德光爲前鋒，夜圍忽汗城，大諲譔窮蹙，請降。尋復叛，太祖破之。改其國曰東丹，名其城曰天福，以倍爲人皇王主之。仍賜天子冠服，建元甘露，稱制，置左右大次四相及百官，一用漢法。歲貢布十五萬端、馬千匹。上諭曰：「此地瀕海，非可久居，留汝撫治，以見朕愛民之心。」駕將還，倍作歌以獻。陛辭，太祖曰：「得汝治東土，吾復何憂。」倍號泣而出。遂如儀坤州。

未幾，諸部多叛，大元帥討平之。太祖訃至，倍即日奔赴山陵。倍知皇太后意欲立德光，乃謂公卿曰：「大元帥功德及人神，中外攸屬，宜主社稷。」乃與羣臣請於太后而讓位焉。於是大元帥即皇帝位，是爲太宗。

太宗既立，見疑，以東平爲南京，徙倍居之，盡遷其民。又置衞士陰伺動靜。倍既歸國，命王繼遠撰建南京碑，起書樓于西宫，作樂田園詩。唐明宗聞之，遣人跨海持書密召倍。倍因畋海上。使再至，倍謂左右曰：「我以天下讓主上，今反見疑；不如適他國，以成吴太伯之名。」立木海上，刻詩曰：「小山壓大山，大山全無力。羞見故鄉人，從此投外國。」攜高美人，載書浮海而去。

唐以天子儀衛迎倍，倍坐船殿，衆官陪列上壽。至汴，見明宗。明宗以莊宗后夏氏妻之〔三〕，賜姓東丹，名之曰慕華。改瑞州爲懷化軍，拜懷化軍節度使、瑞慎等州觀察使。復賜姓李，名贊華。移鎮滑州，遥領虔州節度使。倍雖在異國，常思其親，問安之使不絶。

後明宗養子從珂弑其君自立，倍密報太宗曰：「從珂弑君，盍討之。」及太宗立石敬瑭爲晉主，加兵于洛。從珂欲自焚，召倍與俱，倍不從，遣壯士李彦紳害之，時年三十八。有一僧爲收瘞之。敬瑭入洛，喪服臨哭，以王禮權厝。後太宗改葬于醫巫閭山，謚曰文武元皇王。世宗即位，謚讓國皇帝，陵曰顯陵。統和中，更謚文獻。重熙二十年，增謚文獻欽義皇帝〔四〕，廟號義宗，及謚二后曰端順，曰柔貞。

倍初市書至萬卷，藏于醫巫閭絶頂之望海堂。通陰陽，知音律，精醫藥、砭焫之術。工遼、漢文章，嘗譯陰符經。善畫本國人物，如射騎、獵雪騎、千鹿圖〔五〕，皆入宋秘府。然性刻急好殺，婢妾微過，常加刲灼。夏氏懼而求削髮爲尼。五子：長世宗，次婁國、稍、隆先、道隱，各有傳〔六〕。

平王隆先，字團隱，母大氏。

景宗即位，始封平王。未幾，兼政事令，留守東京。薄賦税，省刑獄，恤鰥寡，數薦賢能之士。後與統軍耶律室魯同討高麗有功，還薨，葬醫巫閭山之道隱谷。

平王爲人聰明，博學能詩，有閬苑集行于世。

保寧之季，其子陳哥與渤海官屬謀殺其父，舉兵作亂，上命轘裂于市。

晉王道隱，字留隱，母高氏。

道隱生于唐，人皇王遭李從珂之害，時年尚幼，洛陽僧匿而養之，因名道隱。太宗滅唐，還京，詔賜外羅山地居焉。性沉靜，有文武才，時人稱之。

景宗即位，封蜀王，爲上京留守。乾亨元年，遷守南京，號令嚴肅，民獲安業。居數年，徙封荆王〔七〕。統和初，病薨，追封晉王。

論曰：自古新造之國，一傳而太子讓，豈易得哉？遼之義宗，可謂盛矣！然讓而見疑，豈不兆於建元稱制之際乎？斯則一時君臣昧於禮制之過也。

東書浮海，寄跡他國，思親不忘，問安不絶，其心甚有足諒者焉。觀其始慕泰伯之賢而爲遠適之謀，終疾陳恒之惡而有請討之舉，志趣之卓，蓋已見於早歲先祀孔子之言歟。

善不令終，天道難詰，得非性卞嗜殺之所致也！雖然，終遼之代，賢聖繼統，皆其子孫。至德之報，昭然在茲矣。

章肅皇帝，小字李胡，一名洪古，字奚隱，太祖第三子，母淳欽皇后蕭氏。少勇悍多力，而性殘酷，小怒輒黥人面，或投水火中。太祖嘗觀諸子寢，李胡縮項卧內，曰：「是必在諸子下。」又嘗大寒，命三子採薪。太宗不擇而取，最先至；人皇王取其乾者束而歸，後至；李胡取少而棄多，既至，袖手而立。太祖曰：「長巧而次成，少不及矣。」而母篤愛李胡。

天顯五年，遣徇地代北，攻寰州，多俘而還，遂立爲皇太弟，兼天下兵馬大元帥。太宗親征，常留守京師。世宗即位鎮陽，太后怒，遣李胡將兵擊之，至泰德泉，爲安端、留哥所敗。太后與世宗隔潢河而陣，各言舉兵意。耶律屋質入諫太后曰：「主上已立，宜許之。」時李胡在側，作色曰：「我在，兀欲安得立？」屋質曰：「奈公酷暴失人心何！」太后顧李胡曰：「昔我與太祖愛汝異於諸子，諺云：『偏憐之子不保業，難得之婦不主家。』我非不欲立汝，汝自不能矣。」及會議，世宗使解劍而言。和約既定，趨上京。會有告李胡與太后謀廢立者，徙李胡祖州，禁其出入。

穆宗時，其子喜隱謀反，辭逮李胡，囚之，死獄中，年五十，葬玉峰山西谷。統和中，追謚欽順皇帝〔八〕。重熙二十一年，更謚章肅，后曰和敬。二子：宋王喜隱、衞王宛〔九〕。

喜隱，字完德，雄偉善騎射，封趙王。應曆中，謀反，事覺，上臨問有狀，以親釋之。未幾，復反，下獄。景宗即位，聞有赦，自去其械而朝。上怒曰：「汝罪人，何得擅離禁所。」詔誅守者，復寘于獄。及改元保寧，乃宥之，妻以皇后之姊，復爵，王宋。

喜隱輕僄無恒，小得志即驕。上嘗召，不時至，怒而鞭之，由是憤怨謀亂。貶而復召，適見上與劉繼元書，辭意卑遜，諫曰：「本朝於漢爲祖，書旨如此，恐虧國體。」帝尋改之。授西南面招討使，命之河東索吐蕃户〔一〇〕，稍見進用。復誘羣小謀叛，上命械其手足，築圜土囚祖州。宋降卒二百餘人欲劫立喜隱，以城堅不得入，立其子留禮壽，上京留守除室擒之。留禮壽伏誅，賜喜隱死。

論曰：李胡殘酷驕盈，太祖知其不才而不能教，太后不知其惡而溺愛之。初以屋質之言定立世宗，而復謀廢立。子孫繼以逆誅，并及其身，可哀也已。

夫自太祖之世，刺葛、安端首倡禍亂，太祖既不之誅，又復用之，固爲有君人之量。然惟太祖之才足以駕馭，庶乎其可也。李胡而下，宗王反側，無代無之，遼之内難，與國始終。厥後嗣君，雖嚴法以繩之，卒不可止。烏虖，創業垂統之主，所以貽厥孫謀者，可不審歟！

順宗，名濬，小字耶魯斡，道宗長子，母宣懿皇后蕭氏。幼而能言，好學知書。道宗嘗曰：「此子聰慧，殆天授歟！」

六歲，封梁王。明年，從上獵，矢連發三中。上顧左右曰：「朕祖宗以來，騎射絶人，威震天下。是兒雖幼，不墜其風。」後遇十鹿，射獲其九。帝喜，設宴。八歲，立爲皇太子。大康元年，兼領北南樞密院事。

及母后被害，太子有憂色。耶律乙辛爲北院樞密使，常不自安。會護衛蕭忽古謀害乙辛，事覺，下獄。副點檢蕭十三謂乙辛曰：「臣民心屬太子，公非閥閲，一日若立，吾輩措身何地！」迺與同知北院宣徽事蕭特裏特謀搆陷太子，陰令右護衛太保耶律查剌誣告都宮使耶律撒剌〔一二〕、知院蕭速撒〔一三〕、護衛蕭忽古謀廢立。詔案無迹，不治。

乙辛復令牌印郎君蕭訛都斡等言：「查剌前告非妄，臣實與謀，欲殺耶律乙辛等，然後立太子。臣若不言，恐事發連坐。」帝信之，幽太子于別室，以耶律燕哥鞫按。太子具陳枉狀曰：「吾爲儲副，尚何所求。公當爲我辨之。」燕哥乃乙辛之黨，易其言爲欵伏。上大怒，廢太子爲庶人。將出，曰：「我何罪至是！」十三叱登車，遣衞士闔其扉。徙于上京，囚圜堵中。乙辛尋遣達魯古、撒八往害之，太子年方二十，上京留守蕭撻得紿以疾薨聞。上哀之，命有司葬龍門山。欲召其妃，乙辛陰遣人殺之。

帝後知其冤〔三〕，悔恨無及，諡曰昭懷太子，以天子禮改葬玉峰山。乾統初，追尊大孝順聖皇帝，廟號順宗，妃蕭氏貞順皇后。一子，延禧，即天祚皇帝。

論曰：道宗知太子之賢，而不能辨乙辛之詐，竟絕父子之親，爲萬世惜。乙辛知爲一身之計，不知有君臣之義，豈復知有太子乎！姦邪之臣亂人家國如此，可不戒哉！可不戒哉！

晉王，小字敖盧斡，天祚皇帝長子，母曰文妃蕭氏。

甫髫齔，馳馬善射。出爲大丞相耶律隆運後，封晉王。性樂道人善，而矜人不能。時宮中見讀書者輒斥。敖盧斡嘗入寢殿，見小底茶剌閱書，因取觀。會諸王至，陰袖而歸之，曰：「勿令他人見也。」一時號稱長者。

及長，積有人望，內外歸心。保大元年，南軍都統耶律余覩與其母文妃密謀立之〔一四〕，事覺，余覩降金，文妃伏誅，敖盧斡實不與謀，免。二年，耶律撒八等復謀立，不克。上知敖盧斡得人心，不忍加誅。令縊殺之。或勸之亡，敖盧斡曰：「安忍爲蕞爾之軀，而失臣子之大節。」遂就死。聞者傷之。

論曰：天祚不君，臣下謀立其子，適以殺之。敖盧斡重君父之命，不亡而死，申生其恭矣乎！

校勘記

〔一〕列傳第二宗室　原作「宗室傳第二」，明鈔本、南監本同，今據北監本、殿本及文例改。

〔二〕太祖西征　「太祖」，原作「太子」，據大典卷五二五二引遼史宗室傳及北監本、殿本改。下文章肅皇帝李胡傳「太祖第三子」、「太祖曰」兩處，「太祖」原亦誤作「太子」，今徑改。

〔三〕明宗以莊宗后夏氏妻之　夏氏非莊宗皇后。按五代會要卷一內職謂莊宗昭容夏氏，封虢國夫人。新五代史卷一四唐太祖家人傳皇后劉氏傳謂明宗立，悉放莊宗時宫人還其家，虢國夫人夏氏無所歸，後嫁李贊華。契丹國志卷一四東丹王傳亦謂以莊宗後宫夏氏賜之。

〔四〕重熙二十年增謚文獻欽義皇帝　本書卷六四皇子表同。卷二〇興宗紀三繫增謚事於重熙二十一年。

〔五〕如射騎獵雪騎千鹿圖　宣和畫譜卷八李贊華條作「射騎圖」、「獵騎圖」、「雪騎圖」、「千角鹿圖」。

〔六〕次隻國稍隆先道隱各有傳　按隆先、道隱下文有附傳，隻國傳見本書卷一一二，惟稍無傳。此處當是沿襲耶律儼或陳大任舊史之文，而稍傳已被删去。

〔七〕「乾亨元年遷守南京」至「居數年徙封荆王」　按本書卷九景宗紀下乾亨元年十二月壬戌云：「蜀王道隱南京留守，徙封荆王。」此謂遷南京留守後數年始封荆王，恐不確。

〔八〕追謚欽順皇帝　「欽順」，當作「恭順」，此係陳大任避金章宗父允恭諱改。參見本書卷一四聖宗紀五校勘記〔二〇〕。

〔九〕衛王宛　「宛」，原作「完」，據大典卷五二五二引遼史宗室傳及本書卷六穆宗紀上應曆三年十月、卷八景宗紀上保寧元年四月戊申、卷六四皇子表、卷六六皇族表改。

〔一〇〕授西南面招討使命之河東索吐蕃户　「吐蕃」當爲「吐渾」（即吐谷渾）之誤。按本書卷九景宗紀下保寧九年六月丙辰，以喜隱爲西南面招討使；乾亨二年六月己亥，「喜隱復謀反，因于祖州」。此三年内無吐蕃户入河東者。惟保寧九年十一月戊戌稱：「吐谷渾叛入太原者四百餘户，索而還之。」

〔二〕右護衛太保耶律查剌　「右護衛太保」，原作「護尉太保」，據本書卷二三道宗紀三大康三年五月乙亥及卷六二刑法志下改。

〔三〕知院蕭速撒　「蕭速撒」，原作「耶律速撒」，據本書卷九九本傳及卷二三道宗紀三大康三年五月乙亥、卷六二刑法志下改。

〔三〕帝後知其冤　「帝」，原作「州」，據大典卷五二五二引遼史宗室傳改。

〔四〕「南軍都統」至「謀立之」　本書卷六四皇子表同。然卷二九天祚皇帝紀三保大元年正月、卷六二刑法志下、卷七一天祚文妃蕭氏傳、卷一〇二蕭奉先傳皆謂蕭奉先誣余覩等謀立晉王。

遼史卷七十三

列傳第三

耶律曷魯　蕭敵魯 阿古只　耶律斜涅赤 老古　頗德　耶律欲穩　耶律海里

耶律曷魯，字控温，一字洪隱，迭剌部人。祖匣馬葛，簡憲皇帝兄〔一〕。父偶思，遥輦時爲本部夷离堇，曷魯其長子也。

性質厚。在髫齔，與太祖遊，從父釋魯奇之曰〔二〕：「興我家者，必二兒也。」太祖既長，相與易裘馬爲好，然曷魯事太祖彌謹。會滑哥弑其父釋魯，太祖顧曷魯曰：「滑哥弑父，料我必不能容，將反噬我。今彼歸罪臺哂爲解，我姑與之。是賊吾不忘也！」自是，曷魯常佩刀從太祖，以備不虞。

居久之，曷魯父偶思病，召曷魯曰：「阿保機神略天授，汝率諸弟赤心事之。」已而太祖來問疾，偶思執其手曰：「爾命世奇才。吾兒曷魯者，他日可委以事，吾已諭之矣。」既而以諸子屬之。

太祖爲撻馬狘沙里，參預部族事，曷魯領數騎召小黄室韋來附。太祖素有大志，而知曷魯賢，軍國事非曷魯議不行。會討越兀與烏古部，曷魯爲前鋒，戰有功。

及太祖爲迭剌部夷离堇，討奚部，其長朮里倨險而壘，攻莫能下，命曷魯持一笴往諭之。既入，爲所執。廼説奚曰：「契丹與奚言語相通，實一國也。我夷离堇於奚豈有輘轢之心哉？漢人殺我祖奚首，夷离堇怨次骨，日夜思報漢人。顧力單弱，使我求援於奚，傳矢以示信耳。夷离堇受命於天，撫下以德，故能有此衆也。今奚殺我，違天背德，不祥莫大焉。且兵連禍結，當自此始，豈爾國之利乎！」朮里感其言，乃降。

太祖爲于越，秉國政，欲命曷魯爲迭剌部夷离堇。辭曰：「賊在君側，未敢遠去。」太祖討黑車子室韋，幽州劉仁恭遣養子趙霸率衆來救。曷魯伏兵桃山，俟霸衆過半而要之，與太祖合擊，斬獲甚衆，遂降室韋。太祖會李克用于雲州，時曷魯侍，克用顧而壯之曰：「偉男子爲誰？」太祖曰：「吾族曷魯也。」

會遥輦痕德菫可汗殁，羣臣奉遺命請立太祖。太祖辭曰：「昔吾祖夷离菫雅里嘗以不當立而辭，今若等復爲是言，何歟？」曷魯進曰：「曩吾祖之辭，遺命弗及，符瑞未見，第爲國人所推戴耳。今先君言猶在耳，天人所與，若合符契。天不可逆，人不可拂，而君命不可違也。」太祖曰：「遺命固然，汝焉知天道？」曷魯曰：「聞于越之生也，神光屬天，異香盈幄，夢受神誨，龍錫金佩。天道無私，必應有德。我國削弱，齮齕於鄰部日久，以故生聖人以興起之。可汗知天意，故有是命。且遥輦九營棊布，非無可立者；小大臣民屬心于越，天也。昔者于越伯父釋魯嘗曰：『吾猶蛇，兒猶龍也。』天時人事，幾不可失。」太祖猶未許。是夜，獨召曷魯責曰：「衆以遺命迫我。汝不明吾心，而亦俛隨耶？」曷魯曰：「在昔夷离堇雅里雖推戴者衆，辭之，而立阻午爲可汗。相傳十餘世，君臣之分亂，紀綱之統隳。委質他國，若綴斿然。羽檄蠭午，民疲奔命。興王之運，實在今日。應天順人，以答顧命，不可失也。」太祖乃許。明日，即皇帝位，命曷魯總軍國事。

時制度未講，國用未充，扈從未備，而諸弟剌葛等往往覬非望。太祖宮行營始置腹心部，選諸部豪健二千餘充之，以曷魯及蕭敵魯總焉。已而諸弟之亂作，太祖命曷魯總領軍事，討平之，以功爲迭剌部夷离堇。時民更兵焚剽，日以抏敝，曷魯撫輯有方，畜牧益滋，民用富庶。乃討烏古部，破之。自是震慴，不敢復叛。廼請制朝儀、建元，率百官上尊號。太祖既備禮受册，拜曷魯爲阿魯敦于越。「阿魯敦」者，遼言盛名也。

後太祖伐西南諸夷，數爲前鋒。神册二年，從逼幽州，與唐節度使周德威拒戰可汗州西，敗其軍，遂圍幽州，未下。太祖以時暑班師，留曷魯與盧國用守之。俄而救兵繼至，曷魯等以軍少無援，退。

三年七月，皇都既成，燕羣臣以落之。曷魯是日得疾薨，年四十七。既葬，賜名其阡宴答，山曰于越峪，詔立石紀功。清寧間，命立祠上京。

初，曷魯病革，太祖臨視，問所欲言。曷魯曰：「陛下聖德寬仁，羣生咸遂，帝業隆興。臣既蒙寵遇，雖瞑目無憾。惟析迭剌部議未決，願亟行之。」及薨，太祖流涕曰：「斯人若登三五載，吾謀蔑不濟矣！」

後太祖二十一功臣〔三〕，各有所擬，以曷魯爲心云。子惕剌、撒剌，俱不仕。

論曰：曷魯以肺腑之親，任帷幄之寄，言如蓍龜，謀成戰勝，可謂筭無遺策矣。其君臣相得之誠，庶吴漢之於光武歟？夫信其所可信，智也，太祖有焉。故曰，惟聖知聖，惟賢知賢，斯近之矣。

蕭敵魯，字敵輦，其母爲德祖女弟，而淳欽皇后又其女兄也〔四〕。五世祖曰胡母里，遥輦氏時嘗使唐，唐留之幽州。一夕，折關遁歸國，由是世爲決獄官。

敵魯性寬厚，膂力絶人，習軍旅事。太祖潛藩，日侍左右，凡征討必與行陣。既即位，敵魯與弟阿古只、耶律釋魯、耶律曷魯偕總宿衛〔五〕。拜敵魯北府宰相，世其官。

太祖征奚及討劉守光，敵魯略地海濱，殺獲甚衆。頃之，剌葛等作亂，潰而北走。敵魯率輕騎追之〔六〕，兼晝夜行。至榆河，敗其黨，獲剌葛以獻。太祖嘉之，錫賚甚渥。後討西南夷，功居諸將先。神册三年十二月卒。

敵魯有膽略，聞敵所在即馳赴，親冒矢石，前後戰未嘗少衄，必勝乃止。以故在太祖功臣列，喻以手云。弟阿古只。

阿古只，字撒本。少卓越，自放不羈。長驍勇善射，臨敵敢前，每射甲楯輒洞貫。太祖爲于越時，以材勇充任使。既即位，與敵魯總腹心部。剌葛之亂也，淳欽皇后軍黑山，阻險自固。太祖方經略奚地，命阿古只統百騎往衞之。逆黨迭里特、耶律滑哥素憚其勇略，相戒曰：「是不可犯也！」剌葛既北走，與敵魯追擒于榆河。

神册初元，討西南夷有功，徇山西諸郡縣，又下之，敗周德威軍。三年，以功拜北府宰相，世其職。天贊初，與王郁略地燕、趙，破磁窯鎮。太祖西征，悉諉以南面邊事。攻渤海，破扶餘城，獨將騎兵五百，敗老相軍三萬。渤海既平，改東丹國。頃之，已降郡縣復叛，盜賊蜂起。阿古只與康默記討之，所向披靡。會賊游騎七千自鴨淥府來援，勢張甚。阿古只帥麾下精鋭，直犯其鋒，一戰克之，斬馘三千餘，遂進軍破回跋城。以病卒。

功臣中喻阿古只爲耳云。子安團，官至右皮室詳穩。

耶律斜涅赤，字撒剌，六院部舍利褭古直之族。始字鐸盌，早隸太祖幕下，嘗有疾，賜鐏酒飲而愈，遼言酒尊曰「撒剌」，故詔易字焉。

太祖即位，掌腹心部。天贊初，分迭剌部爲北、南院，斜涅赤爲北院夷离堇。帝西征至流沙，威聲大振，諸夷潰散，迺命斜涅赤撫集之。

及討渤海，破扶餘城，斜涅赤從太子、大元帥率衆夜圍忽汗城，大諲譔降。已而復叛，命諸將分地攻之。詰旦，斜涅赤感勵士伍，鼓譟登陴，敵震懾，莫敢禦，遂破之。

天顯中卒，年七十，居佐命功臣之一。姪老古、頗德。

老古，字撒懶，其母淳欽皇后姊也。老古幼養宮掖，既長，沉毅有勇略，隸太祖帳下。既即位，屢有戰功。剌葛之亂也，欲乘我不備爲掩襲計，紿降。太祖將納之，命老古、耶律欲穩嚴號令，勒士卒，控轡以防其變。逆黨知有備，懼而遁。以功授右皮室詳穩，典宿衞。

太祖侵燕、趙，遇唐兵雲碧店，老古恃勇輕敵，直犯其鋒。戰久之，被數創，歸營而卒。太祖深悼惜之，佐命功臣其一也。

頗德，字兀古鄰。弱冠事太祖。天顯初，爲左皮室詳穩，典宿衞，遷南院夷离堇，治有聲。

石敬瑭破張敬達軍於太原北，時頗德勒兵爲援，敬達遁。敬瑭追至晉安寨圍之，頗德領輕騎襲潞州，塞其餉道。唐諸將懼，殺敬達以降。會同初，改迭剌部夷离堇爲大王，即拜頗德，既而加採訪使。

舊制，肅祖以下宗室稱院，德祖宗室號三父房，稱橫帳，百官子弟及籍没人稱著帳〔七〕。耶律斜的言，橫帳班列，不可與北、南院並。太宗詔在廷議，皆曰然，乃詔橫帳班列居上。頗德奏曰：「臣伏見官制，北、南院大王品在惕隱上。今橫帳始圖爵位之高，願與北、南院參任，茲又恥與同列。夫橫帳與諸族皆臣也，班列奚以異？」帝乃諭百官曰：「朕所不知，卿等不宜面從。」詔仍舊制。其强直不撓如此。

頗德狀貌秀偉，初太祖見之曰：「是子風骨異常兒，必爲國器。」後果然。卒年四十九。

耶律欲穩，字轄剌干〔八〕，突呂不部人。

祖臺押，遥輦時爲北邊拽剌。簡獻皇后與諸子之罹難也，嘗倚之以免。太祖思其功不忘，又多欲穩嚴重，有濟世志，乃命典司近部，以遏諸族窺覬之想。

欲穩既見器重，益感奮思報。太祖始置宮分以自衞，欲穩率門客首附宮籍。帝益嘉其忠，詔以臺押配享廟廷。及平剌葛等亂，以功遷奚迭剌部夷离菫。從征渤海有功。天顯初卒。

後諸帝以太祖之與欲穩也爲故，往往取其子孫爲友。宮分中稱「八房」，皆其後也。弟霞里，終奚六部禿里。

耶律海里，字涅剌昆，遥輦昭古可汗之裔。

太祖傳位，海里與有力焉。初受命，屬籍比局萌覬覦，而遥輦故族尤觖望。海里多先帝知人之明，而素服太祖威德，獨歸心焉。以故太祖託爲耳目，數從征討。既清内亂，始置遥輦敞穩，命海里領之。

天顯初，征渤海，海里將遥輦糺，破忽汗城。師般，卒。

校勘記

〔一〕簡憲皇帝兄　「簡憲皇帝」，本書卷二〇興宗紀三重熙二十一年七月壬子、卷三七地理志一、卷六六皇族表均作「簡獻皇帝」。據契丹小字耶律迪烈墓誌、故耶律氏銘石及漢文耶律羽之墓誌，曷魯曾祖帖剌爲玄祖簡獻皇帝兄，匣馬葛實爲帖剌次子，故應爲德祖宣簡皇帝從兄。

〔二〕從父釋魯奇之曰　據契丹小字耶律迪烈墓誌、故耶律氏銘石及漢文耶律羽之墓誌，帖剌與玄祖爲兄弟，其子匣馬葛與玄祖子釋魯爲從兄弟，則釋魯當爲曷魯之祖輩。

〔三〕太祖二十一功臣　本書卷六四皇子表稱「太祖二十功臣」，與此異。

〔四〕而淳欽皇后又其女兄也　本書卷一太祖紀上謂蕭敵魯爲「后兄」。蕭義墓誌云：「其先迪烈寧，太祖姑表弟，應天皇后之長兄也。」按迪烈寧即敵輦之異譯，知蕭敵魯應爲淳欽皇后之兄。

〔五〕敵魯與弟阿古只耶律釋魯耶律曷魯偕總宿衛　「耶律釋魯」，明鈔本無。曷魯、阿古只總宿衛事皆見二人本傳，惟「耶律釋魯」未詳其人。按遼初所見耶律釋魯均指仲父房隋國王釋魯，且早已爲其子滑哥所弑，此「耶律釋魯」或係衍文。

〔六〕敵魯率輕騎追之　「敵魯」，本書卷一太祖紀上太祖七年四月作「迪里古」，係同名異譯；五月作「迪輦」，則爲其契丹語第二名。

〔七〕百官子弟及籍没人稱著帳　此處恐有闕誤。本書卷一一六國語解謂「凡世官之家洎諸色人，因事籍没者爲著帳户」。

〔八〕字轄剌干　本書卷一太祖紀上太祖七年正月作「轄剌僅」，按「干」、「僅」中古音近。

遼史卷七十四

列傳第四

耶律敵刺　蕭痕篤　康默記 延壽
韓延徽 德樞　紹勳　紹芳　資讓　韓知古 匡嗣　德源　德凝

耶律敵刺，字合魯隱，遥輦鮮質可汗之子。太祖踐阼，與敞穩海里同心輔政。太祖知其忠實，命掌禮儀，且諉以軍事。後以平内亂功，代轄里爲奚六部吐里，卒。

敵刺善騎射，頗好禮文。

蕭痕篤，字兀里軫〔一〕，迭刺部人。其先相遥輦氏。

痕篤少慷慨，以才能自任。早隸太祖帳下，數從征討。既踐阼，除北府宰相。痕篤事親孝，爲政尚寬簡。

康默記，本名照。少爲薊州衙校，太祖侵薊州得之，愛其材，隸麾下。一切蕃、漢相涉事，屬默記折衷之，悉合上意。

時諸部新附，文法未備，默記推析律意，論決重輕，不差毫釐。罹禁網者，人人自以爲不冤。頃之，拜左尚書。神册三年，始建都，默記董役，人咸勸趨，百日而訖事。五年，爲皇都夷离畢。會太祖出師居庸關，命默記將漢軍進逼長蘆水寨，俘馘甚衆。

天贊四年，親征渤海，默記與韓知古從。後大諲譔叛，命諸將攻之。默記分薄東門，率驍勇先登。既拔，與韓延徽下長嶺府。軍還，已下城邑多叛，默記與阿古只平之。既破回跋城歸，營太祖山陵畢，卒。佐命功臣其一也。

孫延壽，字胤昌。少倜儻，謂其所親：「大丈夫爲將，當效節邊垂，馬革裹屍。」景宗特授千牛衞大將軍。宋人攻南京，諸將既成列，延壽獨奮擊陣前，敵遂大潰。以功遥授保大軍節度使。乾亨三年卒〔二〕。

韓延徽〔三〕，字藏明，幽州安次人。父夢殷，累官薊、儒、順三州刺史。延徽少英，燕帥劉仁恭奇之，召爲幽都府文學、平州録事參軍，同馮道祗候院，授幽州觀察度支使。

後守光爲帥，延徽來聘，太祖怒其不屈，留之。述律后諫曰：「彼秉節弗撓，賢者也，奈何困辱之？」太祖召與語，合上意，立命參軍事。攻党項、室韋，服諸部落，延徽之籌居多。乃請樹城郭，分市里，以居漢人之降者。又爲定配偶，教墾藝，以生養之。以故逃亡者少。

居久之，慨然懷其鄉里，賦詩見意，遂亡歸唐。已而與他將王緘有隙，懼及難，乃省親幽州，匿故人王德明舍。德明問所適，延徽曰：「吾將復走契丹。」德明不以爲然。延徽笑曰：「彼失我，如失左右手，其見我必喜。」既至，太祖問故。延徽曰：「忘親非孝，棄君非忠。臣雖挺身逃，臣心在陛下。臣是以復來。」上大悦，賜名曰匣列。「匣列」，遼言復來也。即命爲守政事令、崇文舘大學士，中外事悉令參決。

天贊四年，從征渤海，大諲譔乞降。既而復叛，與諸將破其城，以功拜左僕射。又與康默記攻長嶺府，拔之。師還，太祖崩，哀動左右。

太宗朝，封魯國公，仍爲政事令。使晉還，改南京三司使。

世宗朝，遷南府宰相，建政事省，設張理具，稱盡力吏。天禄五年六月，河東使請行册禮〔四〕，帝詔延徽定其制，延徽奏一遵太宗册晉帝禮，從之。

應曆中，致事。子德樞鎮東平，詔許每歲東歸省。九年卒，年七十八。上聞震悼，贈尚書令，葬幽州之魯郭，世爲崇文令公。

初，延徽南奔，太祖夢白鶴自帳中出；比還，復入帳中。詰旦，謂侍臣曰：「延徽至矣。」已而果然。太祖初元，庶事草創，凡營都邑，建宮殿，正君臣，定名分，法度井井，延徽力也。爲佐命功臣之一。子德樞。

德樞年甫十五，太宗見之，謂延徽曰：「是兒卿家之福，朕國之寶，真英物也！」未冠，守左羽林大將軍，遷特進太尉。

時漢人降與轉徙者，多寓東平。丁歲菑，饑饉疾厲。德樞請往撫字之，授遼興軍節度使。下車整紛剔蠹，恩煦信孚，勸農桑，興教化，期月民獲蘇息。入爲南院宣徽使，遥授天平軍節度使，平、灤、營三州管内觀察處置等使，門下平章事。已而加開府儀同三司、行侍中，封趙國公。保寧元年卒。孫紹勳、紹芳。

紹勳，仕至東京户部使。會大延琳叛，被執，辭不屈，賊以鋸解之，憤罵至死。

紹芳，重熙間參知政事，加兼侍中。時廷議征李元昊，力諫不聽，出爲廣德軍節度使。聞敗，嘔血卒。

孫資讓，壽隆初拜中書侍郎、平章事。會宋徽宗嗣位，遣使來報，有司按籍，有「登寶位」文，坐是出爲崇義軍節度使。改鎮遼興，卒。

韓知古，薊州玉田人，善謀有識量。太祖平薊時，知古六歲，爲淳欽皇后兄欲穩所得。后來嬪，知古從焉，未得省見。久之，負其有，怏怏不得志，挺身逃，庸保以供資用。其子匡嗣得親近太祖〔五〕，因間言。太祖召見與語，賢之，命參謀議。神册初，遥授彰武軍節度使。久之，信任益篤，總知漢兒司事，兼主諸國禮儀。時儀法疏闊，知古援據故典，參酌國俗，與漢儀雜就之，使國人易知而行。頃之，拜左僕射〔六〕，與康默記將漢軍征渤海有功，遷中書令。天顯中卒，爲佐命功臣之一。子匡嗣。

匡嗣以善醫，直長樂宮，皇后視之猶子。應曆十年，爲太祖廟詳穩。後宋王喜隱謀叛，辭引匡嗣，上置不問。

初，景宗在藩邸，善匡嗣。即位，拜上京留守。頃之，王燕，改南京留守。保寧末，以留守攝樞密使。

時耶律虎古使宋還，言宋人必取河東，合先事以爲備。匡嗣詆之曰：「寧有是！」已而宋人果取太原，乘勝逼燕。匡嗣與南府宰相沙、惕隱休哥侵宋，軍于滿城，方陣，宋人請降。匡嗣欲納之，休哥曰：「彼軍氣甚鋭，疑誘我也。可整頓士卒以禦。」匡嗣不聽。俄而宋軍鼓譟薄我，衆蹙踐，塵起漲天。匡嗣倉卒諭諸將，無當其鋒。衆既奔，遇伏兵扼要路，匡嗣棄旗鼓遁，其衆走易州山，獨休哥收所棄兵械，全軍還。

帝怒匡嗣，數之曰：「違爾衆謀，深入敵境，爾罪一也；號令不肅，行伍不整，爾罪二也；棄我師旅，挺身鼠竄，爾罪三也；偵候失機，守禦弗備，爾罪四也；捐棄旗鼓，損威辱國，爾罪五也。」促令誅之。皇后引諸内戚徐爲開解，上重違其請。良久，威稍霽，乃杖而免之。既而遥授晉昌軍節度使。乾亨二年，改西南面招討使〔七〕，卒。睿智皇后聞之，遣使臨弔，賻贈甚厚，後追贈尚書令。五子：德源，德讓——後賜名隆運，德威，德崇，德凝〔八〕。德源、德凝附傳，餘各有傳〔九〕。

德源，性愚而貪，早侍景宗邸。及即位，列近侍。統和間，官崇義、興國二軍節度使，加檢校太師。以賄名，德讓貽書諫之，終不悛。以故論者少之。後加同政事門下平章事，遥攝保寧軍節度使。乾亨初卒〔一〇〕。

德凝〔一一〕，謙遜廉謹。保寧中，遷護軍司徒。開泰中〔一二〕，累遷護衛太保、都宫使、崇義軍節度使。移鎮廣德，秩滿，部民請留，從之。改西南面招討使，党項隆益答叛，平之。還大同軍節度使，卒于官。

子郭三，終天德軍節度使。孫高家奴，終南院宣徽使；高十〔一三〕，終遼興軍節度使。

校勘記

〔一〕字兀里軫　「兀里軫」，原作「元里軫」。按契丹人字「兀里軫」者屢見，如耶律覿烈字兀里軫，今據改。

〔二〕乾亨三年卒　「乾亨」，原誤作「乾寧」，今改。

〔三〕韓延徽　按韓佚墓誌、韓詠墓誌皆作「韓頞」。新五代史卷七二四夷附録一亦有作「韓頞」者，又卷八晉高祖本紀天福三年十月戊寅誤作「韓頻」。通鑑卷二六六後梁紀一太祖開平元年五月條考異引虜庭雜紀作「韓頞」。韓資道墓誌作「韓頞」。

〔四〕天禄五年六月河東使請行册禮　「五」，原作「三」。按本書卷五世宗紀天禄五年正月，劉崇自立於太原；六月，求封册。通鑑卷二九〇後周紀一太祖廣順元年（遼天禄五年）六月同。今據改。

〔五〕其子匡嗣得親近太祖　據韓匡嗣墓誌，匡嗣生於神册二年，此處繫於神册之前，恐有訛誤。

〔六〕頃之拜左僕射　本書卷一太祖紀上太祖三年四月乙卯云：「詔左僕射韓知古建碑龍化州大廣寺以紀功德。」似「拜左僕射」事早在太祖稱帝之前。

〔七〕乾亨二年改西南面招討使　「二年」疑爲「三年」之誤。按本書卷九景宗紀下繫此事於乾亨三年三月辛酉。

〔八〕五子德源德讓後賜名隆運德威德崇德凝　據韓匡嗣墓誌、韓匡嗣妻秦國太夫人墓誌，匡嗣共九子。德崇，墓誌及本書卷一三聖宗紀四統和十二年五月庚辰均作「德沖」。德凝即墓誌所見之德顒。

〔九〕德源德凝附傳餘各有傳　按德讓、德威傳見本書卷八二，德崇僅於其子制心傳中追敘，無專傳。此處蓋沿襲耶律儼或陳大任舊史之文。

〔一〇〕乾亨初卒　此處所記恐誤。據統和三年韓匡嗣墓誌及統和十一年韓匡嗣妻秦國太夫人墓誌，似德源統和間尚存。

〔一一〕德凝　遼代石刻中此人名多歧出，韓匡嗣墓誌及韓匡嗣妻秦國太夫人墓誌之韓德顒，耶律隆祐墓誌之耶律隆祐，皆即韓德凝其人。

〔一二〕開泰中　「開泰」當爲「統和」之誤。按本書聖宗紀，德凝爲崇義軍節度使在統和三年四月，廣德軍節度使秩滿在統和十五年四月。據耶律隆祐墓誌，統和二十八年德凝遷大同軍節度使，同年卒於官。

〔一三〕「子郭三」至「高十」　據韓德昌墓誌、耶律隆祐墓誌及契丹小字韓高十墓誌，郭三爲韓德昌子，高家奴、高十爲韓德昌孫。此處均誤記爲德凝子嗣。

遼史卷七十五

列傳第五

耶律覿烈 羽之　耶律鐸臻 古　突呂不　王郁　耶律圖魯窘

耶律覿烈，字兀里軫，六院部蒲古只夷离堇之後〔一〕。父偶思，亦爲夷离堇。

初，太祖爲于越時，覿烈以謹愿寬恕見器使。既即位，兄曷魯典宿衞，以故覿烈入侍帷幄，與聞政事。神册三年，曷魯薨，命覿烈爲迭剌部夷离堇，屬以南方事。會討党項，皇太子爲先鋒，覿烈副之。軍至天德、雲内，分道並進。覿烈率偏師渡河力戰，斬獲甚衆。天贊初，析迭剌部爲北、南院，羅夷离堇〔二〕。時大元帥率師由古北口略燕地，覿烈徇山西，所至城堡皆下，太祖嘉其功，錫賚甚厚。從伐渤海，拔扶餘城，留覿烈與寅底石守之。

天顯二年，留守南京。十年卒，年五十六。弟羽之。

羽之，小字兀里，字寅底哂。幼豪爽不羣，長嗜學，通諸部語。太祖經營之初，多預軍謀。

天顯元年，渤海平，立皇太子爲東丹王，以羽之爲中臺省右次相。時人心未安，左大相迭剌不踰月薨，羽之莅事勤恪，威信並行。

太宗即位，上表曰：「我大聖天皇始有東土，擇賢輔以撫斯民，不以臣愚而任之。國家利害，敢不以聞。渤海昔畏南朝，阻險自衞，居忽汗城。今去上京遼邈，既不爲用，又不罷戍，果何爲哉？先帝因彼離心，乘釁而動，故不戰而克。天授人與，彼一時也。遺種浸以蕃息，今居遠境，恐爲後患。梁水之地乃其故鄉，地衍土沃，有木鐵鹽魚之利。乘其微弱，徙還其民，萬世長策也。彼得故鄉，又獲木鐵鹽魚之饒，必安居樂業。然後選徒以翼吾左，突厥、党項、室韋夾輔吾右，可以坐制南邦，混一天下，成聖祖未集之功，貽後世無疆之福。」表奏，帝嘉納之。是歲，詔徙東丹國民於梁水，時稱其善。

人皇王奔唐，羽之鎮撫國人，一切如故。以功加守太傅，遷中臺省左相。會同初，以册禮赴闕，加特進。表奏左次相渤海蘇貪墨不法事〔三〕，卒。子和里，終東京留守。

耶律鐸臻，字敵輦，六院部人。祖蒲古只，遥輦氏時再爲本部夷离堇。耶律狼德等既害玄祖〔四〕，暴横益肆。蒲古只以計誘其黨，悉誅夷之。

鐸臻幼有志節，太祖爲于越，常居左右。後即位，梁人遣使求輮軸材，太祖難之。鐸臻曰：「梁名求材，實覘吾輕重。宜答曰：『材之所生，必深山窮谷，有神司之，須白鼻赤驢禱祠，然後可伐。』如此，則其語自塞矣。」已而果然。

天贊三年，將伐渤海，鐸臻諫曰：「陛下先事渤海，則西夏必躡吾後〔五〕。請先西討，庶無後顧憂。」太祖從之。及淳欽皇后稱制，惡鐸臻，囚之，誓曰：「鐵鎖朽，當釋汝！」既而召之，使者欲去鎖，鐸臻辭曰：「鐵未朽，可釋乎？」后聞，嘉歎，趣召釋之。天顯二年卒。弟古、突呂不。

古，字涅剌昆，初名霞馬葛。太祖爲于越，嘗從略地山右。會李克用於雲州，古侍，克用異之曰：「是兒骨相非常，不宜使在左右。」以故太祖頗忌之。時方西討，諸弟亂作，聞變，太祖問古與否，曰無。喜曰：「吾無患矣！」趣召古議。古陳殄滅之策，後皆如言，以故錫賚甚厚。

神册末，南伐，以古佐右皮室詳穩老古，與唐兵戰于雲碧店。老古中流矢，傷甚，太祖疑古陰害之。古知上意，跪曰：「陛下疑臣恥居老古麾下耶？及今老古在，請遣使問之。」太祖使問老古，對曰：「臣於古無可疑者。」上意乃釋。老古卒，遂以古爲右皮室詳穩。

既卒，太祖謂左右曰：「古死，猶長松自倒，非吾伐之也。」

突呂不，字鐸衮，幼聰敏嗜學。事太祖見器重。及製契丹大字，突呂不贊成爲多。未幾，爲文班林牙，領國子博士、知制誥。明年，受詔撰決獄法。

太祖略燕，詔與皇太子及王郁攻定州。師還至順州，幽州馬步軍指揮使王千率衆來襲，突呂不射其馬躓，擒之。天贊二年，皇子堯骨爲大元帥，突呂不爲副，既克平州，進軍燕、趙，攻下曲陽、北平。至易州，易人來拒，踰濠而陣。李景章出降，言城中人無鬬志。大元帥將修攻具，突呂不諫曰：「我師遠來，人馬疲憊，勢不可久留。」乃止。軍還，大元帥以其謀聞，太祖大悦，賜賚優渥。

車駕西征，突呂不與大元帥爲先鋒，伐党項有功，太祖犒師水精山。大元帥東歸，突吕不留屯西南部，復討党項，多獲而還。太祖東伐，大諲譔降而復叛，攻之，突呂不先登。渤海平，承詔銘太祖功德于永興殿壁。班師，已下州郡往往復叛，突呂不從大元帥攻破之。

淳欽皇后稱制，有飛語中傷者，后怒，突呂不懼而亡。太宗知其無罪，召還。天顯三年，討烏古部，俘獲甚衆。伐唐，以突呂不爲左翼，攻唐軍霞沙寨，降之。十一年，送晉主石敬瑭入洛。及大册，突呂不總禮儀事，加特進、檢校太尉。會同五年卒。

王郁，京兆萬年人，唐義武軍節度使處直之孽子。伯父處存鎮義武，卒，三軍推其子郜襲，處直爲都知兵馬使。光化三年，梁王朱全忠攻定州，郜遣處直拒于沙河。兵敗，入城逐郜，郜奔太原。亂兵推處直爲留後，遣人請事梁王。梁與晉王克用絶好，表處直爲義武軍節度使。

初郜之亡也，郁從之。晉王克用妻以女，用爲新州防禦使。處直料晉必討張文禮，鎮亡，則定不獨存，益自疑。陰使郁北導契丹入塞以牽晉兵，且許爲嗣。郁自奔晉，常恐失父心，得使，大喜。神册六年，奉表送欵，舉室來降，太祖以爲養子。未幾，郁兄都囚父，自爲留後，帝遣郁從皇太子討之。至定州，都堅壁不出，掠居民而還。明年，從皇太子攻鎮州，遇唐兵于定州，破之。天贊二年秋，郁及阿古只略地燕、趙，攻下磁窯務〔六〕。從太祖平渤海，戰有功，加同政事門下平章事，改崇義軍節度使。太祖崩，郁與妻會葬，其妻泣訴於淳欽皇后，求歸鄉國，許之。郁奏曰：「臣本唐主之壻，主已被弒，此行夫妻豈能相保。願常侍太后。」后喜曰：「漢人中，惟王郎最忠孝。」以太祖嘗與李克用約爲兄弟故也。尋加政事令。還宜州，卒。

耶律圖魯窘，字阿魯隱，肅祖子洽昚之孫〔七〕，勇而有謀略。太宗立晉之役，其父敵魯古爲五院夷离菫，歿于兵，帝即以其職授圖魯窘。會同元年，改北院大王。嘗屏左右與議大事，占對合上意。

從討石重貴，杜重威擁十萬餘衆拒滹沱橋，力戰數日，不得進。帝曰：「兩軍爭渡，人馬疲矣，計安出？」諸將請緩師，爲後圖，帝然之。圖魯窘厲色進曰：「臣愚竊以爲陛下樂於安逸，則謹守四境可也；既欲擴大疆宇，出師遠攻，詎能無廑聖慮。若中路而止，適爲賊利，則必陷南京，夷屬邑。若此，則爭戰未已，吾民無奠枕之期矣。且彼步我騎，何慮不克。況漢人足力弱而行緩，如選輕鋭騎先絶其餉道，則事蔑不濟矣。」帝喜曰：「國强則其人賢，海巨則其魚大。」於是塞其餉道，數出師以牽撓其勢，重威果降如言。以功獲賜甚厚。明年春，卒軍中。

論曰：神册初元，將相大臣拔起風塵之中，翼扶王運，以任職取名者，固一時之材；亦由太祖推誠御下，不任獨斷，用能總攬羣策而爲之用歟！其投天隙而列功庸，至有心腹、耳目、手足之諭，豈偶然哉！討党項，走敵魯，平剌葛，定渤海，功亦偉矣。若默記治獄不冤，頗得持論不撓，延徽立經陳紀，紹勳秉節而死，圖魯窘料敵制勝，豈器博者無近用，道長者其功遠歟？稱爲佐命固宜。

校勘記

〔一〕六院部蒲古只夷离菫之後　據契丹小字耶律迪烈墓誌、故耶律氏銘石及漢文耶律羽之墓誌，知覿烈爲蒲古只弟匣馬葛之後。

〔二〕羅夷离菫　「羅」當爲「罷」之誤。按本書卷二太祖紀下天贊元年十月甲子分迭剌部爲二部，以斜涅赤爲北院夷离菫，綰思爲南院夷离菫，則同時當罷覿烈之迭剌部夷离菫。

〔三〕表奏左次相渤海蘇貪墨不法事　「蘇」，本書卷四太宗紀下會同三年六月乙未作「大素賢」。

〔四〕耶律狼德等既害玄祖　「狼德」，本書卷七一后妃傳作「狠德」。按契丹語名有「痕德」、「痕德堇」，此「狼德」當爲「狠德」之誤。

〔五〕則西夏必躡吾後　「必」字原置於「西夏」上，據明鈔本及南監本、北監本、殿本乙正。

〔六〕攻下磁窯務　「磁窯務」，本書卷七三阿古只傳作「磁窯鎮」。

〔七〕肅祖子洽眘之孫　按下文稱圖魯窘父敵魯古卒於太宗立晉之役，而洽眘爲太祖之曾祖輩，相去甚遠，知圖魯窘非洽眘之孫。據本書卷六六皇族表，圖魯窘當爲洽眘五世孫。

遼史卷七十六

列傳第六

耶律解里　耶律拔里得　耶律朔古　耶律魯不古　趙延壽　高模翰　趙思温　耶律漚里思　張礪

耶律解里，字潑單，突呂不部人。世爲小吏。解里早隸太宗麾下，擢爲軍校。天顯間，唐攻定州，既陷，解里爲唐兵所獲。晉高祖立，始歸國。太宗貰其罪，拜御史大夫。

會同九年伐晉，師次滹沱河，奪中渡橋，降其將杜重威。上命解里與降將張彦澤率騎兵三千疾趨河南，所至無敢當其鋒。既入汴，解里等遷晉主重貴于開封府。彦澤恣殺掠，亂宮掖，解里不能禁，百姓騷然，莫不怨憤。車駕至京，數彦澤罪，斬于市，汴人大悦；解里亦被詰責，尋釋之。

天禄間，加守太子太傅。應曆初，置本部令穩，解里世其職，卒。

耶律拔里得〔一〕，字孩鄰，太祖弟剌葛之子。太宗即位，以親愛見任。會同七年，討石重貴，拔里得進圍德州，下之，擒刺史師居璠等二十七人〔二〕。九年，再舉兵，次滹沱河，降杜重威，戰功居多。太宗入汴，以功授安國軍節度使，總領河北道事。師還，州郡往往叛，以應劉知遠，拔里得不能守而歸。世宗即位，遷中京留守，卒。

耶律朔古，字彌骨頂，橫帳孟父之後。幼爲太祖所養。既冠，爲右皮室詳穩。從伐渤海，戰有功。天顯七年，授三河烏古部都詳穩。平易近民，民安之，以故久其任。會同間，爲惕隱。時晉主石重貴渝盟，帝親征，晉將杜重威擁衆拒滹沱。月餘，帝由他渡濟。朔古與趙延壽據中渡橋，重威兵却，遂降。是歲，入汴。

世宗即位，朔古奉太宗喪歸上京，佐皇太后出師，坐是免官，卒。

耶律魯不古，字信寧，太祖從姪也。初，太祖制契丹國字，魯不古以贊成功，授林牙、監修國史。

後率偏師，爲西南邊大詳穩，從伐党項有功。會河東節度使石敬瑭爲其主所討，遣人求援，魯不古導送于朝，如其請。帝親率師往援，魯不古從擊唐將張敬達于太原北，敗之。會同初，從討党項，俘獲最諸將，師還。

天册中，拜于越。六年，爲北院大王〔三〕。終年五十五。

趙延壽，本姓劉，恒山人。父邧〔四〕，令蓨。梁開平初，滄州節度使劉守文陷蓨，其裨將趙德鈞獲延壽，養以爲子。

少美容貌，好書史。唐明宗先以女妻之，及即位，封其女爲興平公主，拜延壽駙馬都尉、樞密使。明宗子從榮恃權跋扈，内外莫不震懾，延壽求補外避之，出爲宣武軍節度使。

清泰初，加魯國公，復爲樞密使，鎮許州。石敬瑭發兵太原，唐遣張敬達往討。會敬達敗保晉安寨，延壽與德鈞往救，聞晉安已破，走團柏峪。太宗追及，延壽與其父俱降。

明年，德鈞卒，以延壽爲幽州節度使，封燕王。及改幽州爲南京，遷留守，總山南事。天顯末，以延壽妻在晉，詔取之以歸。自是益自激昂圖報。

會同初，帝幸其第，加政事令。六年冬〔五〕，晉人背盟。帝親征，延壽爲先鋒，下貝州，授魏、博等州節度使，封魏王。敗晉軍于南樂，獲其將「賽項羽」。軍元城，晉將李守貞、高行周率兵來逆，破之。至頓丘，會大霖雨，帝欲班師。延壽諫曰：「晉軍屯河濱，不敢出戰，若徑入澶州，奪其橋，則晉不足平。」上然之。適晉軍先歸澶州，高行周至析城〔六〕，延壽將輕兵逆戰；上親督騎士突其陣，敵遂潰。師還，留延壽徇貝、冀、深三州。

八年，再伐晉，晉主遣延壽族人趙行實以書來招。時晉人堅壁不出，延壽紿曰：「我陷虜久，寧忘父母之邦。若以軍逆，我即歸。」晉人以爲然，遣杜重威率兵迎之。延壽至滹沱河，據中渡橋，與晉軍力戰，手殺其將王清〔七〕，兩軍相拒。太宗潛由他渡濟，留延壽與耶律朔古據橋，敵不能奪，屢敗之，杜重威埽厥衆降。上喜，賜延壽龍鳳赭袍，且曰：「漢兵皆爾所有，爾宜親往撫慰。」延壽至營，杜重威、李守貞迎謁馬首。

後太宗克汴，延壽因李崧求爲皇太子，上曰：「吾於魏王雖割肌肉亦不惜，但皇太子須天子之子得爲，魏王豈得爲也？」蓋上嘗許滅晉後，以中原帝延壽，以故摧堅破敵，延壽常以身先。至是以崧達意，上命遷延壽秩。翰林學士承旨張礪進擬「中京留守、大丞相、録尚書事、都督中外諸軍事」，上塗「録尚書事、都督中外諸軍事」。

世宗即位，以翊戴功，授樞密使。天禄二年薨。

高模翰，一名松〔八〕，渤海人。有膂力，善騎射，好談兵。初，太祖平渤海，模翰避地高麗，王妻以女。因罪亡歸。坐使酒殺人下獄，太祖知其才，貰之。

天顯十一年七月，唐遣張敬達、楊光遠帥師五十萬攻太原，勢鋭甚。石敬瑭遣人求救，太宗許之。九月，徵兵出雁門，模翰與敬達軍接戰，敗之，太原圍解。敬瑭夜出謁帝，約爲父子。帝召模翰等賜以酒饌，親饗士卒，士氣益振。翌日，復戰，又敗之。敬達鼠竄晉安寨，模翰獻俘于帝。會敬瑭自立爲晉帝，光遠斬敬達以降，諸州悉下。上諭模翰曰：「朕自起兵百餘戰，卿功第一，雖古名將無以加。」乃授上將軍。會同元年，册禮告成，宴百官及諸國使于二儀殿。帝指模翰曰：「此國之勇將，朕統一天下，斯人之力也。」羣臣皆稱萬歲。

及晉叛盟，出師南伐。模翰爲統軍副使，與僧遏前驅，拔赤城，破德、貝諸寨。是冬，兼總左右鐵鷂子軍，下關南城邑數十。三月，勑虎官楊覃赴乾寧軍，爲滄州節度使田武名所圍，模翰與趙延壽聚議往救。俄有光自模翰目中出，縈繞旗矛，談談如流星久之。模翰喜曰：「此天贊之祥！」遂進兵，殺獲甚衆。以功加侍中。略地鹽山，破饒安，晉人震怖，不敢接戰。加太傅。

晉以魏府節度使杜重威領兵三十萬來拒，模翰謂左右曰：「軍法在正不在多。以多陵少，不義必敗。其晉之謂乎！」詰旦，以麾下三百人逆戰，殺其先鋒梁漢璋，餘兵敗走。手詔褒美，比漢之李陵。頃之，杜重威等復至滹沱河，帝召模翰問計。上善其言曰：「諸將莫及此。」乃令模翰守中渡橋。及戰，復敗之。上曰：「朕憑高觀兩軍之勢，顧卿英鋭無敵，如鷹逐雉兔。當圖形麟閣，爵貤後裔。」已而杜重威等降。車駕入汴，加特進、檢校太師，封哲郡開國公，賜璽書、劒器。爲汴州巡檢使，平氾水諸山土賊，遷鎮中京。

天祿二年，加開府儀同三司，賜對衣、鞍勒、名馬。應曆初，召爲中臺省右相。至東京，父老歡迎曰：「公起戎行，致身富貴，爲鄉里榮，相如、買臣輩不足過也。」九年正月，遷左相，卒。

趙思温，字文美，盧龍人。少果鋭，膂力兼人，隸燕帥劉仁恭幕。李存勗問罪于燕，思温統偏師拒之。流矢中目，裂裳漬血，戰猶不已。爲存勗將周德威所擒，存勗壯而釋其縛。久之，日見信用。與梁戰於莘縣，以驍勇聞，授平州刺史，兼平、營、薊三州都指揮使。

神册二年，太祖遣大將經略燕地，思温來降〔九〕。及伐渤海，以思温爲漢軍都團練使，力戰，拔扶餘城。身被數創，太祖親爲調藥。

太宗即位，以功擢檢校太保、保靜軍節度使。天顯十一年，唐兵攻太原，石敬瑭遣使求救，上命思温自嵐、憲間出兵援之。既罷兵，改南京留守、盧龍軍節度使、管内觀察處置等使、開府儀同三司，兼侍中，賜協謀靜亂翊聖功臣，尋改臨海軍節度使。

會同初，從耶律牒蠟使晉行册禮，還，加檢校太師。二年，有星隕于庭，卒。上遣使賻祭，贈太師、衛國公。子延昭、延靖〔一○〕，官至使相。

耶律漚里思，六院夷离菫蒲古只之後。負勇略，每戰被重鎧，揮鐵槊，所向披靡。

會同間，伐晉，上至河而獵，適海東青鶻搏雉，晉人隔水以鴿引去。上顧左右曰：「誰爲我得此人？」漚里思請內廐馬，濟河擒之，并殺救者數人還。上大悅，優加賞賚。既而晉將杜重威逆于望都，據水勒戰。漚里思介馬突陣，餘軍繼之。被圍，衆言陣薄處可出，漚里思曰：「恐彼有他備。」竟引兵衝堅而出。迴視衆所指，皆大塹也。其料敵多此類。

是年，總領敵烈皮室軍，坐私免部曲，奪官，卒。

張礪，磁州人。初仕唐爲掌書記，遷翰林學士。會石敬瑭起兵，唐主以礪爲招討判官，從趙德鈞援張敬達于河東。及敬達敗，礪入契丹。

後太宗見礪剛直，有文彩，擢翰林學士。礪臨事必盡言，無所避，上益重之。未幾，謀亡歸，爲追騎所獲。上責曰：「汝何故亡？」礪對曰：「臣不習北方土俗、飲食、居處，意常鬱鬱，以是亡耳。」上顧通事高彥英曰〔二〕：「朕嘗戒汝善遇此人，何乃使失所而亡？礪去，可再得耶？」遂杖彥英而謝礪。

會同初，陞翰林承旨，兼吏部尚書。從太宗伐晉，入汴，諸將蕭翰、耶律郎五、麻答輩肆殺掠，礪奏曰：「今大遼始得中國，宜以中國人治之，不可專用國人及左右近習。苟政令乖失，則人心不服，雖得之，亦將失之。」上不聽。改右僕射，兼門下侍郎、平章事。

頃之，車駕北還，至欒城崩。時礪在恒州，蕭翰與麻答以兵圍其第。礪方卧病，出見之。翰數之曰：「汝何故於先帝言國人不可爲節度使？我以國舅之親，有征伐功，先帝留我守汴，以爲宣武軍節度使，汝獨以爲不可。又譖我與解里好掠人財物子女。今必殺汝！」趣令鎖之。礪抗聲曰：「此國家大體，安危所繫，吾實言之。欲殺即殺，奚以鎖爲？」麻答以礪大臣，不可專殺，乃救止之。是夕，礪恚憤卒。

論曰：初，晉因遼之兵而得天下，故兼臣禮而父事之，割地以爲壽，輸帛以爲貢。未久也，而會同之師次滹沱矣。豈羣帥貪功黷武而致然歟？抑所謂信不由衷也哉？模翰以功名自終，可謂良將。若延壽之勳雖著，至於覬覦儲位，謬矣。利令智昏，固無足議。若乃成末釁以虧僞功，如解里者，何譏焉！

校勘記

〔一〕耶律拔里得　本卷張礪傳、舊五代史卷一〇〇漢高祖紀下天福十二年八月作「麻答」，本書卷四太宗紀下會同七年二月、册府卷一六六帝王部招懷四、通鑑卷二八四後晉紀五齊王開運元年三月乙亥均作「麻荅」，或即「拔里得」之異譯。

〔二〕擒刺史師居璠等二十七人　「師居璠」，本書卷四太宗紀下會同七年五月及舊五代史卷八二晉少帝紀二齊王開運元年四月、通鑑卷二八四後晉紀五齊王開運元年三月乙亥並作「尹居璠」，蓋陳大任避金章宗父允恭嫌名改。

〔三〕天册中拜于越六年爲北院大王　「天册」，諸本皆同，馮校謂遼無「天册」紀元，疑作「天禄」。按天禄無六年，且本書卷四太宗紀下會同五年二月云：「詔以明王隈恩代于越信恩爲西南路招討使以討之。」「信恩」當即「信寧」之異譯。據此，「天册」或爲「會同」之誤。

〔四〕父邟　「邟」，通鑑卷二七五後唐紀四明宗天成元年九月癸酉同。舊五代史卷九八趙延壽傳及新五代史卷七二四夷附録一均作「邧」，孫光憲續通曆卷五作「邠」。

〔五〕六年冬　「六年」二字原闕，據本書卷四太宗紀下會同六年十二月補。

〔六〕高行周至析城　「析城」，當作「戚城」。按本書卷四太宗紀下會同七年三月癸酉謂「高行周在戚城」。又舊五代史卷八二晉少帝紀二、新五代史卷九晉本紀九、通鑑卷二八四後晉紀五並稱開運元年三月戰高行周於戚城。據太平寰宇記卷五七河北道六，戚城在澶州頓丘縣北。

〔七〕手殺其將王清　「王清」，原作「王靖」，據本書卷四太宗紀下會同九年十一月、舊五代史卷九五王清傳、新五代史卷三三王清傳、册府卷三六〇將帥部立功一三及通鑑卷二八五後晉紀六齊王開運三年十二月壬戌改。

〔八〕高模翰一名松　「高模翰」，舊五代史卷一三七契丹傳、新五代史卷七二四夷附録一均作「高牟翰」，通鑑卷二八〇後晉紀一高祖天福元年閏十一月甲戌考異引廢帝實録作「高謨翰」，高爲裘墓誌、高澤墓誌皆作「高摸翰」。蓋「模翰」爲譯名，「松」爲漢語名。

〔九〕「神册二年」至「思温來降」　本書卷二太祖紀下謂天贊二年正月大元帥堯骨克平州，獲趙思温，與此異。

〔一〇〕子延昭延靖　「延昭」，本書卷四太宗紀下凡四見，然通鑑卷二八一後晉紀二高祖天福三年七月辛酉、卷二八三後晉紀四高祖天福九年正月乙亥及朱彝尊曝書亭集卷五一遼釋志願葬舍利石匣記跋、王惲秋澗先生大全文集卷四八盧龍趙氏家傳均作「延照」，則「延昭」似爲「延照」之誤。又羅校據盧龍趙氏家傳謂趙思温有子十二，獨無「延靖」，疑即「延卿」。

〔一一〕上顧通事高彦英曰　「高彦英」，通鑑卷二八一後晉紀二高祖天福二年二月己亥同，舊五代史卷九八張礪傳、新五代史卷七二四夷附録一皆作「高唐英」。

遼史卷七十七

列傳第七

耶律屋質　耶律吼何魯不　耶律安摶　耶律洼

耶律頽昱　耶律撻烈

耶律屋質，字敵輦，系出孟父房。姿簡靜，有器識，重然諾。遇事造次，處之從容，人莫能測。博學，知天文。

會同間，爲惕隱。太宗崩，諸大臣立世宗，太后聞之，怒甚，遣皇子李胡以兵逆擊，遇安端、劉哥等于泰德泉，敗歸。李胡盡執世宗臣僚家屬，謂守者曰：「我戰不克，先殪此曹！」人皆恟恟相謂曰：「若果戰，則是父子兄弟相夷矣！」軍次潢河横渡，隔岸相拒。時屋質從太后，世宗以屋質善籌，欲行間，乃設事奉書，以試太后。太后得書，以示屋質。屋質讀竟，言曰：「太后佐太祖定天下，故臣願竭死力。若太后見疑，臣雖欲盡忠，得乎？爲今之計，莫若以言和解，事必有成；否即宜速戰，以決勝負。然人心一摇，國禍不淺，惟太后裁察。」太后曰：「我若疑卿，安肯以書示汝？」屋質對曰：「李胡、永康王皆太祖子孫，神器非移他族，何不可之有？太后宜思長策，與永康王和議。」太后曰：「誰可遣者？」對曰：「太后不疑臣，臣請往。萬一永康王見聽，廟社之福。」太后乃遣屋質授書於帝。

帝遣宣徽使耶律海思復書，辭多不遜。屋質諫曰：「書意如此，國家之憂未艾也。能釋怨以安社稷，則臣以爲莫若和好。」帝曰：「彼衆烏合，安能敵我？」屋質曰：「即不敵，奈骨肉何！況未知孰勝。借曰幸勝，諸臣之族執於李胡者無噍類矣。以此計之，惟和爲善。」左右聞者失色。帝良久問曰：「若何而和？」屋質對曰：「與太后相見，各紓忿恚，和之不難；不然，決戰非晚。」帝然之，遂遣海思詣太后約和。往返數日，議乃定。

始相見，怨言交讓，殊無和意。太后謂屋質曰：「汝當爲我畫之。」屋質進曰：「太后與大王若能釋怨，臣乃敢進説。」太后曰：「汝第言之。」屋質借謁者籌執之，謂太后曰：「昔人皇王在，何故立嗣聖？」太后曰：「立嗣聖者，太祖遺旨。」又曰：「大王何故擅立，不禀尊親？」帝曰：「人皇王當立而不立，所以去之。」屋質正色曰：「人皇王捨父母之國而奔唐，子道當如是耶？大王見太后，不少遜謝，惟怨是尋。太后牽于偏愛，託先帝遺命，妄授神器。如此何敢望和，當速交戰！」擲籌而退。太后泣曰：「向太祖遭諸弟亂，天下荼毒，瘡痍未復，庸可再乎！」乃索籌一。帝曰：「父不爲而子爲，又誰咎也。」亦取籌而執。左右感激，大慟。

太后復謂屋質曰：「議既定，神器竟誰歸？」屋質曰：「太后若授永康王，順天合人，復何疑？」李胡厲聲曰：「我在，兀欲安得立！」屋質曰：「禮有世嫡，不傳諸弟。昔嗣聖之立，尚以爲非，況公暴戾殘忍，人多怨讟。萬口一辭，願立永康王，不可奪也。」太后顧李胡曰：「汝亦聞此言乎？汝實自爲之！」乃許立永康。

帝謂屋質曰：「汝與朕屬尤近，何反助太后？」屋質對曰：「臣以社稷至重，不可輕付，故如是耳。」上喜其忠。

天祿二年，耶律天德、蕭翰謀反下獄，惕隱劉哥及其弟盆都結天德等爲亂。耶律石剌潛告屋質，屋質遽引入見，白其事。劉哥等不服，事遂寢。未幾，劉哥邀駕觀樗蒲，捧觴上壽，袖刃而進。帝覺，命執之，親詰其事。劉哥自誓，帝復不問。屋質奏曰：「當使劉哥與石剌對狀，不可輒恕。」帝曰：「卿爲朕鞫之。」屋質率劍士往訊之，天德等伏罪，誅天德，杖翰，遷劉哥，以盆都使轄戛斯國。

三年，表列泰寧王察割陰謀事，上不聽。五年，爲右皮室詳穩。秋，上祭讓國皇帝于行宮，與羣臣皆醉，察割弒帝。屋質聞有言「衣紫者不可失」，乃易衣而出，亟遣人召諸王，及喻禁衞長皮室等同力討賊。時壽安王歸帳，屋質遣弟沖迎之。王至，尚猶豫。屋質曰：「大王嗣聖子，賊若得之，必不容。羣臣將誰事，社稷將誰賴？萬一落賊手，悔將何及？」王始悟。諸將聞屋質出，相繼而至。遲明整兵，出賊不意，圍之，遂誅察割。

亂既平，穆宗即位，謂屋質曰：「朕之性命，實出卿手。」命知國事，以逆黨財産盡賜之，屋質固辭。應曆五年，爲北院大王，總山西事。

保寧初，宋圍太原，以屋質率兵往援。至白馬嶺，遣勁卒夜出，間道疾馳，駐太原西，鳴鼓舉火。宋兵以爲大軍至，懼而宵遁。以功加于越。四年，漢劉繼元遣使來貢，致幣於屋質，屋質以聞，帝命受之。五年五月薨〔一〕，年五十七。帝痛悼，輟朝三日。後道宗詔上京立祠祭享，樹碑以紀其功云。

耶律吼，字曷魯，六院部夷离堇蒲古只之後〔二〕。端慤好施，不事生產。太宗特加倚任。

會同六年，爲南院大王，莅事清簡，人不敢以年少易之。時晉主石重貴表不稱臣，辭多踞慢，吼言晉罪不可不伐。及帝親征，以所部兵從。既入汴，諸將皆取内帑珍異，吼獨取馬鎧，帝嘉之。

及帝崩于欒城，無遺詔，軍中憂懼不知所爲。吼詣北院大王耶律洼議曰：「天位不可一日曠。若請于太后，則必屬李胡。李胡暴戾殘忍，詎能子民。必欲厭人望，則當立永康王。」洼然之。會耶律安摶來，意與吼合，遂定議立永康王，是爲世宗。

頃之，以功加採訪使，賜以寶貨。吼辭曰：「臣位已高，敢復求富！臣從弟的琭諸子坐事籍没，陛下哀而出之，則臣受賜多矣！」上曰：「吼舍重賞，以族人爲請，其賢遠甚。」許之，仍賜宫户五十。時有取當世名流作七賢傳者，吼與其一。天禄三年卒，年三十九。子何魯不。

何魯不，字斜寧，嘗與耶律屋質平察割亂。穆宗以其父吼首議立世宗，故不顯用。晚年爲本族敞史。

及景宗即位，以平察割功，授昭德軍節度使，爲北院大王。時黄龍府軍將燕頗殺守臣以叛，何魯不討之，破於鴨緑江。坐不親追擊，以至失賊，杖之。乾亨間卒。

耶律安摶，曾祖巖木，玄祖之長子〔三〕；祖楚不魯，爲本部夷离堇。父迭里，幼多疾，時太祖爲撻馬狘沙里，常加撫育。神册六年，爲惕隱，從太祖將龍軍討阻卜、党項有功。天贊三年，爲南院夷离堇。征渤海，攻忽汗城，俘斬甚衆。太祖崩，淳欽皇后稱制，欲以大元帥嗣位。迭里建言，帝位宜先嫡長；今東丹王赴朝，當立。由是忤旨。以黨附東丹王，詔下獄，訊鞫，加以炮烙。不伏，殺之，籍其家。

安摶自幼若成人，居父喪，哀毁過禮，見者傷之。太宗屢加慰諭，嘗曰：「此兒必爲令器。」既長，寡言笑〔四〕，重然諾，動遵繩矩，事母至孝。以父死非罪，未葬，不預宴樂。世宗在藩邸，尤加憐恤，安摶密自結納。

太宗伐晉還，至欒城崩，諸將欲立世宗，以李胡及壽安王在朝，猶豫未決。時安摶直宿衞，世宗密召問計。安摶曰：「大王聰安寬恕，人皇王之嫡長；先帝雖有壽安，天下屬意多在大王。今若不斷，後悔無及。」會有自京師來者，安摶詐以李胡死傳報軍中，皆以爲信。於是安摶詣北、南二大王計之。北院大王洼聞而遽起曰：「吾二人方議此事。先帝嘗欲以永康王爲儲貳，今日之事有我輩在，孰敢不從！但恐不白太后而立，爲國家啓釁。」安摶對曰：「大王既知先帝欲以永康王爲儲副，況永康王賢明，人心樂附。今天下甫定，稍緩則大事去矣〔五五〕。若白太后，必立李胡。且李胡殘暴，行路共知，果嗣位，如社稷何？」南院大王吼曰：「此言是也。吾計決矣！」乃整軍，召諸將奉世宗即位于太宗柩前。

帝立，以安摶爲腹心，總知宿衛。是歲，約和于潢河橫渡。太后問安摶曰：「吾與汝有何隙？」安摶以父死爲對，太后默然。及置北院樞密使，上命安摶爲之，賜奴婢百口，寵任無比，事皆取決焉。然性太寬，事循苟簡，豪猾縱恣不能制。天禄末，察割兵犯御幄，又不能討，由是中外短之。

穆宗即位，以立世宗之故，不復委用。應曆三年，或誣安摶與齊王罨撒葛謀亂〔五六〕，繫獄死。姪撒給，左皮室詳穩。

耶律洼，字敵輦，隋國王釋魯孫，南院夷离堇綰思子。少有器識，人以公輔期之。太祖時，雖未官，常任以事。太宗即位，爲惕隱。天顯末，帝援河東，洼爲先鋒，敗張敬達軍於太原北。會同中，遷北院大王。及伐晉，復爲先鋒，與梁漢璋戰於瀛州，敗之。

太宗崩于欒城，南方州郡多叛，士馬困乏，軍中不知所爲。洼與耶律吼定策立世宗，乃令諸將曰：「大行上賓，神器無主，永康王人皇王之嫡長，天人所屬，當立；有不從者，以軍法從事。」諸將皆曰：「諾。」世宗即位，賜宫户五十，拜于越。卒，年五十四。

耶律頹昱，字團寧，孟父楚國王之後。父末掇，嘗爲夷离堇。頹昱性端直。會同中，領九石烈部，政濟寬猛。世宗即位，爲惕隱。天禄三年，兼政事令，封漆水郡王。

及穆宗立，以匡贊功，嘗許以本部大王。後將葬世宗，頹昱懇言於帝曰：「臣蒙先帝厚恩，未能報；幸及大葬，臣請陪位。」帝由是不悦，寢其議。薨。

耶律撻烈，字涅魯衮，六院部郎君裹古直之後。沉厚多智，有任重才。年四十未仕。會同間，爲邊部令穩。應曆初，陞南院大王，均賦役，勸耕稼，部人化之，户口豐殖。時周人侵漢，以撻烈都統西南道軍援之。周已下太原數城，漢人不敢戰。及聞撻烈兵至，周主遣郭從義、尚鈞等率精騎拒於忻口。撻烈擊敗之，獲其將史彦超〔七〕，周軍遁歸，復所陷城邑，漢主詣撻烈謝。及漢主殂，宋師來伐，上命撻烈爲行軍都統，發諸道兵救之。既出雁門，宋諜知而退。

保寧元年，加兼政事令，致政。乾亨初，召之。上見鬚髮皓然，精力猶健，問以政事，厚禮之。以疾薨，年七十九。

撻烈凡用兵，賞罰信明，得士卒心。河東單弱，不爲周、宋所併者，撻烈有力焉。在治所不修邊幅，百姓無稱，年穀屢稔。時耶律屋質居北院，撻烈居南院，俱有政迹，朝議以爲「富民大王」云。

贊曰：立嗣以嫡，禮也。太宗崩，非安摶、吼、洼謀而克斷，策立世宗，非屋質直而能諫，杜太后之私，折李胡之暴，以成橫渡之約，則亂將誰定？四臣者，庶幾春秋首止之功哉。

校勘記

〔一〕「四年漢劉繼元遣使來貢」至「五年五月薨」「五年」，原作「是年」，即四年。按本書卷八景宗紀上：保寧三年十月，「漢遣使來貢」；四年二月，「漢以皇子生遣使來賀」；五年五月癸亥，「于越屋質薨」。今據改。

〔二〕六院部夷离菫蒲古只之後　據契丹小字耶律迪烈墓誌，耶律吼實爲蒲古只弟匣馬葛之後。

〔三〕曾祖巖木玄祖之長子　據本書卷六四皇子表、卷四五百官志一北面皇族帳官，玄祖長子麻魯早卒，巖木爲其次子。

〔四〕寡言笑　「言」，原作「見」，據明鈔本、南監本、北監本、殿本改。

〔五〕稍緩則大事去矣　「則」，原作一字空格，據明鈔本、南監本、北監本、殿本補。

〔六〕或誣安摶與齊王罨撒葛謀亂　按本書卷八景宗紀上保寧元年四月戊申及卷六四皇子表，罨撒葛景宗時始封齊王。又卷六穆宗紀上應曆三年十月己酉亦記此事，稱罨撒葛爲太平王。

〔七〕「周主遣郭從義尚鈞等率精騎拒於忻口」至「獲其將史彥超」　「尚鈞」疑爲「向訓」之誤。按舊五代史卷一一四周世宗紀一顯德元年五月庚辰、宋史卷二五一符彥卿傳均謂周世宗遣符彥卿、郭從義、向訓、白重贊、史彥超等拒契丹於忻口。又新五代史卷三三史彥超本傳、通鑑卷二九二後周紀三太祖顯德元年五月丙申及上引宋史則謂史彥超戰歿。

遼史卷七十八

列傳第八

耶律夷臘葛　蕭海璨　蕭護思　蕭思温　蕭繼先

耶律夷臘葛，字蘇散，本宫分人檢校太師合魯之子。應曆初，以父任入侍。數歲，始爲殿前都點檢。時上新即位，疑諸王有異志，引夷臘葛爲布衣交，一切機密事必與之謀，遷寄班都知，賜宫户。

時上酗酒，數以細故殺人。有監雉者因傷雉而亡，獲之欲誅，夷臘葛諫曰：「是罪不應死。」帝竟殺之，以屍付夷臘葛曰：「收汝故人！」夷臘葛終不爲止。復有監鹿詳穩亡一鹿，下獄當死，夷臘葛又諫曰：「人命至重，豈可爲一獸殺之？」良久，得免。

遼法，麑岐角者，惟天子得射。會秋獵，善爲鹿鳴者呼一麑至，命夷臘葛射，應弦而踣。上大悦，賜金、銀各百兩，名馬百疋，及黑山東抹真之地。後穆宗被弒，坐守衛不嚴，被誅。

蕭海瓈，字寅的哂，其先遥輦氏時爲本部夷离堇。父塔列，天顯間爲本部令穩。海瓈貌魁偉，膂力過人。天禄間，娶明王安端女藹因翁主。應曆初，察割亂，藹因連坐，繼娶嘲瑰翁主。上以近戚，嘉其勤篤，命預北府宰相選。頃之，總知軍國事。時諸王多坐反逆，海瓈爲人廉謹，達政體，每被命案獄，多得其情，人無冤者，繇是知名。漢主劉承鈞每遣使入貢，必别致幣物，詔許受之。年五十卒，帝愍悼，輟朝二日。

蕭護思，字延寧，世爲北院吏，累遷御史中丞，總典羣牧部籍。應曆初，遷左客省使。未幾，拜御史大夫。時諸王多坐事繫獄，上以護思有才幹，詔窮治，稱旨，改北院樞密使，仍命世預宰相選。護思辭曰：「臣子孫賢否未知，得一客省使足矣。」從之。

上晚歲酗酒，用刑多濫，護思居要地，齷齪自保，未嘗一言匡救，議者以是少之。年五十七卒。

蕭思温〔一〕，小字寅古，宰相敵魯之族弟忽没里之子。通書史。太宗時爲奚秃里太尉，尚燕國公主，爲羣牧都林牙。思温在軍中，握齪修邊幅，僚佐皆言非將帥才。尋爲南京留守。

初，周人攻揚州，上遣思温躡其後，憚暑不敢進，拔緣邊數城而還。後周師來侵，圍馮母鎮，勢甚張。思温請益兵，帝報曰：「敵來，則與統軍司併兵拒之；敵去，則務農作，勿勞士馬。」會敵入東城，我軍退渡滹沱而屯。思温勒兵徐行，周軍數日不動。思温與諸將議曰：「敵衆而鋭，戰不利則有後患。不如頓兵以老其師，躡而擊之，可以必勝。」諸將從之。遂與統軍司兵會，飾他説請濟師。周人引退，思温亦還。

已而周主復北侵，與其將傅元卿、李崇進等分道並進〔二〕，圍瀛州，陷益津、瓦橋、淤口三關，垂迫固安。思温不知計所出，但云車駕旦夕至；麾下士奮躍請戰，不從。已而陷易、瀛、莫等州，京畿人皆震駭〔三〕，往往遁入西山。思温以邊防失利，恐朝廷罪己，表請親征。會周主榮以病歸，思温退至益津，僞言不知所在。遇步卒二千餘人來拒，敗之。是年，聞周喪，燕民始安，乃班師。

時穆宗湎酒嗜殺，思温以密戚預政，無所匡輔，士論不與。十九年，春蒐，上射熊而中，思温與夷离畢牙里斯等進酒上壽，帝醉還宫。是夜，爲庖人斯奴古等所弒。思温與南院樞密使高勳、飛龍使女里等立景宗。

保寧初，爲北院樞密使，兼北府宰相，仍命世預其選。上册思温女爲后，加尚書令，封魏王。從帝獵閭山，爲賊所害。

蕭繼先〔四〕，字楊隱，小字留只哥。幼穎悟，叔思温命爲子，睿智皇后尤愛之。乾亨初，尚齊國公主，拜駙馬都尉。

統和四年，宋人來侵，繼先率邏騎逆境上，多所俘獲，上嘉之，拜北府宰相。自是出師，繼先必將本府兵先從。拔狼山石壘，從破宋軍應州，上南征取通利軍，戰稱捷力。及親征高麗，以繼先年老，留守上京。卒，年五十八。

繼先雖處富貴，尚儉素，所至以善治稱，故將兵攻戰，未嘗失利，名重戚里。

論曰：嗚呼！人君之過，莫大於殺無辜。湯之伐桀也，數其罪曰「並告無辜於上下神祇」；武王之伐紂也，數其罪曰「無辜籲天」；堯之伐苗民也，呂侯追數其罪曰「殺戮無辜」。迹是言之，夷臘葛之諫，廩廩庶幾古君子之風矣。

雖然，善諫者不諫於已然。蓋必先得於心術之微，如察脉者，先其病而治之，則易爲功。穆宗沈湎失德，蓋其資富彊之勢以自肆久矣。使羣臣於造次動作之際，此諫彼諍，提而警之，以防其甚，則亦詎至是哉。于以知護思、思温處位優重，耽禄取容，真鄙夫矣！若海璙之折獄，繼先之善治，可謂任職臣歟。

校勘記

〔一〕蕭思温　「思温」，本書卷七一后妃傳同。重熙七年蕭紹宗墓誌、長編卷一〇太祖開寶二年、宋史卷二六四宋琪傳及契丹國志卷六景宗孝成皇帝、卷一五外戚傳皆作「守興」。長編卷五五真宗咸平六年秋七月己酉作「挾力」。

〔二〕與其將傅元卿李崇進等分道並進　「李崇進」，舊五代史卷一一九周世宗紀六及通鑑卷二九四後周紀五世宗顯德六年五月乙巳均作「李重進」。

〔三〕京畿人皆震駭　「畿」，原作「齊」。馮校謂「齊」當作「畿」，今據改。

〔四〕蕭繼先　「繼先」，本書卷六五公主表、卷六七外戚表、卷八二磨魯古傳同。蕭紹宗墓誌、耶律燕歌墓誌、秦晉國大長公主墓誌、蕭闛墓誌、蕭勃特本墓誌及本書聖宗紀統和四年三月庚寅、十一月丙戌，六年十二月丁巳，十七年十月，二十年三月甲寅皆作「繼遠」。

遼史卷七十九

列傳第九

室昉　耶律賢適　女里　郭襲　耶律阿没里

室昉，字夢奇，南京人。幼謹厚篤學，不出外户者二十年，雖里人莫識。其精如此。會同初，登進士第，爲盧龍巡捕官。太宗入汴受册禮，詔昉知制誥，總禮儀事。天禄中，爲南京留守判官。應曆間，累遷翰林學士，出入禁闥十餘年。保寧間，兼政事舍人，數延問古今治亂得失，奏對稱旨。上多昉有理劇才，改南京副留守，決訟平允，人皆便之。遷工部尚書，尋改樞密副使，參知政事。頃之，拜樞密使，兼北府宰相，加同政事門下平章事。乾亨初，監修國史。

統和元年，告老，不許。進尚書無逸篇以諫，太后聞而嘉奬。二年秋，詔修諸嶺路，昉發民夫二十萬，一日畢功〔一〕。是時，昉與韓德讓、耶律斜軫相友善，同心輔政，整析蠹弊，知無不言，務在息民薄賦，以故法度修明，朝無異議。

八年，復請致政。詔入朝免拜，賜几杖，太后遣閤門使李從訓持詔勞問，令常居南京，封鄭國公。初，晉國公主建佛寺于南京，上許賜額。昉奏曰：「詔書悉罷無名寺院。今以主請賜額，不惟違前詔，恐此風愈熾。」上從之。表進所撰實録二十卷〔二〕，手詔褒之，加政事令，賜帛六百匹。

九年，薦韓德讓自代，不從。上以昉年老苦寒，賜貂皮衾褥，許乘輦入朝。病劇，遣翰林學士張幹就第授中京留守〔三〕，加尚父。卒，年七十五。上嗟悼，輟朝二日，贈尚書令。遺言戒厚葬。恐人譽過情，自志其墓。

耶律賢適，字阿古真，于越魯不古之子。嗜學有大志，滑稽玩世，人莫之知。惟于越屋質器之，嘗謂人曰：「是人當國，天下幸甚。」

應曆中，朝臣多以言獲譴，賢適樂於靖退，游獵自娱，與親朋言不及時事。會討烏古還，擢右皮室詳穩。景宗在藩邸，常與韓匡嗣、女里等游，言或刺譏，賢適勸以宜早疎絶，由是穆宗終不見疑，賢適之力也。

景宗立，以功加檢校太保，尋遙授寧江軍節度使，賜推忠協力功臣。時帝初踐阼，多疑諸王或萌非望，陰以賢適爲腹心，加特進、同中書門下平章事。保寧二年秋，拜北院樞密使，兼侍中，賜保節功臣。三年，爲西北路兵馬都部署〔四〕。賢適忠介膚敏，推誠待人，雖燕息不忘政務。以故百司首職罔敢媮墮，累年滯獄悉決之。

大丞相高勳、契丹行宮都部署女里席寵放恣，及帝姨母、保母勢薰灼，一時納賂請謁，門若賈區。賢適患之，言于帝，不報。以病解職，又不允，令鑄手印行事。乾亨初，疾篤，得請。明年，封西平郡王，薨，年五十三。子觀音，大同軍節度使。

女里，字涅烈衮，逸其氏族，補積慶宮人。應曆初，爲習馬小底〔五〕，以母憂去。一日至雅伯山，見一巨人，惶懼走。巨人止之曰：「勿懼，我地祇也。葬爾母於斯，當速詣闕，必貴。」女里從之。累遷馬羣侍中。

時景宗在藩邸，以女里出自本宮，待遇殊厚，女里亦傾心結納。及穆宗遇弒，女里奔赴景宗。是夜，集禁兵五百以衞。既即位，以翼戴功，加政事令、契丹行宮都部署，賞賚甚渥，尋加守太尉。北漢主劉繼元聞女里爲上信任，遇其生日必致禮。

女里素貪，同列蕭阿不底亦好賄，二人相善。人有氈裘爲臬耳子所著者，或戲曰：「若遇女里、阿不底，必盡取之！」傳以爲笑。其貪猥如此。

保寧末，坐私藏甲五百屬，有司方案詰，女里袖中又得殺樞密使蕭思温賊書，賜死。

女里善識馬，嘗行郊野，見數馬跡，指其一曰：「此奇駿也！」以己馬易之，果然。

郭襲〔六〕，不知何郡人。性端介，識治體。久淹外調。景宗即位，召見，對稱旨，知可任以事，拜南院樞密使，尋加兼政事令。

以帝數游獵，襲上書諫曰：「昔唐高祖好獵，蘇世長言不滿十旬未足爲樂，高祖即日罷，史稱其美。伏念聖祖創業艱難，修德布政，宵旰不懈。穆宗逞無厭之欲，不恤國事，天下愁怨。陛下繼統，海内翕然望中興之治。十餘年間，征伐未已，而寇賊未弭；年穀雖登，而瘡痍未復。正宜戒懼修省，以懷永圖。側聞恣意遊獵，甚於往日。萬一有銜橜之變，搏噬之虞，悔將何及？況南有彊敵伺隙而動，聞之得無生心乎？伏望陛下節從禽酣飲之樂，爲生靈社稷計，則有無疆之休。」上覽而稱善，賜協贊功臣，拜武定軍節度使，卒。

耶律阿没里，字蒲鄰，遥輦嘲古可汗之四世孫。幼聰敏。保寧中，爲南院宣徽使。統和初，皇太后稱制，與耶律斜軫參預國論，爲都統。以征高麗功，遷北院宣徽使，加政事令。四年春，宋將曹彬、米信等侵燕，上親征，阿没里爲都監，屢破敵軍。十二年，行在多盜，阿没里立禁捕法，盜始息。

先是，叛逆之家，兄弟不知情者亦連坐。阿没里諫曰：「夫兄弟雖曰同胞，賦性各異，一行逆謀，雖不與知，輒坐以法，是刑及無罪也。自今，雖同居兄弟，不知情者免連坐。」太后嘉納，著爲令。致仕，卒。

阿没里性好聚斂，每從征所掠人口，聚而建城，請爲豐州，就以家奴閻貴爲刺史，時議鄙之。子賢哥，左夷离畢。

論曰：景宗之世，人望中興，豈其勤心庶績而然，蓋承穆宗酗虐之餘，爲善易見，亦由羣臣多賢，左右弼諧之力也。室昉進無逸之篇，郭襲陳諫獵之疏，阿没里請免同氣之坐，所謂仁人之言，其利博哉。賢適忠介，亦近世之名臣。女里貪猥，後人所當取鑑者也。

校勘記

〔一〕一日畢功　按「一日」疑誤。或是一旬或一月。

〔二〕表進所撰實録二十卷　本書卷一三聖宗紀四繫此事於統和九年正月乙酉，此處誤置於九年之前。

〔三〕授中京留守　本書卷一三聖宗紀四統和十二年七月辛酉亦稱「南院樞密使室昉爲中京留守」。按廿二史考異卷八三遼史謂中京大定府始置於統和二十五年，本傳稱保寧間改南京副留守，統和八年請致政，令常居南京，疑此處「中京」爲「南京」之訛。

〔四〕三年爲西北路兵馬都部署　本書卷八景宗紀上謂保寧三年七月辛丑，以北院樞密使賢適爲西北路招討使。

〔五〕爲習馬小底　「小底」，原作「不底」，據北監本及本書卷四五百官志一北面著帳官改。

〔六〕郭襲　原作「郭龍」，據明鈔本、南監本、北監本、殿本及本卷下文改。

遼史卷八十

列傳第十

張儉　邢抱朴　馬得臣　蕭朴　耶律八哥

張儉，宛平人。性端慤，不事外飾。統和十四年，舉進士第一，調雲州幕官。故事，車駕經行，長吏當有所獻。聖宗獵雲中，節度使進曰：「臣境無他産，惟幕僚張儉，一代之寶，願以爲獻。」先是，上夢四人侍側，賜食人二口，至聞儉名，始悟。召見，容止朴野，訪及世務，占奏三十餘事。由此顧遇特異，踐歷清華，號稱明幹。

開泰中，累遷同知樞密院事。太平五年，出爲武定軍節度使，移鎮大同。六年，入爲南院樞密使。帝方眷倚，參知政事吴叔達與儉不相能，帝怒，出叔達爲康州刺史〔一〕，拜儉左丞相，封韓王〔二〕。帝不豫，受遺詔輔立太子，是爲興宗。賜貞亮弘靖保義守節耆德功臣，拜太師、中書令，加尚父，徙王陳〔三〕。

重熙五年，帝幸禮部貢院及親試進士，皆儉發之。進見不名，賜詩褒美。儉衣唯紬帛，食不重味，月俸有餘，賙給親舊。方冬，奏事便殿，帝見衣袍弊惡，密令近侍以火夾穿孔記之，屢見不易。帝問其故，儉對曰：「臣服此袍已三十年。」時尚奢靡，故以此微諷喻之。上憐其清貧，令恣取内府物，儉奉詔持布三端而出，益見獎重。儉弟五人，上欲俱賜進士第，固辭。有司獲盜八人，既戮之，乃獲正賊。家人訴冤，儉三乞申理。上勃然曰：「卿欲朕償命耶！」儉曰：「八家老稚無告，少加存恤，使得收葬，足慰存没矣。」乃從之。儉在相位二十餘年，裨益爲多。

致政歸第，會宋書辭不如禮，上將親征。幸儉第，尚食先往具饌，却之；進葵羹乾飯，帝食之美。徐問以策，儉極陳利害，且曰：「第遣一使問之，何必遠勞車駕？」上悦而止。復即其第賜宴，器玩悉與之。二十二年薨〔四〕，年九十一，敕葬宛平縣。

邢抱朴，應州人，刑部郎中簡之子也。抱朴性穎悟，好學博古。

保寧初，爲政事舍人、知制誥，累遷翰林學士，加禮部侍郎。統和四年，山西州縣被兵，命抱朴鎮撫之，民始安，加户部尚書。遷翰林學士承旨，與室昉同修實録。決南京滯獄還，優詔褒美。十年，拜參知政事〔五〕。以樞密使韓德讓薦，按察諸道守令能否而黜陟之，大協人望。尋以母憂去官，詔起視事。表乞終制，不從；宰相密諭上意，乃視事。人以孝稱。及耶律休哥留守南京，又多滯獄，復詔抱朴平決之，人無冤者。改南院樞密使，卒，贈侍中。

初，抱朴與弟抱質受經于母陳氏，皆以儒術顯，抱質亦官至侍中，時人榮之。

馬得臣，南京人。好學博古，善屬文，尤長於詩。保寧間，累遷政事舍人、翰林學士，常預朝議，以正直稱。乾亨初，宋師屢犯邊，命爲南京副留守，復拜翰林學士承旨。

聖宗即位，皇太后稱制，兼侍讀學士。上閲唐高祖、太宗、玄宗三紀，得臣乃録其行事可法者進之。及扈從伐宋，進言降不可殺，亡不可追，二三其德者別議。詔從之。俄兼諫議大夫，知宣徽院事。

時上擊鞠無度，上書諫曰：

臣竊觀房玄齡、杜如晦，隋季書生，向不遇太宗，安能爲一代名相？臣雖不才，陛下在東宮，幸列侍從，今又得侍聖讀，未有裨補聖明。陛下嘗問臣以貞觀、開元之事，臣請略陳之。

臣聞唐太宗侍太上皇宴罷，則挽輦至内殿；玄宗與兄弟懽飲，盡家人禮。陛下嗣祖考之祚，躬侍太后，可謂至孝。臣更望定省之餘，睦六親，加愛敬，則陛下親親之道，比隆二帝矣。

臣又聞二帝耽玩經史，數引公卿講學，至于日昃。故當時天下翕然嚮風，以隆文治。今陛下游心典籍，分解章句，臣願研究經理，深造而篤行之，二帝之治不難致矣。

臣又聞太宗射豕，唐儉諫之；玄宗臂鷹，韓休言之；二帝莫不樂從。今陛下以毬馬爲樂，愚臣思之，有不宜者三，故不避斧鉞言之。竊以君臣同戲，不免分爭，君得臣愧，彼負此喜，一不宜。躍馬揮杖，縱横馳鶩，不顧上下之分，爭先取勝，失人臣禮，二不宜。輕萬乘之尊，圖一時之樂，萬一有銜勒之失，其如社稷、太后何？三不宜。儻陛下不以臣言爲迂，少賜省覽，天下之福，羣臣之願也。

書奏，帝嘉歎良久。未幾卒，贈太子太保〔六〕，詔有司給葬。

蕭朴，字延寧，國舅少父房之族。父勞古，以善屬文，爲聖宗詩友。朴幼如老成人。及長，博學多智。

開泰初，補牌印郎君，爲南院承旨，權知轉運事，尋改南面林牙。帝問以政，朴具陳百姓疾苦，國用豐耗，帝悅曰：「吾得人矣！」擢左夷离畢。時蕭合卓爲樞密使，朴知部署院事，以酒廢事，出爲興國軍節度使，俄召爲南面林牙。太平三年，守太子太傅。明年，拜北府宰相，遷北院樞密使〔七〕。時太平日久，帝留心翰墨，始畫譜牒以別嫡庶，由是爭訟紛起。朴有吏才，能知人主意，敷奏稱旨，朝議多取決之。封蘭陵郡王，進王恒，加中書令。及大延琳叛，詔安撫東京，以便宜從事。

興宗即位，皇太后稱制，國事一委弟孝先。方仁德皇后以馮家奴所誣被害，朴屢言其冤，不報。每念至此，爲之嘔血。重熙初，改王韓，拜東京留守。及遷太后于慶州，朴徙王楚，升南院樞密使。四年，王魏。薨，年五十，贈齊王。子鐸剌，國舅詳穩。

耶律八哥，字烏古鄰，五院部人。幼聰慧，書一覽輒成誦。統和中，以世業爲本部吏。未幾，陞閘撒狘，尋轉樞密院侍御。會宋將曹彬、米信侵燕，八哥以扈從有功，擢上京留守。

開泰四年，召爲北院樞密副使。頃之，留守東京。七年，上命東平王蕭排押帥師伐高麗，八哥爲都監，至開京，大掠而還。濟茶、陀二河，高麗追兵至。諸將皆欲使敵渡兩河擊之，獨八哥以爲不可，曰：「敵若渡兩河，必殊死戰，乃危道也，不若擊於兩河之間。」排押從之，戰，敗績。

明年，還東京，奏渤海承奉官宜有以統領之，上從其言，置都知押班。後以茶、陀之敗，削使相，降西北路都監，卒。

論曰：張儉名符帝夢，遂結主知。服弊袍不易，志敦薄俗。功著兩朝，世稱賢相，非過也。邢抱朴甄別守令，大愜人望。兩決滯獄，民無冤濫。馬得臣引盛唐之治以諫其君。蕭朴痛皇后之誣，至於嘔血。四人者，皆以明經致位，忠藎若此，宜矣。聖宗得人，於斯爲盛。

校勘記

〔一〕出叔達爲康州刺史　「康州」，本書卷一七聖宗紀八太平六年三月戊寅作「東州」。

〔二〕封韓王　張儉墓誌繫此事於重熙六年。

〔三〕徙王陳　張儉墓誌繫此事於重熙十一年。

〔四〕二十二年薨　「二十二年」，原作「十二年」，據張儉墓誌改。

〔五〕十年拜參知政事　按本書卷一三聖宗紀四，統和十二年七月己卯邢抱朴參知政事；又統和十一年邢抱朴撰韓匡嗣妻秦國太夫人墓誌，其署銜尚無參知政事。蓋此處繫年有誤。

〔六〕贈太子太保　本書卷一二聖宗紀三謂統和七年六月甲戌，「宣政殿學士馬得臣卒，詔贈太子少保」，與此異。

〔七〕明年拜北府宰相遷北院樞密使　按本書卷一七聖宗紀八，太平五年十二月戊辰，以北府宰相蕭普古爲北院樞密使。疑「蕭普古」即「蕭朴」。

遼史卷八十一

列傳第十一

耶律室魯 歐里斯 王繼忠 蕭孝忠 陳昭袞 蕭合卓

耶律室魯，字乙辛隱，六院部人。魁岸，美容儀。聖宗同年生，帝愛之。甫冠，補祗候郎君。未幾，爲宿直官。

及出師伐宋，爲隊帥，從南府宰相耶律奴瓜、統軍使蕭撻覽略地趙、魏，有功，加檢校太師，爲北院大王。攻拔通利軍。宋和議成，特進門下平章事，賜推誠竭節保義功臣。以本部俸羊多闕，部人空乏，請以羸老之羊及皮毛，歲易南中絹，彼此利之。拜北院樞密使，封韓王。自韓德讓知北院，職多廢曠，室魯拜命之日，朝野相慶。

從上獵松林，至沙嶺卒，年四十四，贈守司徒、政事令。二子：十神奴、歐里斯。十神奴，南院大王。

歐里斯〔一〕，字留隱。少有大志。未冠，補祇候郎君。開泰初，爲本部司徒。秩滿閑居，徵爲郎君班詳穩。遷右皮室詳穩，將本部兵，從東平王蕭排押伐高麗，至茶、陀二河，戰不利。歐里斯獨全軍還，帝嘉賞。終西南面招討使。

王繼忠，不知何郡人〔二〕。仕宋爲鄆州刺史、殿前都虞候。統和二十一年，宋遣繼忠屯定之望都，以輕騎覘我軍，遇南府宰相耶律奴瓜等，獲之。太后知其賢，授户部使，以康默記族女女之。繼忠亦自激昂，事必盡力。宋以繼忠先朝舊臣，每遣使，必有附賜，聖宗許受之。

二十二年，宋使來聘，遺繼忠弧矢、鞭策及求和劄子，有曰：「自臨大位，愛養黎元。豈欲窮兵，惟思息戰。每敕邊事，嚴諭守臣。至于北界人民，不令小有侵擾，衆所具悉，爾亦備知。向以知雄州何承矩已布此懇，自後杳無所聞。汝可密言，如許通和，即當別使往請。」詔繼忠與宋使相見，仍許講和。以繼忠家無奴隸，賜宫户三十，加左武衛上將軍，攝中京留守。

開泰五年〔三〕，爲漢人行宫都部署，封琅邪郡王。六年，進楚王，賜國姓。上嘗燕飲，議以蕭合卓爲北院樞密使，繼忠曰：「合卓雖有刀筆才，暗於大體。蕭敵烈才行兼備，可任。」上不納，竟用合卓。及遣合卓伐高麗，繼忠爲行軍副部署，攻興化鎮，月餘不下。師還，上謂明於知人，拜樞密使。

太平三年致仕，卒。子懷玉，仕至防禦使。

蕭孝忠，字撒板，小字圖古斯。志慷慨。開泰中，補祗候郎君，尚越國公主，拜駙馬都尉，累遷殿前都點檢。太平中，擢北府宰相。

重熙七年，爲東京留守。時禁渤海人擊毬，孝忠言：「東京最爲重鎮，無從禽之地，若非毬馬，何以習武？且天子以四海爲家，何分彼此？宜弛其禁。」從之。

十二年，入朝，封楚王，拜北院樞密使。國制，以契丹、漢人分北、南院樞密治之，孝忠奏曰：「一國二樞密，風俗所以不同。若併爲一，天下幸甚。」事未及行，薨。追封楚國王。

帝素服哭臨，赦死囚數人，爲孝忠薦福。葬日，親臨，賜宫户守塚。子阿速，終南院樞密使。

陳昭衮，小字王九，雲州人。工譯鞮，勇而善射。統和中，補祗候郎君，爲奚拽剌詳穩，累遷敦睦宫太保，兼掌圍場事。

開泰五年秋，大獵，帝射虎，以馬馳太速，矢不及發。虎怒，奮勢將犯蹕。左右辟易，昭衮捨馬，捉虎兩耳騎之。虎駭，且逸。上命衞士追射，昭衮大呼止之。虎雖軼山，昭衮終不墮地。伺便，拔佩刀殺之。輦至上前，慰勞良久。即日設燕，悉以席上金銀器賜之，特加節鉞，遷圍場都太師，賜國姓，命張儉、吕德懋賦以美之。

遷歸義軍節度使，同知上京留守，歷西南面招討都監，卒。

蕭合卓，字合魯隱，突吕不部人。始爲本部吏。統和初，以謹恪，補南院侍郎〔四〕。十八年，北院樞密使韓德讓舉合卓爲中丞。以太后遺物使宋，還，遷北院樞密副使。開泰三年，爲左夷离畢。

合卓久居近職，明習典故，善占對。以是尤被寵渥，陞北院樞密使。時議以爲無完行，不可大用；南院樞密使王繼忠侍宴，又譏其短。帝頗不悦。六年，遣合卓伐高麗，還，時求進者多附之，然其服食、僕馬不加于舊。帝知其廉，以族屬女妻其子，詔許親友饋獻，豪貴奔趨于門。

太平五年，有疾，帝欲臨視，合卓辭曰：「臣無狀，猥蒙重任。今形容毁瘁，恐陛下見而動心。」帝從之。會北府宰相蕭朴問疾，合卓執其手曰：「吾死，君必爲樞密使，慎勿舉勝己者。」朴出而鄙之。是日卒。子烏古，終本部節度使。

論曰：統和諸臣，名昭王室者多矣。室魯拜樞密使，朝野相慶，必有得民心者。繼忠既不能死國，雖通南北之和，有知人之鑑，奚足尚哉！孝忠、昭衮，皆有可稱者。合卓臨終，教蕭朴毋舉勝己者任樞密，其誤國之罪大矣！

校勘記

〔一〕歐里斯　原作「歐里思」，據明鈔本、本書書前總目及上下文改。

〔二〕不知何郡人　長編卷四五咸平二年十二月辛酉、隆平集卷一八、東都事略卷四二王繼忠傳及宋史卷二七九王繼忠傳均謂王繼忠爲開封人。

〔三〕開泰五年　「開泰」二字原闕。按本書聖宗紀，開泰六年五月戊戌，樞密使蕭合卓爲都統，漢人行宫都部署王繼忠副之，以伐高麗；八年二月丁未，以漢人行宫都部署王繼忠爲南院樞密使。今據補。

〔四〕補南院侍郎　羅校謂本書卷四五百官志一北面朝官有南院侍御，而無南院侍郎，疑此處「侍郎」乃「侍御」之誤。

遼史卷八十二

列傳第十二

耶律隆運 德威 滌魯 制心 耶律勃古哲 蕭陽阿

武白 蕭常哥 耶律虎古 磨魯古

耶律隆運，本姓韓，名德讓，西南面招討使匡嗣之子也。統和十九年，賜名德昌；二十二年，賜姓耶律；二十八年，復賜名隆運。重厚有智略，明治體，喜建功立事。侍景宗，以謹飭聞，加東頭承奉官，補樞密院通事，轉上京皇城使，遙授彰德軍節度使。代其父匡嗣爲上京留守，權知京事，甚有聲。尋復代父守南京，時人榮之。宋兵取河東，侵燕，五院糺詳穩奚底、統軍蕭討古等敗歸，宋兵圍城，招脅甚急，人懷二心。隆運登城，日夜守禦。援軍至，圍解。及戰高梁河，宋兵敗走，隆運邀擊，又破之。以功拜遼興軍節度使，徵爲南院樞密使。

景宗疾大漸，與耶律斜軫俱受顧命，立梁王爲帝，皇后爲皇太后，稱制，隆運總宿衛事，太后益寵任之。統和元年，加開府儀同三司，兼政事令〔一〕。四年，宋遣曹彬、米信將十萬衆來侵，隆運從太后出師敗之，加守司空〔二〕，封楚國公。師還，與北府宰相室昉共執國政。上言山西諸州數被兵〔三〕，加以歲饑，宜輕稅賦以來流民，從之。六年，太后觀擊鞠，胡里室突隆運墜馬，命立斬之。詔率師伐宋，圍沙堆，敵乘夜來襲，隆運嚴軍以待，敗走之，封楚王。九年，復言燕人挾姦，苟免賦役，貴族因爲囊橐，可遣北院宣徽使趙智戒諭，從之。

十一年，丁母憂，詔彊起之。明年，室昉致政，以隆運代爲北府宰相，仍領樞密使，監修國史，賜興化功臣。十二年六月〔四〕，奏三京諸鞫獄官吏，多因請託，曲加寬貸，或妄行搒掠，乞行禁止。上可其奏。又表請任賢去邪，太后喜曰：「進賢輔政，真大臣之職。」優加賜賚。服闋，加守太保、兼政事令。會北院樞密使耶律斜軫薨，詔隆運兼之。久之，拜大丞相，進王齊，總二樞府事。以南京、平州歲不登，奏免百姓農器錢，及請平諸郡商賈價，並從之。

二十二年，從太后南征，及河，許宋成而還。徙王晉，賜姓，出宮籍，隸橫帳季父房，後乃改賜今名，位親王上，賜田宅及陪葬地。

從伐高麗還，得末疾，帝與后臨視醫藥。薨，年七十一。贈尚書令，謚文忠，官給葬具，建廟乾陵側。無子。清寧三年，以魏王貼不子耶魯爲嗣。天祚立，以皇子敖盧斡繼之。弟德威，姪制心。

德威，性剛介，善馳射。保寧初，歷上京皇城使、儒州防禦使，改北院宣徽使〔五〕。乾亨初，丁父喪〔六〕，彊起復職，權西南招討使。統和初，党項寇邊，一戰却之。賜劍許便宜行事，領突吕不、迭剌二糺軍。以討平稍古葛功，真授招討使。

夏州李繼遷叛宋内附，德威請納之。既得繼遷，諸夷皆從，璽書褒獎。與惕隱耶律善補敗宋將楊繼業，加開府儀同三司、政事門下平章事。未幾，以山西城邑多陷，奪兵柄。李繼遷受賂，潛懷二心，奉詔率兵往諭，繼遷託以西征不出，德威至靈州俘掠而還。

年五十五卒，贈兼侍中。子雱金，終彰國軍節度使〔七〕。二孫：謝十、滌魯。謝十終惕隱。

滌魯，字遵寧。幼養宫中，授小將軍。

重熙初，歷北院宣徽使、右林牙、副點檢，拜惕隱。改西北路招討使，封漆水郡王，請減軍籍三千二百八十人。後以私取回鶻使者獺毛裘，及私取阻卜貢物，事覺，決大杖，削爵免官。俄起爲北院宣徽使。十九年，改烏古敵烈部都詳穩，尋爲東北路詳穩，封混同郡王。

清寧初，徙王鄧，擢拜南府宰相。以年老乞骸骨，更王漢〔八〕。大康中薨，年八十〔九〕。

滌魯神情秀徹，聖宗子視之，興宗待以兄禮，雖貴愈謙。初爲都點檢，扈從獵黑嶺，獲熊。上因樂飲，謂滌魯曰：「汝有求乎？」對曰：「臣富貴踰分，不敢他望。惟臣叔先朝優遇，身殁之後，不肖子坐罪籍没，四時之薦享，諸孫中得赦一人以主祭，臣願畢矣。」詔免籍，復其産。子燕五，官至南京步軍都指揮使。

制心〔一〇〕，小字可汗奴。父德崇，善醫，視人形色，輒決其病，累官至武定軍節度使。制心善調鷹隼。統和中，爲歸化州刺史。開泰中，拜上京留守，進漢人行宫都部署，封漆水郡王。以皇后外弟，恩遇日隆。樞密副使蕭合卓用事，制心奏合卓寡識度，無行檢，上默然。每内宴歡洽，輒避之。皇后不悦曰：「汝不樂耶？」制心對曰：「寵貴鮮能長保，以是爲憂耳！」

太平中，歷中京留守、惕隱、南京留守〔二二〕，徙王燕，遷南院大王。或勸制心奉佛，對曰：「吾不知佛法，惟心無私，則近之矣。」一日，沐浴更衣而卧，家人聞絲竹之聲，怪而入視，則已逝矣。年五十三。贈政事令，追封陳王。

守上京時，酒禁方嚴，有捕獲私醖者，一飲而盡，笑而不詰。卒之日，部民若哀父母。

耶律勃古哲，字蒲奴隱，六院夷离堇蒲古只之後。勇悍，善治生。保寧中，爲天德軍節度使，歷南京侍衞馬步軍都指揮使。以討平党項羌阿理撒米、僕里鼈米，遷南院大王。

聖宗即位，太后稱制，會羣臣議軍國事，勃古哲上疏陳便宜數事，稱旨，即日兼領山西路諸州事。統和四年，宋將曹彬等侵燕，勃古哲擊之甚力，賜輸忠保節致主功臣，總知山西五州。

會有告勃古哲曲法虐民者，按之有狀，以大杖決之。八年，爲南京統軍使，卒。子爻里，官至詳穩。

奚王嶺，人稱其孝。

蕭陽阿，字稍隱。端毅簡嚴，識遼、漢字，通天文、相法。父卒，自五蕃部親挽喪車至

年十九，爲本班郎君。歷鐵林、鐵鷂、大鷹三軍詳穩。乾統元年，由烏古敵烈部屯田太保爲易州刺史。幸臣劉彦良嘗以事至州，怙寵恣横，爲陽阿所沮。彦良歸，妄加毁訾，尋遣人代陽阿。州民千餘詣闕請留，即日授武安州觀察使。歷烏古涅里、順義、彰信等軍節度使，權知東北路統軍使事。

聞耶律狼不、鐸魯斡等叛，獨引麾下三十餘人追捕之，身被二創，生擒十餘人，送之行在。坐不獲首惡，免官。未幾，權南京留守，卒。

武白，不知何郡人。爲宋國子博士，差知相州，至通利軍，爲我軍所俘。詔授上京國子博士。改臨潢縣令，遷廣德軍節度副使。

先是，有訟宰相劉慎行與子婦姚氏私者，有司出其罪。聖宗詔白鞫之，白正其事。使新羅還，權中京留守。時慎行諸子皆處權要，以白斷百姓分籍事不直，坐左遷。

未幾，遷尚書左丞，知樞密事，拜遼興軍節度使。致仕，卒。

蕭常哥，字胡獨堇，國舅之族。祖約直，同政事門下平章事；父實老，累官節度使。常哥魁偉寡言。年三十餘，始爲祇候郎君。歷本族將軍、松山州刺史。壽隆二年，以女爲燕王妃，拜永興宫使。及妃生子，爲南院宣徽使，尋改漢人行宫都部署。乾統初〔三二〕，加太子太師，爲國舅詳穩。二年，改遼興軍節度使，召爲北府宰相，以柴册禮，加兼侍中。天慶元年，致仕，卒，謚曰欽肅〔三三〕。

耶律虎古，字海鄰，六院夷离堇覿烈之孫。少穎悟，重然諾。保寧初，補御琖郎君。十年，使宋還，以宋取河東之意聞于上。燕王韓匡嗣曰：「何以知之？」虎古曰：「諸僭號之國，宋皆併收，惟河東未下。今宋講武習戰，意必在漢。」匡嗣力沮，乃止。明年，宋果伐漢。帝以虎古能料事，器之，乃曰：「吾與匡嗣慮不及此。」授涿州刺史。

統和初，皇太后稱制，召赴京師。與韓德讓以事相忤，德讓怒，取護衞所執戎仗擊其腦，卒。子磨魯古。

磨魯古，字遥隱。有智識，善射。統和初，拜南面林牙。四年，宋侵燕，太后親征。磨魯古爲前鋒，手中流矢，拔而復進。太后既至，磨魯古以創不能戰，與北府宰相蕭繼先巡邏境上。累遷北院大王。七年，伐宋爲先鋒，與耶律奴瓜破其將李忠吉于定州。以疾卒于軍。

論曰：德讓在統和間，位兼將相，其克敵制勝，進賢輔國，功業茂矣。至賜姓名，王齊、晉，抑有寵於太后而致然歟？宗族如德威平党項，滌魯完宗祀，制心不苟合，家聲益振，豈無所自哉！若勃古之忠，陽阿之孝，武白之直，亦彬彬乎一代之良臣矣。

校勘記

〔一〕統和元年加開府儀同三司兼政事令　按本書卷一〇聖宗紀一，韓德讓兼政事令在統和三年十一月辛卯。

〔二〕加守司空　本書卷一一聖宗紀二統和四年十一月庚午作「守司徒」。

〔三〕上言山西諸州數被兵　「山」、「諸」二字原闕。按本書卷一一聖宗紀二統和四年八月己未云：「用室昉、韓德讓言，復山西今年租賦。」卷五九食貨志上及弘簡録卷二一〇載記韓德讓傳均作「山西諸州」，今據補。

〔四〕十二年六月　上文「十一年」後已稱「明年」，即十二年。此「十二年」三字或有訛誤。

〔五〕保寧初歷上京皇城使儒州防禦使改北院宣徽使　據韓德威墓誌，德威任皇城使、汝州防禦使、北院宣徽使在保寧九年至十一年間，與此「保寧初」相抵牾。又「儒州」，墓誌作「汝州」。

〔六〕乾亨初丁父喪　按本書卷一〇聖宗紀一，德威父匡嗣卒於乾亨四年十二月。乾亨止五年，此云「乾亨初」，不確。

〔七〕子雱金終彰國軍節度使　韓雱金即耶律遂正。據耶律遂正墓誌，知其終於遼興軍節度，與此不合。

〔八〕更王漢　「漢」，當作「韓」。按韓滌魯即耶律宗福。據耶律宗福墓誌，滌魯以韓王終，未曾封漢王。「漢」字蓋音近致誤。

〔九〕大康中薨年八十　按耶律宗福墓誌，滌魯卒於咸雍七年，年七十有四。

〔一〇〕制心　按韓椅墓誌云：「南大王、贈政事令、陳王諱遂貞，賜名直心，（中略）譜係於國姓。」遂貞即制心之漢名。又本書卷一五聖宗紀六開泰元年七月丙子作「耶律遂貞」、開泰六年四月辛卯作「耶律制心」。

〔一〕太平中歷中京留守惕隱南京留守　按本書卷一六聖宗紀七，制心於開泰八年二月丁未任中京留守，同年十二月乙巳爲惕隱，次年十一月丁巳爲南京留守。此處云「太平中」，不確。

〔二〕乾統初　「乾統」，諸本皆作「統和」。按上文有壽隆，下文又有天慶。據蕭義墓誌，知蕭常哥即蕭義，誌稱其「乾統二年，授遼興軍節度使」，又本書卷二七天祚皇帝紀一乾統五年正月庚寅謂「以遼興軍節度使蕭常哥爲北府宰相」，皆與下文合。知「統和」誤，今據改。

〔三〕謚曰欽肅　按蕭義墓誌，蕭常哥謚恭穆。

遼史卷八十三

列傳第十三

耶律休哥 馬哥　耶律斜軫　耶律奚低　耶律學古 烏不呂

耶律休哥，字遜寧。祖釋魯，隋國王。父綰思，南院夷离菫。休哥少有公輔器。初烏古、室韋二部叛，休哥從北府宰相蕭幹討之。應曆末，爲惕隱。

乾亨元年，宋侵燕，北院大王奚底、統軍使蕭討古等敗績，南京被圍。帝命休哥代奚底，將五院軍往救。遇大敵于高梁河，與耶律斜軫分左右翼，擊敗之。追殺三十餘里，斬首萬餘級，休哥被三創。明旦，宋主遁去，休哥以創不能騎，輕車追至涿州，不及而還。

是年冬，上命韓匡嗣、耶律沙伐宋，以報圍城之役。休哥率本部兵從匡嗣等戰于滿城。翌日將復戰，宋人請降，匡嗣信之。休哥曰：「彼衆整而鋭，必不肯屈，乃誘我耳。宜嚴兵以待。」匡嗣不聽。休哥引兵憑高而視，須臾南兵大至，鼓譟疾馳。匡嗣倉卒不知所爲，士卒棄旗鼓而走，遂敗績。休哥整兵進擊，敵乃却。詔總南面戍兵，爲北院大王。

車駕親征，圍瓦橋關。宋兵來救，守將張師突圍出。帝親督戰，休哥斬師，餘衆退走入城。宋陣于水南。將戰，帝以休哥馬介獨黃，慮爲敵所識，乃賜玄甲、白馬易之。休哥率精騎渡水，擊敗之，追至莫州。横屍滿道，鞬矢俱罄，生獲數將以獻。帝悦，賜御馬、金盂，勞之曰：「爾勇過于名，若人人如卿，何憂不克？」師還，拜于越。

聖宗即位，太后稱制，令休哥總南面軍務，以便宜從事。休哥均戍兵，立更休法，勸農桑，修武備，邊境大治。統和四年，宋復來侵，其將范密、楊繼業出雲州〔一〕；曹彬、米信出雄、易，取岐溝、涿州，陷固安，置屯。時北南院、奚部兵未至，休哥力寡，不敢出戰。夜以輕騎出兩軍間，殺其單弱以脅餘衆；晝則以精鋭張其勢，使彼勞於防禦以疲其力。又設伏林莽，絶其糧道。曹彬等以糧運不繼，退保白溝。月餘，復至。休哥以輕兵薄之，伺彼蓐食，擊其離伍單出者，且戰且却。由是南軍自救不暇，結方陣，塹地兩邊而行。軍渴乏井，漉淖而飲，凡四日始達于涿。聞太后軍至，彬等冒雨而遁。太后益以鋭卒，追及之。彼力窮，環糧車自衛，休哥圍之。至夜，彬、信以數騎亡去，餘衆悉潰。追至易州東，聞宋師尚有數萬，瀕沙河而爨，促兵往擊之。宋師望塵奔竄，墮岸相蹂死者過半，沙河爲之不流。太后旋旆，休哥收宋屍爲京觀。封宋國王。

又上言，可乘宋弱，略地至河爲界。書奏，不納。及太后南征，休哥爲先鋒，敗宋兵於望都。時宋將劉廷讓以數萬騎並海而出，約與李敬源合兵，聲言取燕。休哥聞之，先以兵扼其要地。會太后軍至，接戰，殺敬源，廷讓走瀛州。七年，宋遣劉廷讓等乘暑潦來攻易州，諸將憚之；獨休哥率鋭卒逆擊于沙河之北，殺傷數萬，獲輜重不可計，獻于朝。太后嘉其功，詔免拜、不名。自是宋不敢北向。時宋人欲止兒啼，乃曰：「于越至矣！」

休哥以燕民疲弊，省賦役，恤孤寡，戒戍兵無犯宋境，雖馬牛逸于北者悉還之。遠近向化，邊鄙以安。十六年，薨。是夕，雨木冰。聖宗詔立祠南京。

休哥智略宏遠，料敵如神。每戰勝，讓功諸將，故士卒樂爲之用。身更百戰，未嘗殺一無辜。二子：高八，官至節度使；高十，終于越〔二〕。孫馬哥。

馬哥，字訛特懶。興宗時，以散職入見，上問：「卿奉佛乎？」對曰：「臣每旦誦太祖、太宗及先臣遺訓，未暇奉佛。」帝悦。

清寧中，遷唐古部節度使。咸雍中，累遷匡義軍節度使。大康初，致仕，卒。

耶律斜軫，字韓隱，于越曷魯之孫。性明敏，不事生產。保寧元年，樞密使蕭思温薦斜軫有經國才，上曰：「朕知之，第佚蕩，豈可羈屈？」對曰：「外雖佚蕩，中未可量。」乃召問以時政，占對剴切，帝器重之。妻以皇后之姪，命節制西南面諸軍，仍援河東。改南院大王。

乾亨初，宋再攻河東，從耶律沙至白馬嶺遇敵，沙等戰不利；斜軫赴之，令麾下萬矢齊發，敵氣褫而退。是年秋，宋下河東，乘勝襲燕，北院大王耶律奚底與蕭討古逆戰，敗績，退屯清河北。斜軫取奚底等青幟軍于得勝口以誘敵，敵果爭赴。斜軫出其後，奮擊敗之。及高梁之戰，與耶律休哥分左右翼夾擊，大敗宋軍。

統和初，皇太后稱制，益見委任，爲北院樞密使。會宋將曹彬、米信出雄、易，楊繼業出代州，太后親帥師救燕，以斜軫爲山西路兵馬都統。繼業陷山西諸郡，各以兵守，自屯代州。斜軫至定安，遇賀令圖軍，擊破之，追至五臺，斬首數萬級。明日，至蔚州，敵不敢出，斜軫書帛射城上，諭以招慰意。陰聞宋軍來救，令都監耶律題子夜伏兵險阨，俟敵至而發。城守者見救至，突出。斜軫擊其背，二軍俱潰，追至飛狐，斬首二萬餘級，遂取蔚州。賀令圖、潘美復以兵來，斜軫逆于飛狐，擊敗之。宋軍在渾源、應州者，皆棄城走。斜軫聞繼業出兵，令蕭撻凜伏兵于路。明旦，繼業兵至，斜軫擁衆爲戰勢。繼業麾幟而前，斜軫佯退。伏兵發，斜軫進攻，繼業敗走，至狼牙村，衆軍皆潰。繼業爲流矢所中，被擒。斜軫責曰：「汝與我國角勝三十餘年，今日何面目相見！」繼業但稱死罪而已。初，繼業在宋以驍勇聞，人號「楊無敵」，首建梗邊之策。至狼牙村，心惡之，欲避不可得。既擒，三日死。

斜軫歸闕，以功加守太保。從太后南伐，卒于軍。太后親爲哀臨，仍給葬具。庶子狗兒，官至小將軍。

耶律奚低，孟父楚國王之後。便弓馬，勇於攻戰。景宗時，多任以軍事。統和四年，爲右皮室詳穩。時宋將楊繼業陷山西郡縣，奚低從樞密使斜軫討之。凡戰必以身先，矢無虚發。繼業敗于朔州之南，匿深林中。奚低望袍影而射，繼業墮馬。先是，軍令須生擒繼業，奚低以故不能爲功。

後太后南伐，屢有戰績。以病卒。

君。

耶律學古，字乙辛隱，于越洼之庶孫。穎悟好學，工譯鞮及詩。保寧中，補御盞郎君。

乾亨元年，宋既下河東，乘勝侵燕，學古受詔往援。始至京，宋敗耶律奚底、蕭討古等，勢益張，圍城三周，穴地而進，城中民懷二心。學古以計安反側，隨宜備禦，晝夜不少懈。適有敵三百餘人夜登城，學古戰却之。會援軍至，圍遂解。學古開門列陣，四面鳴鼓，居民大呼，聲震天地。旋有高粱之捷。以功遥授保静軍節度使，爲南京馬步軍都指揮使。

二年，伐宋，乞將漢軍，從之。改彰國軍節度使。時南境未静，民思休息，學古禁寇掠以安之。會宋將潘美率兵分道來侵，學古以軍少，虛張旗幟，雜丁黄爲疑兵。是夜，適獨虎峪舉烽火，遣人偵視，見敵俘掠村野，擊之，悉獲所掠物，擒其將領。自是學古與潘美各守邊約，無相侵軼，民獲安業。以功爲惕隱，卒。弟烏不吕。

烏不吕〔三〕，字留隱。嚴重，有膂力，善屬文。統和中伐宋，屢任以軍事。嘗與爻直不相能，因曰：「爾奴才，何所知？」爻直訟于北院樞密使韓德讓。德讓怒，問曰：「爾安得此奴耶？」烏不呂對曰：「三父異籍時亦易得。」德讓笑而釋之。

後從蕭恒德伐蒲盧毛朵部，以功爲東路統軍都監。及德讓爲大丞相，薦其材可任統軍使，太后曰：「烏不呂嘗不遜于卿，何善而薦？」德讓奏曰：「臣忝相位，於臣猶不屈，況於其餘。以此知可用。若任使之，必能鎮撫諸蕃。」太后從之，加金紫崇禄大夫、檢校太尉。

而弟國留以罪亡，烏不呂及其母俱下吏。恐禍及母，陰使人召國留，紿曰：「太后知事之誣，汝第來勿畏。」國留至，送有司，坐誅。其後，退歸田里，以疾卒。

論曰：宋乘下太原之鋭，以師圍燕，繼遣曹彬、楊繼業等分道來伐。是兩役也，遼亦岌岌乎殆哉！休哥奮擊于高梁，敵兵奔潰；斜軫擒繼業于朔州，旋復故地。宋自是不復深入，社稷固而邊境寧，雖配古名將，無愧矣。然非學古之在南京安其反側，則二將之功，蓋亦難致。故曰，國以人重，信哉。

校勘記

〔一〕其將范密楊繼業出雲州　按本書卷一一聖宗紀二統和四年三月甲戌，于越休哥奏：「潘美、楊繼業雁門道來侵。」羅校謂當時宋將無所謂「范密」者，疑爲「潘美」之誤。索隱卷八謂「范密」爲「潘美」譯音。蓋「潘美」一名經遼人口耳相傳，轉訛爲「范密」。又本書卷八三耶律斜軫傳謂「楊繼業出代州」，即自雁門攻遼，此處謂出雲州恐誤。

〔二〕二子高八官至節度使高十終于越　按本書卷一四聖宗紀五統和二十一年十一月壬辰：「故于越耶律休哥之子道士奴、高九等謀叛，伏誅。」疑休哥不止二子。

〔三〕烏不呂　「烏不呂」，本書卷六六皇族表作「烏古不」。

遼史卷八十四

列傳第十四

耶律沙　耶律抹只　蕭幹 討古　耶律善補　耶律海里

耶律沙，字安隱。其先嘗相遥輦氏。應曆間，累官南府宰相。景宗即位，總領南面邊事。保寧間，宋攻河東，沙將兵救之，有功，加守太保。

乾亨初，宋復北侵，沙將兵由間道至白馬嶺，阻大澗遇敵。沙與諸將欲待後軍至而戰，冀王敵烈、監軍耶律抹只等以爲急擊之便，沙不能奪。敵烈等以先鋒渡澗，未半，爲宋人所擊，兵潰。敵烈及其子蛙哥、沙之子德里、令穩都敏、詳穩唐筈等五將俱没。會北院大王耶律斜軫兵至[一]，萬矢俱發，敵軍始退。

沙將趨太原，會漢駙馬都尉盧俊來奔，言太原已陷，遂勒兵還。宋乘鋭侵燕，沙與戰于高梁河，稍却，遇耶律休哥及斜軫等邀擊，敗宋軍。宋主宵遁，至涿州，微服乘驢車，間道而走。上以功釋前過。

是年，復從韓匡嗣伐宋，敗績，帝欲誅之，以皇后營救得免。睿智皇后稱制，召賜几杖，以優其老。復從伐宋，敗劉廷讓、李敬源之軍，賜賚優渥。統和六年卒。

耶律抹只，字留隱，仲父隋國王之後。初以皇族入侍。景宗即位，爲林牙，以幹給稱。

保寧間，遷樞密副使。宋攻河東，南府宰相耶律沙爲都統，將兵往援，抹只監其軍。及白馬嶺之敗，僅以身免。宋乘鋭攻燕，將奚兵翊休哥擊敗之。上以功釋前過。十一年，從都統韓匡嗣伐宋，戰于滿城，爲宋將所紿，諸軍奔潰；獨抹只部伍不亂，徐整旗鼓而歸。璽書褒諭，改南海軍節度使。乾亨二年，拜樞密副使。

統和初，爲東京留守。宋將曹彬、米信等侵邊，抹只引兵至南京，先繕守禦備。及車駕臨幸，抹只與耶律休哥逆戰于涿之東，克之，遷開遠軍節度使〔三〕。

故事，州民歲輸税，斗粟折錢五，抹只表請折錢六，部民便之。統和末卒。

蕭幹，小字項烈，字婆典，北府宰相敵魯之子。性質直。初，察割之亂，其黨胡古只與幹善，使人召之。幹曰：「吾豈能從逆臣！」縛其人送壽安王。賊平，上嘉其忠，拜羣牧都林牙。復以伐烏古功，遷北府宰相，改突呂不部節度使。

乾亨初，宋伐河東，乘勝侵燕，詔幹拒之，戰于高梁河。耶律沙退走，幹與耶律休哥等併力戰敗之，上手勑慰勞。自是每征伐必參決軍事。加政事令。二年，宋兵圍瓦橋，夜襲我營，幹及耶律勻骨戰却之。

時皇后以父呼幹。及后爲皇太后稱制，幹數條奏便宜，多見聽用。統和四年卒。姪討古。

討古，字括寧，性忠簡。

應曆初，始入侍。會冀王敵烈、宣徽使海思謀反，討古與耶律阿列密告於上，上嘉其忠，詔尚朴謹公主。保寧末，爲南京統軍使。

乾亨初，宋侵燕，討古與北院大王奚底拒之，不克，軍潰。討古等不敢復戰，退屯清河。帝聞其敗，遣使責之曰：「卿等不嚴偵候，用兵無法，遇敵即敗，奚以將爲！」討古懼。頃之，援兵至，討古奮力以敗宋軍。上釋其罪，降爲南京侍衛親軍都指揮使。四年卒。

耶律善補，字瑶昇，孟父楚國王之後。純謹有才智。

景宗即位，授千牛衛大將軍，遷大同軍節度使。及伐宋，韓匡嗣與耶律沙將兵由東路進，善補以南京統軍使由西路進。善補聞匡嗣失利，斂兵還。乾亨末，與宋軍戰于滿城，爲伏兵所圍，斜軫救之獲免。以失備，大杖決之。

統和初，爲惕隱。會宋來侵，善補爲都元帥逆之，不敢戰，故嶺西州郡多陷，罷惕隱。以其叔安端有匡輔世宗功〔三〕，上愍之，徵善補爲南府宰相，遷南院大王。

會再舉伐宋，欲攻魏府，召衆集議。將士以魏城無備，皆言可攻。善補曰：「攻固易，然城大叵量，若克其城，士卒貪俘掠，勢必不可遏。且傍多巨鎮，各出援兵，内有重敵，何以當之？」上乃止。

善補性懦，守静。凡征討，憚攻戰，急還，以故戰多不利。年七十四卒。

耶律海里，字留隱，令穩拔里得之長子〔四〕。察割之亂，其母的魯與焉。遣人召海里，海里拒之。亂平，的魯以子故獲免。

海里儉素，不喜聲利，以射獵自娛。雖居閑，人敬之若貴官然。保寧初，拜彰國軍節度使，遷惕隱。秩滿，稱疾不仕。久之，復爲南院大王。及曹彬、米信等來侵，海里有却敵功，賜資忠保義匡國功臣。

帝屢親征，海里在南院十餘年，鎮以寬靜，户口增給，時議重之。封漆水郡王，遷上京留守，薨。詔以家貧給葬具。

論曰：當高梁、朔州之捷，偏裨之將如沙與抹只，既因休哥、斜軫類見其功，所謂失之東隅，收之桑榆。若蕭幹、海里拒察割之招，討古告海思之變，則不止有戰功而已。其視善補畏懦，豈不優哉。

校勘記

〔一〕會北院大王耶律斜軫兵至　此處作「北院大王」，疑誤。按本書卷九景宗紀下乾亨元年二月丁卯作「南院大王斜軫」，又卷八三耶律斜軫傳亦稱其保寧中「改南院大王」，乾亨初從耶律沙與宋戰。

〔二〕開遠軍節度使　「開遠軍」，本書卷一二聖宗紀三統和六年七月壬子、八月丁丑並作「大同軍」。按大同軍爲雲州，開遠軍係雲内州，二者當有一誤。

〔三〕以其叔安端有匡輔世宗功　按太祖弟安端隸季父房，與上文「孟父房之後」相抵牾。本書卷七七耶律安摶傳稱其曾祖巖木，即屬孟父房，此處安端疑即安摶。

〔四〕令穩拔里得之長子　「拔里得」，原作「援里得」，據本書卷七六本傳、大典卷四八〇引遼史耶律海里傳及馮校改。

遼史卷八十五

列傳第十五

蕭撻凜　蕭觀音奴　耶律題子　耶律諧理　耶律奴瓜

蕭柳　高勳　奚和朔奴　蕭塔列葛　耶律撒合

蕭撻凜，字駝寧，思温之再從姪。父朮魯列，善相馬，應曆間爲馬羣侍中。

撻凜幼敦厚，有才略，通天文。保寧初，爲宿直官，累任𩦬劇。統和四年，宋楊繼業率兵由代州來侵，攻陷城邑。撻凜以諸軍副部署從樞密使耶律斜軫敗之，擒繼業于朔州。六年秋，改南院都監，從駕南征，攻沙堆，力戰被創，太后嘗親臨視。明年，加右監門衛上將軍、檢校太師，遥授彰德軍節度使。

十一年，與東京留守蕭恒德伐高麗，破之。高麗稱臣奉貢。十二年，夏人梗邊，皇太妃受命總烏古及永興宮分軍討之，撻凜爲阻卜都詳穩。凡軍中號令，太妃並委撻凜。師還，以功加兼侍中，封蘭陵郡王。十五年，敵烈部人殺詳穩而叛，遁于西北荒，撻凜將輕騎逐之，因討阻卜之未服者，諸蕃歲貢方物充于國，自後往來若一家焉。上賜詩嘉獎，仍命林牙耶律昭作賦，以述其功。撻凜以諸部叛服不常，上表乞建三城以絕邊患，從之。俄召爲南京統軍使。

二十年，復伐宋，擒其將王先知〔三〕，破其軍于遂城，下祁州，上手詔獎諭。進至澶淵，宋主軍于城隍間，未接戰，撻凜按視地形，取宋之羊觀、鹽堆、鳧雁，中伏弩卒。明日，輴車至，太后哭之慟，輟朝五日。子慥古，南京統軍使。

蕭觀音奴，字耶寧，奚王搭紇之孫。統和十二年，爲右祗候郎君班詳穩。遷奚六部大王。先是，俸秩外，給獐鹿百數，皆取於民，觀音奴奏罷之。

及伐宋，與蕭撻凜爲先鋒，降祁州，下德清軍，上加優賞。同知南院事，卒。

耶律題子，字勝隱，北府宰相兀里之孫。善射，工畫。保寧間，爲御盞郎君。九年，奉使于漢，具言兩國通好長久之計，其主繼元深加禮重。

統和二年，將兵與西邊詳穩耶律速撒討陀羅斤，大破之。四年，宋將楊繼業陷山西城邑，題子從北院樞密使耶律斜軫擊之，敗賀令圖於定安，授西南面招討都監。宋兵守蔚州急，召外援，題子聞之，夜伏兵道傍。黎明，宋兵果來，過未半而擊之；城中軍出，斜軫復邀之。兩軍俱潰，奔飛狐，地隘不得進，殺傷甚衆。賀令圖復集敗卒來襲蔚州，題子逆戰，破之，應州守將自遁。進圍寰州，冒矢石登城，宋軍大潰。當斜軫擒繼業于朔州，題子功居多。

是年冬，復與蕭撻凜由東路擊宋，俘獲甚衆。後聞宋兵屯易州，率兵逆之，至易境而卒。

初，題子破令圖，宋將有因傷而仆，題子繪其狀以示宋人，咸嗟神妙。

耶律諧理，字烏古鄰，突舉部人。統和五年，宋將楊繼業來攻山西〔二〕，諧理從耶律斜軫擊之，常居先鋒，偵候有功。是歲，伐宋，宋人拒於滹沱河，諧理率精騎便道先濟，獲其將康保威，以功詔世預節度使選。

太平元年，稍遷本部節度使。六年，從蕭惠攻甘州，不克。會阻卜攻圍三剋軍，諧理與都監耶律涅魯古往救，至可敦城西南，遇敵，不能陣，中流矢卒。

耶律奴瓜，字延寧，太祖異母弟南府宰相蘇之孫。有膂力，善調鷹隼。統和四年，宋楊繼業來侵，奴瓜爲黃皮室糺都監〔三〕，擊敗之，盡復所陷城邑。軍還，加諸衞小將軍。及伐宋，有功，遷黃皮室詳穩。六年，再舉，將先鋒軍，敗宋游兵于定州，爲東京統軍使，加金紫崇禄大夫。從奚王和朔奴伐兀惹，以戰失利，削金紫崇禄階。十九年，拜南府宰相。二十一年，復伐宋，擒其將王繼忠于望都，俘殺甚衆，以功加同政事門下平章事。二十六年，爲遼興軍節度使，尋復爲南府宰相。開泰初，加尚父，卒。

蕭柳，字徒門，淳欽皇后弟阿古只五世孫。幼養于伯父排押之家，多知，能文，膂力絶人。

統和中，叔父恒德臨終，薦其才，詔入侍衞。十七年，南伐，宋將范庭召列方陣而待〔四〕。時皇弟隆慶爲先鋒，問諸將佐誰敢當者，柳曰：「若得駿馬，則願爲之先。」隆慶授以甲騎。柳攬轡，謂諸將曰：「陣若動，諸君急攻。」遂馳而前，敵少却。隆慶席勢攻之，南軍遂亂。柳中流矢，裹創而戰〔五〕，衆皆披靡。時排押留守東京，奏柳爲四軍兵馬都指揮使。

明年，爲北女直詳穩，政濟寬猛，部民畏愛。遷東路統軍使。秩滿，百姓願留復任，許之。從伐高麗，遇大蛇當路，前驅者請避，柳曰：「壯士安懼此！」拔劍斷蛇。師還，致仕。

柳好滑稽，雖君臣燕飲，詼諧無所忌，時人比之俳優。臨終，謂人曰：「吾少有致君志，不能直遂，故以諧進。冀萬有一補，俳優名何避！」頃之，被寢衣而坐，呼曰：「吾去矣！」言訖而逝。耶律觀音奴集柳所著詩千篇，目曰歲寒集。

高勳，字鼎臣，晉北平王信韜之子。性通敏。仕晉爲閤門使。會同九年，與杜重威來降。太宗入汴，授四方館使。好結權貴，能服勤大臣，多推譽之。

天祿間，爲樞密使，總漢軍事。五年，劉崇遣使來求封册，詔勳册崇爲大漢神武皇帝。應曆初，封趙王，出爲上京留守，尋移南京。會宋欲城益津，勳上書請假巡徼以擾之，帝然其奏，宋遂不果城。十七年，宋略地益津關，勳擊敗之，知南院樞密事。景宗即位，以定策功，進王秦。

保寧中，以南京郊內多隙地，請疏畦種稻，帝欲從之。林牙耶律昆宣言於朝曰：「高勳此奏，必有異志。果令種稻，引水爲畦，設以京叛，官軍何自而入？」帝疑之，不納。尋遷南院樞密使。以毒藥餽駙馬都尉蕭啜里，事覺，流銅州。尋又謀害尚書令蕭思溫，詔獄誅之，沒其產，皆賜思溫家。

奚和朔奴，字籌寧，奚可汗之裔。保寧中，爲奚六部長。

統和初，皇太后稱制，以耶律休哥領南邊事，和朔奴爲南面行軍副部署。四年，宋曹彬、米信等來侵，和朔奴與休哥破宋兵于燕南，手詔褒美。軍還，怙權撾無罪人李浩至死，上以其功釋之。冬，南征〔六〕，將本部軍由別道進擊敵軍於狼山，俘獲甚衆。

八年，上表曰：「臣竊見太宗之時，奚六部二宰相、二常衮，詔命大常衮班在酋長左右，副常衮總知酋長五房族屬，二宰相匡輔酋長，建明善事。今宰相職如故，二常衮別無所掌，乞依舊制。」從之。

十三年秋，遷都部署，伐兀惹。駐于鐵驪，秣馬數月，進至兀惹城。利其俘掠，請降不許，令急攻之。城中大恐，皆殊死戰。和朔奴知不能克，從副部署蕭恒德議，掠地東南，循高麗北界而還。以地遠粮絶，士馬死傷，詔降封爵，卒。子烏也，郎君班詳穩。

蕭塔列葛，字雄隱，五院部人。八世祖只魯，遥輦氏時嘗爲虞人。唐安禄山來攻，只魯戰于黑山之陽，敗之。以功爲北府宰相，世預其選。

塔列葛仕開泰間，累遷西南面招討使〔七〕。重熙十一年，使西夏，諭伐宋事，約元昊出別道以會。十二年，改右夷离畢、同知南京留守，轉左夷离畢。俄授東京留守，以世選爲北府宰相，卒。

耶律撒合，字率懶，乙室部人，南府宰相歐禮斯子。天禄間始仕。應曆中，拜乙室大王，兼知兵馬事。

乾亨初，宋來侵，詔以本部兵守南京，與北院大王奚底、統軍蕭討古等逆戰，奚底等敗走，獨撒合全軍還。上諭之曰：「拒敵當如此。卿勉之，無憂不富貴。」加守太保。統和間卒。

論曰：遼在統和間，數舉兵伐宋，諸將如耶律諧理、奴瓜、蕭柳等俱有降城擒將之功。最後，以蕭撻凜爲統軍，直抵澶淵。將與宋戰，撻凜中弩，我兵失倚，和議始定。或者天厭其亂，使南北之民休息者耶！

校勘記

〔一〕擒其將王先知　本書卷一四聖宗紀五統和二十一年四月、卷八一王繼忠傳、卷八五耶律奴瓜傳及長編卷五四真宗咸平六年四月、宋會要兵八之一二均謂宋將王繼忠與遼戰於望都，戰敗被擒。「先知」當即「繼忠」。

〔二〕統和五年宋將楊繼業來攻山西　據本書卷一一聖宗紀二統和四年三月甲戌、七月丙子，宋會要兵八之六、蕃夷一之一〇，知楊繼業統和四年三月率兵攻遼，七月被擒，此處作「五年」誤。

〔三〕奴瓜爲黄皮室糺都監　「奴瓜」，本書卷一一聖宗紀二統和四年四月戊申作「奴哥」。

〔四〕范庭召　長編卷四六真宗咸平三年正月甲申、丁亥及宋會要兵七之一一、宋史卷二八九本傳皆作「范廷召」。

〔五〕裹創而戰　「裹」，原作一字空格，據明鈔本、南監本、北監本、殿本補。

〔六〕「怙權撾無罪人李浩至死」至「冬南征」　按本書卷一二聖宗紀三統和六年二月丁未、九月癸卯、十月丙子，奚王籌寧殺李浩及此次南征均爲統和六年事。

〔七〕累遷西南面招討使　按本書卷一九興宗紀二，重熙十二年八月戊午「以前西北路招討使蕭塔烈葛爲右夷离畢」。官職歧互，或有闕誤。

遼史卷八十六

列傳第十六

耶律合住　劉景　劉六符　耶律褭履　牛温舒　杜防　蕭和尚特末　耶律合里只　耶律頗的

耶律合住，字粘衮，太祖弟迭剌之孫。幼不好弄，臨事明敏，善談論。初以近族入侍，每從征伐有功。保寧初，加右龍虎衛上將軍。以宋師屢梗南邊，拜涿州刺史，西南兵馬都監、招安、巡檢等使，賜推忠奉國功臣。

合住久任邊防，雖有克獲功，然務鎮靜，不妄生事以邀近功。鄰壤敬畏，屬部乂安。宋數遣人結歡，冀達和意，合住表聞其事，帝許議和。安邊懷敵，多有力焉。拜左金吾衛上將軍。秩滿，遥攝鎮國軍節度使，卒。

合住智而有文，曉暢戎政。鎮范陽時，嘗領數騎徑詣雄州北門，與郡將立馬陳兩國利害及周師侵邊本末，辭氣慷慨，左右壯之。自是，邊境數年無事。識者以謂合住一言，賢於數十萬兵。

劉景，字可大，河間人。四世祖怦，即朱滔之甥〔一〕，唐右僕射、盧龍軍節度使。父守敬，南京副留守。

景資端厚，好學能文。燕王趙延壽辟爲幽都府文學。應曆初，遷右拾遺、知制誥，爲翰林學士。九年，周人侵燕，留守蕭思温上急變，帝欲俟秋出師，景諫曰：「河北三關已陷于敵，今復侵燕，安可坐視！」上不聽。會父憂去。未幾，起復舊職。一日，召草赦，既成，留數月不出。景奏曰：「唐制，赦書日行五百里，今稽期弗發，非也。」上亦不報。

景宗即位，以景忠實，擢禮部侍郎，遷尚書、宣政殿學士。上方欲倚用，乃書其笏曰：「劉景可爲宰相。」頃之，爲南京副留守。時留守韓匡嗣因扈從北上，景與其子德讓共理京事。俄召爲户部使，歷武定、開遠二軍節度使。

統和六年致仕〔二〕，加兼侍中。卒，年六十七。贈太子太師。子愼行，孫一德、二玄、三嘏、四端、五常、六符，皆具六符傳。

劉六符，父慎行〔三〕，由膳部員外郎累遷至北府宰相、監修國史。時上多即宴飲行誅賞，慎行諫曰：「以喜怒加威福，恐未當。」帝悟，諭政府「自今宴飲有刑賞事，翌日稟行」。爲都統，伐高麗，以失軍期下吏，議貴乃免，出爲彰武軍節度使。賜保節功臣。子六人：一德、二玄、三嘏、四端、五常、六符。德早世。玄終上京留守。常歷三司使、武定軍節度使。嘏、端、符皆第進士。嘏、端俱尚主，爲駙馬都尉。三嘏獻聖宗一矢斃雙鹿賦，上嘉其贍麗。與公主不諧，奔宋。歸，殺之。四端以衞尉少卿使宋賀生辰，方宴，大張女樂，竟席不顧，人憚其嚴。還，拜樞密直學士。

六符有志操，能文。重熙初，遷政事舍人，擢翰林學士。十一年，與宣徽使蕭特末使宋索十縣地。還，爲漢人行宮副部署。會宋遣使增歲幣以易十縣，復與耶律仁先使宋，定「進貢」名，宋難之。六符曰：「本朝兵彊將勇，海内共知，人人願從事于宋。若恣其俘獲以飽所欲，與『進貢』字孰多？況大兵駐燕，萬一南進，何以禦之！顧小節，忘大患，悔將何及！」宋乃從之，歲幣稱「貢」。六符還，加同中書門下平章事。及宋幣至，命六符爲三司使以受之。

六符與參知政事杜防有隙，防以六符嘗受宋賂，白其事，出爲長寧軍節度使，俄召爲三司使。

道宗即位，將行大册禮，北院樞密使蕭革曰：「行大禮備儀物，必擇廣地，莫若黄川。」六符曰：「不然。禮儀國之大體，帝王之樂不奏于野。今中京四方之極，朝覲各得其所，宜中京行之。」上從其議。尋以疾卒。

耶律褭履，字海隣，六院夷离堇蒲古只之後。風神爽秀，工于畫。

重熙間，累遷同知點檢司事。駙馬都尉蕭胡覩爲夏人所執，奉詔索之，三返以歸，轉永興宫使、右祗候郎君班詳穩。褭履將娶秦晉長公主孫，其母與公主婢有隙，謂褭履曰：「能去婢，乃許爾婚。」褭履以計殺之，婚成。事覺，有司以大辟論。褭履善畫，寫聖宗真以獻，得減，坐長流邊戍。復以寫真，召拜同知南院宣徽事。使宋賀正，寫宋主容以歸。

清寧間，復使宋。宋主賜宴，瓶花隔面，未得其真。陛辭，僅一視，及境，以像示餞者，駭其神妙。聞重元亂，不即勤王。賊平入賀，帝責讓之。宴酣，顧褭履曰：「重元事成，卿必得爲上客！」裹履大慙。咸雍中，加太子太師，卒。

牛温舒，范陽人。剛正，尚節義，有遠器。咸雍中，擢進士第，滯小官。大安初，累遷户部使，轉給事中、知三司使事。國、民兼足，上以爲能，加户部侍郎，改三司使。壽隆中，拜參知政事，兼同知樞密院事，攝中京留守。部民詣闕請真拜，從之。召爲三司使。乾統初，復參知政事，知南院樞密使事。五年，夏爲宋所攻，來請和解。温舒與蕭得里底使宋。方大燕，優人爲道士裝，索土泥藥爐。優曰：「土少不能和。」温舒遽起，以手藉土懷之。宋主問其故，温舒對曰：「臣奉天子威命來和，若不從，則當卷土收去。」宋人大驚，遂許夏和。還，加中書令，卒。

杜防，涿州歸義縣人。開泰五年，擢進士甲科，累遷起居郎、知制誥，人以爲有宰相器。太平中，遷政事舍人，拜樞密副使。

重熙九年，夏人侵宋。宋遣郭禎來告〔四〕，請與夏和，上命防使夏解之〔五〕。如約罷兵，各歸侵地，拜參知政事。韓紹芳、劉六符忌之，防待以誠。十二年，紹芳等罷，愈見信任。十三年，拜南府宰相〔六〕。防生子，帝幸其第，賜名王門奴。以進奏有誤，出爲武定軍節度使。十七年，復召爲南府宰相〔七〕。二十一年秋，祭仁德皇后，詔儒臣賦詩，防爲冠，賜金帶。

道宗諒陰，爲大行皇帝山陵使。清寧二年，上諭防曰：「朕以卿年老嗜酒，不欲煩以劇務。朝廷之事，總綱而已。」頃之，拜右丞相，加尚父，卒。上歎悼不已，賵贈加等，官給葬具，贈中書令，謚曰元肅。子公謂，終南府宰相。

蕭和尚，字洪寧，國舅大父房之後。忠直，多智略。

開泰初，補御盞郎君，尋爲內史、太醫等局都林牙。使宋賀正，將宴，典儀者告，班節度使下。和尚曰：「班次如此，是不以大國之使相禮。且以錦服爲貺，如待蕃部。若果如是，吾不預宴。」宋臣不能對，易以紫服，位視執政，使禮始定。

八年秋，爲唐古部節度使，卒。弟特末。

特末，字何寧。爲人機辨任氣。太平中，累遷安東軍節度使，有能稱。十一年，召爲左祗候郎君班詳穩。未幾，遷左夷离畢。重熙十年，累遷北院宣徽使。劉六符使宋〔八〕，索十縣故地，宋請增銀、絹十萬兩，疋以易之。歸，稱旨，加同政事門下平章事。詔城西南渾底甸。還，復爲北院宣徽使，卒。

耶律合里只，字特滿，六院夷离堇蒲古只之後。重熙中，累遷西南面招討都監。充宋國生辰使，館于白溝驛。宋宴勞，優者嘲蕭惠河西之敗。合里只曰：「勝負兵家常事。我嗣聖皇帝俘石重貴，至今興中有石家寨。惠之一敗，何足較哉？」宋人慚服。帝聞之曰：「優伶失辭，何可傷兩國交好！」鞭二百，免官。

清寧初，起爲懷化軍節度使。七年，入爲北院大王，封豳國公。歷遼興軍節度使、東北路詳穩，加兼侍中。致仕，卒。

合里只明達勤恪，懷柔有道。置諸賓館及西邊營田，皆自合里只發之。

耶律頗的，字撒版，季父房奴瓜之孫。孤介寡合。重熙初，補牌印郎君。清寧初，稍遷知易州。去官，部民請留，許之。

咸雍八年，改彰國軍節度使。上獵大牢古山，頗的謁于行宮。帝問邊事，對曰：「自應州南境至天池，皆我耕牧之地。清寧間，邊將不謹，爲宋所侵，烽堠内移，似非所宜。」道宗然之。拜北面林牙。後遣人使宋，得其侵地，命頗的往定疆界。還，拜南院宣徽使。

大康四年，遷忠順軍節度使。尋爲南院大王，改同知南京留守事，召拜南府宰相，賜貞良功臣，封吴國公，爲北院樞密使。廉謹奉公，知無不爲。大安中致仕，卒。子霞抹，北院樞密副使〔九〕。

論曰：耶律合住安邊講好，養兵息民，其慮深遠矣。六符啓釁邀功，豈國家之利哉？牛、杜、頗的、合里只輩銜命出使，幸不辱命。裹履殺人婢以求婚〔一〇〕，身負罪釁，晝其主容，以冀免死，亦可醜也。

校勘記

〔一〕即朱滔之甥　「朱滔」，原作「木滔」，據舊唐書卷一四三劉怦傳、新唐書卷二一二朱滔傳及通鑑卷二二七唐紀四三德宗建中三年四月壬戌改。

〔二〕統和六年致仕　按本書卷一二聖宗紀三，統和六年二月甲寅「大同軍節度使、同平章政事劉京致仕」。劉京疑即劉景。

〔三〕父慎行　按劉慎行即劉晟，參見本書卷一五聖宗紀六校勘記〔三二〕。

〔四〕宋遣郭禛來告　「郭禛」，長編卷一二八仁宗康定元年秋七月乙丑、宋史卷三〇一本傳皆作「郭稹」，按宋仁宗諱禛，其名當作「稹」。

〔五〕上命防使夏解之　按本書卷一八興宗紀一重熙九年七月癸酉，「宋遣郭禛以伐夏來報，遣樞密使杜防報聘」，又長編卷一二九仁宗康定元年（遼重熙九年）十二月己丑亦謂「契丹遣工部尚書、修國史杜防來聘」，均稱防使宋報聘，疑是。

〔六〕十三年拜南府宰相　「十三年」，原作「十二年」。按本書卷一九興宗紀二，防初爲南府宰相在重熙十三年二月丙辰，且上文已有「十二年」，此當作「十三年」，今據改。

〔七〕十七年復召爲南府宰相　「十七年」，原作「十四年」。按本書卷二〇興宗紀三，防復爲南府宰相在重熙十七年四月辛未，又上文「出爲武定軍節度使」係重熙十六年十二月事，今據改。

〔八〕重熙十年累遷北院宣徽使劉六符使宋　「劉六符使宋」句上當闕一「與」字。按本書卷一九興宗紀二，重熙十一年正月庚戌，遣南院宣徽使蕭特末、翰林學士劉六符使宋，取晉陽及瓦橋以南十縣地。「北院宣徽使」，興宗紀及長編卷一三五慶曆二年三月己巳並作「南院宣徽使」。

〔九〕北院樞密副使　本書卷六六皇族表作「北院樞密使」。

〔一〇〕褭履殺人婢以求婚　「履」，原作「里」，據明鈔本、南監本、北監本、殿本及上文本傳改。

遼史卷八十七

列傳第十七

蕭孝穆 撒八 孝先 孝友 蕭蒲奴 耶律蒲古 夏行美

蕭孝穆，小字胡獨堇，淳欽皇后弟阿古只五世孫。父陶瑰，爲國舅詳穩。

孝穆廉謹有禮法。統和二十八年，累遷西北路招討都監。開泰元年，遥授建雄軍節度使，加檢校太保。是年朮烈等變，孝穆擊走之。冬，進軍可敦城。阻卜結五羣牧長查剌、阿覩等，謀中外相應，孝穆悉誅之，硒嚴備禦以待，餘黨遂潰。以功遷九水諸部安撫使。尋拜北府宰相，賜忠穆熙霸功臣，檢校太師，同政事門下平章事。八年，還京師。太平二年，知樞密院事，充漢人行宫都部署。三年，封燕王、南京留守、兵馬都總管。九年，大延琳以東京叛，孝穆爲都統討之。戰于蒲水，中軍稍却，副部署蕭匹敵、都監蕭蒲奴以兩翼夾擊，賊潰，追敗之于手山北。延琳走入城，深溝自衛。孝穆圍之，築重城，起樓櫓，使內外不相通，城中撤屋以爨。其將楊詳世等擒延琳以降，遼東悉平。改東京留守，賜佐國功臣。爲政務寬簡，撫納流徙，其民安之。

興宗即位，徙王秦，尋復爲南京留守。重熙六年，進封吳國王，拜北院樞密使。八年，表請籍天下户口以均徭役，又陳諸部及舍利軍利害。從之。繇是政賦稍平，衆悦。九年，徙王楚。時天下無事，户口蕃息，上富于春秋，每言及周取十縣，慨然有南伐之志。羣臣多順旨。孝穆諫曰：「昔太祖南伐，終以無功。嗣聖皇帝仆唐立晉，後以重貴叛，長驅入汴；鑾馭始旋，反來侵軼。自後連兵二十餘年，僅得和好，蒸民樂業，南北相通。今國家比之曩日，雖曰富彊，然勳臣、宿將往往物故。且宋人無罪，陛下不宜棄先帝盟約。」時上意已決，書奏不報。以年老乞骸骨，不許。十二年，復爲北院樞密使〔二〕，更王齊，薨。追贈大丞相、晉國王，謚曰貞。

孝穆雖椒房親，位高益畏。太后有賜，輒辭不受。妻子無驕色。與人交，始終如一。所薦拔皆忠直士。嘗語人曰：「樞密選賢而用，何事不濟？若自親煩碎，則大事凝滯矣。」自蕭合卓以吏才進，其後轉效，不知大體。歎曰：「不能移風易俗，偷安爵位，臣子之道若是乎。」時稱爲「國寶臣」，目所著文曰寶老集。二子阿剌、撒八，弟孝先、孝忠、孝友〔二〕，各有傳。

撒八，字周隱。七歲，以戚屬加左右千牛衛大將軍。重熙初，補祗候郎君。性廉介，風姿爽朗，善毬馬、馳射。帝每燕飲，喜諧謔。撒八雖承寵顧，常以禮自持，時人稱之。以柴册禮恩，加檢校太傅、永興宫使，總領左右護衛，同知點檢司事。尚魏國公主，拜駙馬都尉，爲北院宣徽使，仍總知朝廷禮儀。重熙末，出爲西北路招討使、武寧郡王。居官以治稱。

清寧初薨，年三十九，追封齊王。

孝先，字延寧，小字海里。統和十八年，補祗候郎君。尚南陽公主，拜駙馬都尉。開泰五年，爲國舅詳穩。將兵城東鄙。還，爲南京統軍使。太平三年，爲漢人行宫都部署，尋加太子太傅。五年，遷上京留守。以母老求侍，復爲國舅詳穩。改東京留守。會大延琳反，被圍數月，穴地而出。延琳平，留守上京。十一年，帝不豫，欽哀召孝先總禁衛事。

興宗諒陰，欽哀弑仁德皇后，孝先與蕭浞卜、蕭匹敵等謀居多〔三〕。及欽哀攝政，遥授天平軍節度使，加守司徒，兼政事令。重熙初，封楚王，爲北院樞密使。孝先以椒房親，爲太后所重。在樞府，好惡自恣，權傾人主，朝多側目。三年，太后與孝先謀廢立事，帝知之，勒衛兵出宮，召孝先至，諭以廢太后意。孝先震懾不能對。遷太后于慶州〔四〕。孝先恒鬱鬱不樂。四年，徙王晉。後爲南京留守，卒，謚忠肅。

孝友，字撻不衍，小字陳留。開泰初，以戚屬爲小將軍。太平元年，以大册，加左武衛大將軍、檢校太保，賜名孝友。

重熙元年，累遷西北路招討使，封蘭陵郡王。八年，進王陳。先是，蕭惠爲招討使，專以威制西羌，諸夷多叛。孝友下車，厚加綏撫，每入貢，輒增其賜物，羌人以妥。久之，寖成姑息，諸夷桀驁之風遂熾，議者譏其過中。

十年，加政事令，賜効節宣庸定遠功臣，更王吴。後以葬兄孝穆、孝忠，還京師，拜南院樞密使，加賜翊聖協穆保義功臣，進王趙，拜中書令。丁母憂，起復北府宰相，出知東京留守。會伐夏，孝友與樞密使蕭惠失利河南，帝欲誅之，太后救免。復爲東京留守，徙王燕，改上京留守，更王秦。

清寧初，加尚父。頃之，復留守東京。明年，復爲北府宰相。帝親製誥詞以褒寵之。

以柴册恩，遥授洛京留守，益賜純德功臣，致仕，進封豐國王。坐子胡覩首與重元亂，伏誅，年七十三。胡覩在逆臣傳。

蕭蒲奴，字留隱，奚王楚不寧之後。幼孤貧，傭于醫家，牧牛傷人稼，數遭笞辱。醫者嘗見蒲奴熟寐，有蛇遶身，異之。教以讀書，聰敏嗜學。不數年，涉獵經史，習騎射。既冠，意氣豪邁。

開泰間，選充護衛，稍進用。俄坐罪黥流烏古部。久之，召還，累任劇，遷奚六部大王，治有聲。

太平九年，大延琳據東京叛，蒲奴爲都監，將右翼軍。遇賊戰蒲水，中軍少却，蒲奴與左翼軍夾攻之。先據高麗、女直要衝，使不得求援，又敗賊于手山。延琳走入城。蒲奴不介馬而馳，追殺餘賊。已而大軍圍東京，蒲奴討諸叛邑，平吼山賊，延琳堅守不敢出。既被擒，蒲奴以功加兼侍中。

重熙六年，改北阻卜副部署，再授奚六部大王。十五年，爲西南面招討使。西征夏國，蒲奴以兵二千據河橋，聚巨艦數十艘，仍作大鉤，人莫測。戰之日，布舟于河，綿亘三十餘里。遣人伺上流，有浮物輒取之。大軍既失利，蒲奴未知，適有大木順流而下，勢將壞浮梁，斷歸路，操舟者爭鉤致之，橋得不壞。

明年，復西征，懸兵深入，大掠而還，復爲奚六部大王。致仕，卒。

耶律蒲古，字提隱，太祖弟蘇之四世孫。以武勇稱。統和初，爲涿州刺史，從伐高麗有功。開泰末，爲上京内客省副使。

太平二年，城鴨綠江，蒲古守之，在鎮有治績。五年，改廣德軍節度使，尋遷東京統軍使。莅政嚴肅，諸部懾服。九年，大延琳叛，以書結保州。夏行美執其人送蒲古，蒲古入據保州，延琳氣沮。以功拜惕隱。

十一年，爲子鐵驪所弒。

夏行美，渤海人。太平九年，大延琳叛，時行美總渤海軍于保州。延琳使人說欲與俱叛，行美執送統軍耶律蒲古，又誘賊黨百人殺之。延琳謀沮，廼嬰城自守，數月而破。以功加同政事門下平章事，錫賚甚厚。明年，擢忠順軍節度使。

重熙十七年，遷副部署，從點檢耶律義先討蒲奴里，獲其酋陶得里以歸。致仕，卒。上思其功，遣使祭于家。

論曰：不有君子，其能國乎？方其擒延琳，定遼東，一時諸將之功偉矣。宜其撫劍抵掌，賈餘勇以威天下也。蕭孝穆之諫南侵，其意防何其弘遠歟，是豈瞋目語難者所能知哉！至論移風俗爲治之本，親煩碎爲失大臣體，又何其深切著明也。爲「國寶臣」，宜矣。孝先預弑仁德之謀，猶依城社以逃熏灌，爲國巨蠹，雖功何議焉。

校勘記

〔一〕十二年復爲北院樞密使　「十二年」，原作「十一年」。按本書卷一九興宗紀二，孝穆復爲此官在十二年六月，今據改。

〔三〕弟孝先孝忠孝友　本書卷六七外戚表同。按耶律元妻晉國夫人蕭氏墓誌、蕭和妻秦國太妃耶律氏墓誌及蕭知行墓誌均謂孝穆有弟四人，即孝先、孝誠、孝友、孝惠。閻萬章遼道宗宣懿皇后父爲蕭孝惠考疑「孝忠」即「孝惠」之誤。按卷八一蕭孝忠傳，孝忠仕履與孝惠大體吻合。

〔三〕欽哀弒仁德皇后孝先與蕭浞卜蕭匹敵等謀居多　此處敍事淆亂，似有錯簡。按，蕭浞卜即蕭鉏不里。據本書卷一八興宗紀一景福元年六月辛丑，蕭鉏不里與蕭匹敵以黨仁德爲欽哀所殺；次年春，欽哀乃弒仁德皇后。

〔四〕「三年太后與孝先謀廢立事」至「遷太后于慶州」　「三年」，原作「二年」。按本書卷一八興宗紀一，「皇太后還政於上，躬守慶陵」，事在重熙三年五月。又卷七一聖宗欽哀皇后蕭氏傳云：「（重熙）三年，后陰召諸弟議，欲立少子重元，重元以所謀白帝。帝收太后符璽，遷于慶州七括宮。」今據改。

遼史卷八十八

列傳第十八

蕭敵烈 拔剌　耶律盆奴　蕭排押 恒德 匹敵　耶律資忠

耶律瑤質　耶律弘古　高正　耶律的琭　大康乂

蕭敵烈，字涅魯衮，宰相撻烈四世孫。識度弘遠，爲鄉里推重。始爲牛羣敞史，帝聞其賢，召入侍，遷國舅詳穩。

統和二十八年，帝謂羣臣曰：「高麗康肇弒其君誦，立誦族兄詢而相之，大逆也。宜發兵問其罪。」羣臣皆曰可。敵烈諫曰：「國家連年征討，士卒抏敝。況陛下在諒陰，年穀不登，創痍未復。島夷小國，城壘完固。勝不爲武；萬一失利，恐貽後悔。不如遣一介之使，往問其故。彼若伏罪則已；不然，俟服除歲豐，舉兵未晚。」時令已下，言雖不行，識者撻之。

明年，同知左夷离畢事。改右夷离畢。開泰初，率兵巡西邊。時夷离堇部下閘撒狘撲里、失室、勃葛率部民遁，敵烈追擒之，令復業，遷國舅詳穩。從樞密使耶律世良伐高麗。還，加同政事門下平章事，拜上京留守。

敵烈爲人寬厚，達政體，廷臣皆謂有王佐才。漢人行宮都部署王繼忠薦其材可爲樞密使，帝疑其黨而止。爲中京留守，卒。族子忽古，有傳。弟拔剌。

拔剌，字別勒隱。多智，善騎射。

開泰間，以兄爲右夷离畢，始補郎君，累遷奚六部禿里太尉。太平末，大延琳叛，拔剌將北、南院兵往討，遇于蒲水，南院兵少却。至手山，復與賊遇。拔剌乃易兩院旗幟，鼓勇力戰，破之。上聞，以手詔褒奬，賜内廐馬。

重熙中，遷四捷軍詳穩，謝事歸鄉里。數歲，起爲昭德軍節度使，尋改國舅詳穩，卒。

耶律盆奴，字胡獨堇，惕隱涅魯古之孫。景宗時，爲烏古部詳穩，政尚嚴急，民苦之。

有司以聞，詔曰：「盆奴任方面寄，以細故究問，恐損威望。」尋遷馬羣太保。統和十六年，隱實燕軍之不任事者，汰之。二十八年，駕征高麗，盆奴爲先鋒。至銅州，高麗將康肇分兵爲三以抗我軍：一營于州西，據三水之會，肇居其中；一營近州之山；一附城而營。盆奴率耶律弘古擊破三水營，擒肇，李玄蘊等軍望風潰。會大軍至，斬三萬餘級，追至開京，破敵於西嶺。高麗王詢聞邊城不守，遁去。盆奴入開京，焚其王宮，廼撫慰其民人。上嘉其功，遷北院大王，薨。

蕭排押，字韓隱，國舅少父房之後。多智略，能騎射。統和初，爲左皮室詳穩，討阻卜有功。四年，破宋將曹彬、米信兵于望都。凡軍事有疑，每預參決。尋總永興宮分糺及舍利、拽剌、二皮室等軍〔一〕，與樞密使耶律斜軫收復山西所陷城邑。是冬，攻宋，隸先鋒，圍滿城〔二〕，率所部先登，拔之，改南京統軍使。尚衛國公主，拜駙馬都尉，加同政事門下平章事。

十三年，歷北、南院宣徽使。條上時政得失，及賦役法，上嘉納焉。十五年，加政事令，遷東京留守。二十二年，復攻宋，將渤海軍，下德清軍。後蕭撻凛卒，專任南面事。宋和議成，爲北府宰相。

聖宗征高麗，將兵由北道進，至開京西嶺，破敵兵，斬數千級。高麗王詢懼，奔平州。排押入開京，大掠而還。帝嘉之，封蘭陵郡王。開泰二年，以宰相知西南面招討使。五年，進王東平。

排押爲政寬裕而善斷，諸部畏愛，民以殷富，時議多之。七年，再伐高麗，至開京，敵奔潰，縱兵俘掠而還。渡茶、陀二河，敵夾射，排押委甲仗走，坐是免官。

太平三年，復王豳，薨。弟恒德。

恒德，字遜寧。有膽略而善謀。

統和元年，尚越國公主，拜駙馬都尉，遷南面林牙。從宣徽使耶律阿没里征高麗還，改北面林牙。會宋將曹彬、米信侵燕，耶律休哥與恒德議軍事，多見信用，爲東京留守。

六年，上攻宋，圍沙堆，恒德獨當一面。城上矢石如雨，恒德意氣自若，督將士奪其陴。城陷，中流矢，太后親臨視，賜藥。攻長城口，復先登，太后益多其功。時高麗未附，恒德受詔，率兵拔其邊城。王治懼，上表請降。

十二年八月，賜啓聖竭力功臣。從都部署和朔奴討兀惹，未戰，兀惹請降。恒德利其俘獲，不許。兀惹死戰，城不能拔。和朔奴議欲引退，恒德曰：「以彼倔彊，吾奉詔來討，無功而還，諸部謂我何！若深入多獲，猶勝徒返。」和朔奴不得已，進擊東南諸部，至高麗北鄙。比還，道遠粮絶，士馬死傷者衆〔三〕，坐是削功臣號。

十四年，爲行軍都部署，伐蒲盧毛朵部。還，公主疾，太后遣宫人賢釋侍之，恒德私焉。公主恚而薨，太后怒，賜死。後追封蘭陵郡王。子匹敵。

匹敵，字蘇隱，一名昌裔。生未月，父母俱死，育于禁掖。既長，尚秦晉王公主，拜駙馬都尉，爲殿前副點檢。統和八年，改北面林牙〔四〕。太平四年，遷殿前都點檢，出爲國舅詳穩。九年，渤海大延琳叛，劫掠鄰部，與南京留守蕭孝穆往討。孝穆欲全城降，乃築重城圍之。數月，城中人陰來納款，遂擒延琳，東京平。以功封蘭陵郡王。

十一年，聖宗不豫。先是，欽哀與仁德皇后有隙，以匹敵嘗爲后所愛，忌之。時護衛馮家奴上變，誣弟浞卜與匹敵謀逆〔五〕。以皇后攝政，徐議當立者。公主竊聞其謀，謂匹敵曰：「爾將無罪被戮。與其死，何若奔女直國以全其生！」匹敵曰：「朝廷詎肯以飛語害忠良。寧死弗適他國。」及欽哀攝政，殺之。

耶律資忠，字沃衍，小字札刺，系出仲父房。

兄國留善屬文，聖宗重之。時妻弟之妻阿古與奴通，將奔女直國，國留追及奴，殺之，阿古自經。阿古母有寵于太后，事聞，太后怒，將殺之。帝度不能救，遣人訣別，問以後事。國留謝曰：「陛下憫臣無辜，恩漏九泉，死且不朽！」既死，人多冤之。在獄著兔賦、寤寐歌，爲世所稱。

資忠博學，工辭章，年四十未仕。聖宗知其賢，召補宿衞。數問以古今治亂，資忠對無隱。開泰中，授中丞，眷遇日隆。

初，高麗内屬，取女直六部地以賜。至是，貢獻不時至，詔資忠往問故。高麗無歸地意。由是權貴數短於上，出爲上京副留守。四年，再使高麗〔六〕，留弗遣。資忠每懷君親，輒有著述，號西亭集。帝與羣臣宴，時一記憶曰：「資忠亦有此樂乎？」九年，高麗上表謝罪，始送資忠還。帝郊迎，同載以歸，命大臣宴勞，留禁中數日。謂曰：「朕將屈卿爲樞密，何如？」資忠對曰：「臣不才，不敢奉詔。」乃以爲林牙，知惕隱事。初，資忠在高麗也，弟昭爲著帳郎君，坐罪没家產。至是，乃復横帳，且還舊產，詔以外戚女妻之。

是時，樞密使蕭合卓、少師蕭把哥有寵，資忠不肯俛附，詆之。帝怒，奪官。數歲，出知來遠城事，歷保安、昭德二軍節度使。

聖宗崩，表請會葬。既至，伏梓宮大慟曰：「臣幸遇聖明，横被構譖，不獲盡犬馬報。」氣絶而蘇，興宗命醫治疾。久之，言國舅侍中無憂國心，陛下不當復用唐景福舊號，於是用事者惡之，遣歸鎮，卒。弟昭，有傳。

耶律瑶質，字拔里堇，積慶宫人。父侯古，室韋部節度使。

瑶質篤學廉介，有經世志。統和十年，累遷至積慶宫使。聖宗嘗諭瑶質曰：「聞卿正直，是以進用。國有利害，爾言宜無所隱。」由是所陳多見嘉納。

上征高麗，破康肇軍于銅州，瑶質之力爲多。王詢乞降，羣臣議皆謂宜納。瑶質曰：「王詢始一戰而敗，遽求納款，此詐耳；納之，恐墮其姦計。待其勢窮力屈，納之未晚。」已而詢果遁，清野無所獲。其衆阻險而壘，攻之不下，瑶質以計降之。擢拜四蕃部詳穩。

時招討使耶律頗的爲總管，瑶質恥居其下，上表曰：「臣先朝舊臣，今既垂老，乞還新命，覬得常侍左右。」帝曰：「朕不使汝久處是任。」且命無隸招討，得專奏事到部。戢暴懷善，政績顯著。卒于官。

耶律弘古，字盆訥隱，遥輦鮮質可汗之後。統和初，嘗以軍事任爲拽刺詳穩，尋徙南京統軍使。十三年，徇地南鄙，克敵於四岳橋，斬首百餘級。攻宋，以戰功遷東京留守，封楚國公。後伐高麗，副先鋒耶律盆奴，擒康肇于銅州。

三十年，西北部叛，從南府宰相耶律奴瓜討之。及典禁軍，號令整肅，諸部多降。尋遷侍中，卒。

高正，不知何郡人。統和初，舉進士第，累遷樞密直學士。上將伐高麗，遣正先往諭意。及還，遷右僕射。時高麗王詢表請入覲，上許之，遣正率騎兵千人迓之。館于路，爲高麗將卓思正所圍。正以勢不可敵，與麾下壯士突圍出，士卒死傷者衆。上悔輕發，釋其罪。

明年，遷工部侍郎，爲北院樞密副使。開泰五年卒。

耶律的琭，字耶寧，仲父房之後。習兵事，爲左皮室詳穩〔七〕。統和二十八年，伐高麗，的琭率本部軍與盆奴等擒康肇、李玄藴于銅州。帝壯之曰：「以卿英才，爲國戮力，真吾家千里駒也！」乃賜御馬及細鎧。明年，爲北院大王，出爲烏古敵烈部都詳穩。年七十二卒。

大康乂，渤海人。開泰間，累官南府宰相，出知黄龍府，善綏撫，東部懷服。榆里底乃部長伯陰與榆烈比來附，送于朝。且言蒲盧毛朶界多渤海人，乞取之。詔從其請。康乂領兵至大石河駝準城，掠數百户以歸。未幾卒。

論曰：高句驪弑其君誦而立詢，遼興問罪之師，宜其簞食壺漿以迎，除舍以待；而乃乘險旅拒，俾智者竭其謀，勇者窮其力。雖得其要領，而顓顓獨居一海之中自若也。豈服人者以德而不以力歟？況乎殘毁其宫室，係累其民人，所謂以燕伐燕也歟？嗚呼！朱崖之棄，捐之之力也，敵烈之諫有焉。

校勘記

〔一〕尋總永興宫分糺及舍利拽剌二皮室等軍　按本書卷一一聖宗紀二統和四年五月庚辰，「詔遣詳穩排亞率弘義宫兵及南北皮室、郎君、拽剌四軍赴應、朔二州界，與惕隱瑶昇、招討韓德威等同禦宋兵在山西之未退者。」此處作「永興宫」，與紀不合。

〔二〕圍滿城　「滿城」，原作「蒲城」。按本書卷一一聖宗紀二統和四年十一月，此役在泰州一帶。舊五代史卷一五〇郡縣志云：「後唐天成三年三月，升奉化軍爲泰州，以清苑縣爲理所。至晉開運二年九月，移就滿城縣。至周廣順二年二月，廢州。」泰州係沿五代舊稱，「蒲城」當爲「滿城」之誤。今據改。

〔三〕士馬死傷者衆　「者」，明鈔本、南監本同，北監本、殿本作「甚」。

〔四〕「生未月父母俱死」至「統和八年改北面林牙」　「統和」似應作「開泰」。按本卷上文蕭恒德傳，恒德於統和十四年賜死。此謂「生未月，父母俱死」，知匹敵生於統和十四年，不得於統和八年以前尚公主、任官，八年又改北面林牙。據本書卷九景宗紀下乾亨二年正月丙子及卷六四皇子表，知隆慶統和八年年僅十八，匹敵此時尚其女韓國長公主，亦無是理。

〔五〕誣弟涅卜與匹敵謀逆　「弟」上疑闕一「后」字。按，涅卜或作鉏不、鉏不里、啜不，漢名紹業，尚聖宗女晉國長公主巖母堇。據本書卷一六聖宗紀七、卷三七地理志一成州條、卷三九地理志三成州條及遼東行部志，太平元年以晉國長公主從嫁户置州。太平六年宋匡世墓誌稱「俄屬今主上堯階受册，舜曆改元。（中略）禮畢，會中宫之愛弟，開外館以親迎。（中略）改授晉國公主中京提轄使」，即謂太平改元及紹業、晉國公主婚嫁之事，「中宫」乃指仁德皇后，則紹業當爲仁德之弟。

〔六〕四年再使高麗　高麗史卷四顯宗世家一顯宗六年（遼開泰四年）夏四月庚申亦云：「契丹使將軍耶律行平來，又索六城，拘留不遣。」按行平即資忠，然本書卷一五聖宗紀六繫此事於開泰三年二月，與此不合。

〔七〕爲左皮室詳穩　本書卷一五聖宗紀六統和二十八年十一月丙戌及卷一一五高麗外記並作「右皮室詳穩耶律敵魯」。

遼史卷八十九

列傳第十九

耶律庶成 庶箴 蒲魯 楊皙 耶律韓留 楊佶 耶律和尚

耶律庶成，字喜隱，小字陳六，季父房之後。父吴九，檢校太師。庶成幼好學，書過目不忘。善遼、漢文字，於詩尤工。重熙初，補牌印郎君，累遷樞密直學士。與蕭韓家奴各進四時逸樂賦，帝嗟賞。初，契丹醫人鮮知切脉審藥，上命庶成譯方脉書行之，自是人皆通習，雖諸部族亦知醫事。時入禁中，參決疑議。偕林牙蕭韓家奴等撰實録及禮書。與樞密副使蕭德修定法令〔一〕，上詔庶成曰：「方今法令輕重不倫。法令者，爲政所先，人命所繫，不可不慎。卿其審度輕重，從宜修定。」庶成參酌古今，刊正訛謬，成書以進。帝覽而善之。

庶成方進用，爲妻胡篤所誣，以罪奪官，絀爲「庶耶律」。使吐蕃凡十二年，清寧間始歸。帝知其誣，詔復本族，仍還所奪官，卒。

庶成嘗謂林牙〔一二〕，夢善卜者胡呂古卜曰：「官止林牙，因妻得罪。」及置於理，法當離婚。胡篤適有娠，至期不產而死。剖視之，其子以手抱心，識者謂誣夫之報。有詩文行于世。弟庶箴。

庶箴，字陳甫。善屬文。重熙中，爲本族將軍。咸雍元年，同知東京留守事，俄徙烏衍突厥部節度使。九年，知薊州事。

明年，遷都林牙。上表乞廣本國姓氏曰：「我朝創業以來，法制修明；惟姓氏止分爲二，耶律與蕭而已。始太祖制契丹大字，取諸部鄉里之名，續作一篇，著于卷末。臣請推廣之，使諸部各立姓氏，庶男女婚媾有合典禮。」帝以舊制不可遽釐，不聽。

大康二年，出耶律乙辛爲中京留守，庶箴與耶律孟簡表賀。頃之，乙辛復爲樞密使，專權恣虐。庶箴私見乙辛泣曰：「前抗表，非庶箴之願也。」乙辛信其言，乃得自安。聞者鄙之。八年，致仕，卒。子蒲魯。

蒲魯，字乃展。幼聰悟好學，甫七歲，能誦契丹大字。習漢文，未十年，博通經籍。重熙中，舉進士第。主文以國制無契丹試進士之條，聞于上，以庶箴擅令子就科目，鞭之二百。尋命蒲魯爲牌印郎君。應詔賦詩，立成以進。帝嘉賞，顧左右曰：「文才如此，必不能武事。」蒲魯奏曰：「臣自蒙義方，兼習騎射，在流輩中亦可周旋。」帝未之信。會從獵，三矢中三兔，帝奇之，轉通進。

是時，父庶箴嘗寄戒諭詩，蒲魯答以賦，衆稱其典雅。寵遇漸隆。清寧初卒。

楊晳〔三〕，字昌時，安次人。幼通五經大義。聖宗聞其穎悟，詔試詩，授祕書省校書郎。太平十一年，擢進士乙科，爲著作佐郎。

重熙十二年，累遷樞密都承旨，權度支使。登對稱旨，進樞密副使。歷長寧軍節度使、山西路轉運使，知興中府。清寧初，入知南院樞密使，與姚景行同總朝政。請行柴册禮。封趙國公。以足疾，復知興中府。咸雍初，徙封齊，召賜同德功臣、尚書左僕射，兼中書令，拜樞密使，改封晉，給宰相、樞密使兩廳傔從，封趙王。

屢請歸政，益賜保節功臣，致仕。大康五年，例改遼西郡王，薨。

耶律韓留，字速寧，仲父隋國王之後。有明識，篤行義，舉止嚴重，工爲詩。統和間，召攝御院通進。開泰三年，稍遷烏古敵烈部都監，俄知詳穩事。敵烈部叛，將宫分軍，從樞密使耶律世良討平之，加千牛衞大將軍。重熙元年，累遷至同知上京留守，改奚六部禿里太尉。性不苟合，爲樞密使蕭解里所忌。上欲召用韓留，解里言目病不能視，議遂寢。四年，召爲北面林牙。帝曰：「朕早欲用卿，聞有疾，故待之至今。」韓留對曰：「臣昔有目疾，才數月耳，然亦不至于昏。第臣駑拙，不能事權貴，是以不獲早覲天顏。非陛下聖察，則愚臣豈有今日耶！」詔進述懷詩，上嘉歎。方將大用，卒。

楊佶，字正叔，南京人。幼穎悟異常，讀書自能成句，識者奇之。弱冠，聲名籍甚。統和二十四年，舉進士第一，歷校書郎、大理正。開泰六年，轉儀曹郎，典掌書命，加諫議大夫。出知易州，治尚清簡，徵發期會必信。入爲大理少卿。累遷翰林學士，文章號得體。八年，燕地饑疫，民多流殍，以佶同知南京留守事，發倉廩，振乏絶，貧民鬻子者計傭而出之。宋遣梅詢賀千齡節，詔佶迎送，多唱酬，詢每見稱賞。復爲翰林學士。

重熙元年，陞翰林學士承旨。丁母憂，起復工部尚書。歷忠順軍節度使，朔、武等州觀察、處置使，天德軍節度使，加特進、檢校太師、同中書門下平章事，復拜參知政事，兼知南院樞密使。

十五年，出爲武定軍節度使。境内亢旱，苗稼將槁。視事之夕，雨澤霑足。百姓歌曰："何以蘇我？上天降雨。誰其撫我？楊公爲主。"灤陽水失故道，歲爲民害，乃以己俸創長橋，人不病涉。及被召，郡民攀轅泣送。上御清涼殿宴勞之，即日除吏部尚書，兼門下侍郎、同中書門下平章事。上曰："卿今日何減吕望之遇文王！"佶對曰："吕望比臣遭際有十年之晚。"上悦。其居相位，以進賢爲己任，事總大綱，責成百司，人人樂爲之用。

三請致政，許之，月給錢粟傔隸，四時遣使存問。卒。有登瀛集行于世。

耶律和尚，字特抹，系出季父房。善滑稽。

重熙初，補祇候郎君。時帝篤于親親，凡三父之後，皆序父兄行第，於和尚尤狎愛。然每侍宴飲，雖詼諧，未嘗有一言之過，由是上益重之。歷積慶、永興宫使，累遷至同知南院宣徽使事、南面林牙。十六年，出爲懷化軍節度使，俄召爲御史大夫。二十三年，因大册，加天平軍節度使、檢校太師，徙中京路案問使，卒。

和尚雅有美行，數以財恤親友，人皆愛重。然嗜酒不事事，以故不獲柄用。或以爲言，答曰：「吾非不知，顧人生如風燈石火，不飲將何爲？」晚年沈湎尤甚，人稱爲「酒仙」云。

論曰：庶成定法令，治民者不容高下其手。庶箴雖嘗表請廣姓氏，以秩典禮；其隨勢俯仰，則有愧於其子蒲魯矣。楊皙爲上寵遇，迭封王爵，而功業不少概見。然得愛民治國之要，其楊佶哉。

校勘記

〔一〕與樞密副使蕭德修定法令　「蕭德」，原作「耶律德」。按本書卷九六蕭德傳：「累遷北院樞密副使，（中略）詔與林牙耶律庶成修律令。」今據改。

〔二〕庶成嘗謂林牙　馮校云：「謂」當作「爲」。按此二字義通。

〔三〕楊晳　按本書卷九七有楊績傳，乃一人二傳，參見卷九七校勘記〔五〕。

遼史卷九十

列傳第二十

蕭阿剌　耶律義先 信先　蕭陶隗　蕭塔剌葛　耶律敵禄

蕭阿剌，字阿里懶，北院樞密使孝穆之子也。幼養宮中，興宗尤愛之。重熙六年，爲弘義宮使。累遷同知北院樞密使，加同中書門下平章事，出爲東京留守〔一〕。二十一年，拜西北路招討使，封西平郡王〔二〕。尋尚秦晉國王公主，拜駙馬都尉。

清寧元年，遺詔拜北府宰相，兼南院樞密使〔三〕，進王韓。明年，改北院樞密使，徙王陳，與蕭革同掌國政。革謟諛不法，阿剌爭之不得，告歸。上由此惡之，除東京留守。會行瑟瑟禮，入朝陳時政得失。革以事中傷，帝怒，縊殺之。皇太后營救不及，大慟曰：「阿剌何罪而遽見殺？」帝乃優加賻贈，葬乾陵之赤山。

阿剌性忠果，曉世務，有經濟才。議者以謂阿剌若在，無重元、乙辛之亂。

耶律義先，于越仁先之弟也。美風姿，舉止嚴重。

重熙初，補祗候郎君班詳穩。十三年，車駕西征，爲十二行糺都監，戰功最，改南院宣徽使。

時蕭革同知樞密院事，席寵擅權，義先疾之。因侍讌，言于帝曰：「革狡佞喜亂，一朝大用，必誤國家！」言甚激切，不納。它日侍宴，上命羣臣博，負者罰一巨觥。義先當與革對，憮然曰：「臣縱不能進賢退不肖，安能與國賊博哉！」帝止之曰：「卿醉矣！」義先厲聲詬不已。上大怒，賴皇后救，得解。翌日，上謂革曰：「義先無禮，當黜之。」革對曰：「義先天性忠直，今以酒失而出，誰敢言人之過？」上謂革忠直，益加信任。義先鬱鬱不自得，然議事未嘗少沮。又於上前博，義先祝曰：「向言人過，冒犯天威。今日一擲，可表愚款。」俄得堂印。上愕然。

十六年，爲殿前都點檢。討蒲奴里，多所招降，獲其酋長陶得里以歸，手詔褒奬，以功改南京統軍使，封武昌郡王。奏請統軍司錢營息，以贍貧民。未朞，軍器完整，民得休息。

二十一年，拜惕隱，進王富春。薨，年四十二。

義先常戒其族人曰：「國中三父房，皆帝之昆弟，不孝不義尤不可爲。」其接下無貴賤賢否，皆與均禮。其妻晉國長公主之女，每遇中表親，非禮服不見，故内外多化之。清寧間，追贈許王。弟信先。

信先，興宗以其父瑰引爲刺血友，幼養于宫。善騎射。重熙十四年，爲左護衛太保，同知殿前點檢司事。十八年，兼右祗候郎君班詳穩。上問所欲，信先曰：「先臣瑰引與陛下分如同氣，然不及王封。儻使蒙恩地下，臣願畢矣。」上曰：「此朕遺忘之過。」追封燕王。是年，從蕭惠伐夏，敗於河南，例被責。清寧初，爲南面林牙，卒。

蕭陶隗，字烏古鄰，宰相轄特六世孫。剛直，有威重。咸雍初，任馬羣太保。素知羣牧名存實亡，悉閲舊籍，除其羸病，録其實數，牧人畏服。陶隗上書曰：「羣牧以少爲多，以無爲有。上下相蒙，積弊成風。不若括見真數，著爲定籍，公私兩濟。」從之。畜産歲以蕃息。

大康中，累遷契丹行宫都部署〔四〕。上嘗謂羣臣曰：「北樞密院軍國重任，久闕其人，耶律阿思、蕭斡特剌二人孰愈？」羣臣各譽所長，陶隗獨默然。上問：「卿何不言？」陶隗曰：「斡特剌懦而敗事〔五〕；阿思有才而貪，將爲禍基。不得已而用，敗事猶勝基禍。」上曰：「陶隗雖魏徵不能過，但恨吾不及太宗爾！」然竟以阿思爲樞密使。由是阿思銜之。

九年，西圉不寧，阿思奏曰：「邊隅事大，可擇重臣鎮撫。」上曰：「陶隗何如？」阿思曰：「誠如聖旨。」遂拜西南面招討使。阿思陰與蕭阿忽帶誣奏賊掠漠南牧馬及居民畜産，陶隗不急追捕，罪當死，詔免官。久之，起爲塌母城節度使。未行，疽發背卒。

陶隗負氣，怒則須髯輒張。每有大議，必毅然決之。雖上有難色，未嘗遽已。見權貴無少屈，竟爲阿思所陷，時人惜之。二子，曰圖木、轄式。阿思死，始獲進用。

蕭塔剌葛，字陶哂，六院部人。素剛直。太祖時，坐叔祖臺哂謀殺于越釋魯，没入弘義宫。世宗即位，以舅氏故，出其籍，補國舅别部敞史。

或言泰寧王察割有無君心。塔剌葛曰：「彼縱忍行不義，人孰肯從！」佗日侍宴，酒酣，塔剌葛捉察割耳，强飲之曰：「上固知汝傲很，然以國屬，曲加矜憫，使汝在左右，且度汝才何能爲。若長惡不悛，徒自取赤族之禍！」察割不能答，强笑曰：「何戲之虐也！」

天禄末，塔剌葛爲北府宰相，及察割作亂，塔剌葛醉詈曰：「吾悔不殺此逆賊！」尋爲察割所害。

耶律敵禄〔六〕，字陽隱，孟父楚國王之後。性質直，多膂力。

察割作亂，敵禄聞之，入見壽安王，慷慨言曰：「願得精兵數百，破賊黨。」王嘉其忠。穆宗即位，爲北院宣徽使。上以飛狐道狹，詔敵禄廣之。

明年，將兵援河東，至太原，與漢王會于高平，擊周軍，敗之，仍降其衆。忻、代二州叛，將兵討之。會耶律撻烈至，敗周師於忻口〔七〕。師還，卒。

論曰：忠臣惟知有國，而不知有身，故惡惡不避其患。阿剌以諂諛不法折蕭革，陶隗以用必基禍言阿思，塔剌葛以忍行不義徒自取赤族之罪責察割，其心可謂忠矣。言一出而禍輒隨之。吁，邪正既不辨，國焉得無亂哉！

校勘記

〔一〕出爲東京留守　「東京」，原作「東宫」。馮校謂「宫」當作「京」，今據改。

〔二〕封西平郡王　「西平」，原作「西北」。按本書卷二〇興宗紀三重熙二十一年四月癸未，「以國舅詳穩蕭阿剌爲西北路招討使，封西平郡王」。今據改。

〔三〕兼南院樞密使　本書卷二一道宗紀一清寧元年八月戊戌作「權知南院樞密使事」。

〔四〕大康中累遷契丹行宫都部署　本書卷二五道宗紀五繫此事於大安七年六月癸卯。下文耶律阿思爲樞密使事，見於卷二六道宗紀六壽隆元年十二月癸亥：「以知北院樞密使事耶律阿思爲北院樞密使。」又下文「九年，西圉不寧」，當指大安九年西南路達里底、拔思母之叛。則此處「大康」似爲「大安」之誤。

〔五〕斡特剌懦而敗事　「斡特剌」，原作「訛特剌」，據上文改。

〔六〕耶律敵禄　「敵禄」，大典卷四八〇引遼史耶律敵魯傳作「敵魯」。

〔七〕「明年」至「敗周師於忻口」　按本書卷六穆宗紀上應曆四年二月丙午，「周攻漢，命政事令耶律敵禄援之」；五月乙亥，「忻、代二州叛漢，遣南院大王撻烈助敵禄討之」。知此處「明年」當指應曆四年。

遼史卷九十一

列傳第二十一

耶律韓八　耶律唐古　蕭朮哲 藥師奴　耶律玦

耶律僕里篤

耶律韓八，字嘲隱，倜儻有大志，北院詳穩古之五世孫。太平中，游京師，寓行宮側，惟囊衣匹馬而已。帝微服出獵，見而問之曰：「汝爲何人？」韓八初不識，漫應曰：「我北院部人韓八，來覓官耳。」帝與語，知有長才，陰識之。會北院奏南京疑獄久不決，帝召韓八馳驛審録，舉朝皆驚。韓八量情處理，人無冤者。上嘉之。籍羣牧馬，闕其二，同事者考尋不已；韓八略不加詰，即先馳奏，帝益信任。

景福元年，爲左夷离畢，徙北面林牙，眷遇優異。重熙六年，改北院大王，政務寬仁，復爲左夷离畢。十二年，再爲北院大王〔三〕。入朝，帝從容謂曰：「卿守邊任重，當實府庫、振貧乏以報朕。」既受詔，愈竭忠謹，知無不言，便益爲多。卒，年五十五。上聞，悼惜。死之日，篋無舊蓄，椸無新衣，遣使弔祭，給葬具。

韓八平居不屑細務，喜愠不形。嘗失所乘馬，家僮以同色者代之，數月不覺。

耶律唐古，字敵隱，于越屋質之庶子。廉謹，善屬文。

統和二十四年，述屋質安民治盜之法以進，補小將軍。遷西南面巡檢，歷豪州刺史、唐古部詳穩。嚴立科條，禁姦民鬻馬於宋、夏界。因陳弭私販、安邊境之要，太后嘉之，詔邊郡遵行，著爲令。

朝議欲廣西南封域，黑山之西，綿亘數千里，唐古言：「戍壘太遠，卒有警急，赴援不及，非良策也。」從之。西蕃來侵，詔議守禦計，命唐古勸督耕稼以給西軍，田于臚朐河側，是歲大熟。明年，移屯鎮州，凡十四稔，積粟數十萬斛，斗米數錢。

重熙間，改隗衍党項部節度使。先是，築可敦城以鎮西域，諸部縱民畜牧，反招寇掠。重熙四年，上疏曰：「自建可敦城已來，西蕃數爲邊患，每煩遠戍。歲月既久，國力耗竭。

不若復守故疆，省罷戍役。」不報。是年，致仕。乞勒其父屋質功于石，帝命耶律庶成製文，勒石上京崇孝寺。卒，年七十八。

蕭朮哲，字石魯隱，孝穆弟高九之子。以戚屬加監門衞上將軍。重熙十三年，將衞兵討李元昊有功，遷興聖宫使。蒲奴里部長陶得里叛，朮哲爲統軍都監，從都統耶律義先擊之，擒陶得里。朮哲與義先不協，誣義先罪，免官。稍遷西南面招討都監，坐事下獄，以太后言，杖而釋之。

清寧初，爲國舅詳穩、西北路招討使，私取官粟三百斛，及代，留畜産，令主者鬻之以償。後族弟胡覩到部發其事，帝怒，決以大杖，免官。尋起爲昭德軍節度使，徵爲北院宣徽使。九年，上以朮哲先爲招討，威行諸部，復爲西北路招討使。訓士卒，增器械，省追呼，嚴號令。人不敢犯，邊境晏然。十年，入朝，封柳城郡王。

咸雍二年，拜北府宰相，爲北院樞密使耶律乙辛所忌，誣朮哲與護衞蕭忽古等謀害乙辛。詔獄無狀，罷相，出鎮順義軍。卒，追王晉、宋、梁三國。姪藥師奴。

藥師奴，幼穎悟，謹禮法，補祗候郎君。大康中，爲興聖宮使，累遷同知殿前點檢司事。上嘉其宿衛嚴肅，遷右夷离畢。夏王李乾順爲宋所攻，求解，帝命藥師奴持節使宋，請罷兵通好，宋從之。拜南面林牙，改漢人行宮副部署〔三〕。乾統初，出爲安東軍節度使，卒。

耶律玦，字吾展，遥輦鮮質可汗之後。重熙初，召修國史，補符寶郎，累遷知北院副部署事。入見太后，后顧左右曰：「先皇謂玦必爲偉人，果然。」除樞密副使，出爲西南面招討都監，歷同簽南京留守事、南面林牙。皇弟秦國王爲遼興軍節度使，以玦同知使事，多所匡正。十年，復爲樞密副使。咸雍初，兼北院副部署。及秦國王爲西京留守，請玦爲佐，從之。歲中獄空者三，召爲孟父房敞穩。

玦不喜貨殖，帝知其貧，賜宫户十。嘗謂宰相曰：「契丹忠正無如玦者，漢人則劉伸而已。然熟察之，玦優於伸。」先是，西北諸部久不能平，上遣玦問狀，執弛慢者痛繩之。

以酒疾卒。

耶律僕里篤，字燕隱，六院林牙突呂不也四世孫〔三〕。開泰間，爲本班郎君。有捕盜功，樞密使蕭朴薦之，遷率府率。太平中，同知南院宣徽事，累遷彰聖軍節度使。

重熙十六年，知興中府〔四〕，以獄空聞。十八年，伐夏，攝西南面招討使。十九年，夏人侵金肅軍，敗之，斬首萬餘級，加右武衛上將軍。時近邊羣牧數被寇掠，遷倒塌嶺都監以治之，桴鼓不鳴。二十年，知金肅軍事。宰相趙惟節總領邊城橋道芻粟，請貳，帝命僕里篤副之，以稱職聞。

清寧初，歷長寧、匡義二軍節度使，致仕。咸雍間卒。子阿固質，終倒塌嶺都監。

論曰：韓八因帝微行，才始見售。及任以事，落落知大體，不負上之知矣。唐古、朮哲經略西北邊，勸農積粟，訓練士卒，敵人不敢犯。玦以忠直見稱於上，僕里篤以幹敏爲宰相佐，在鎮俱以獄空聞。之數人者，豈特甲胄之士，抑亦李牧、程不識之亞歟。

校勘記

〔一〕十二年再爲北院大王　「北院大王」，本書興宗紀重熙十二年正月壬申作「南院大王」，又重熙十七年十月甲申謂「南院大王耶律韓八薨」，與此不合。

〔二〕拜南面林牙改漢人行宮副部署　按本書卷二六道宗紀六壽隆五年六月甲申，「知右夷离畢事蕭藥師奴南面林牙，兼知契丹行宮都部署事」。與此互歧。

〔三〕六院林牙突呂不也四世孫　「突呂不也」，本書卷七五本傳、卷九二耶律古昱傳及卷三太宗紀上天顯三年、四年均作「突呂不」，「也」字疑有訛誤。

〔四〕重熙十六年知興中府　「重熙」二字原闕。考異卷八三曰：「按太平紀元終於十一年，此後惟重熙紀元乃有二十四年；且興中府初爲霸州，至重熙十年始升爲府，安得於太平中有知興中府者！此爲重熙之十六年無疑矣。史脱『重熙』二字。」又據本書卷二〇興宗紀三重熙十八年正月己亥、十九年二月丁亥及卷一一五西夏外記，知下文所記皆重熙十八、十九年事。今據補。

遼史卷九十二

列傳第二十二

蕭奪剌　蕭普達　耶律侯哂　耶律古昱　耶律獨攧
蕭韓家　蕭烏野

蕭奪剌，字挼懶，遥輦洼可汗宫人。祖涅魯古，北院樞密副使。父撒抹，字胡獨堇，重熙初補祗候郎君，累遷北面林牙。十九年，從耶律宜新、蕭蒲奴伐夏，至蕭惠敗績之地，獲偵候者，知人煙聚落，多國人陷没而不能還者，盡俘以歸。拜大父敞穩，知山北道邊境事。清寧初，歷西南面、西北路招討使，加同中書門下平章事，卒。

奪剌體貌豐偉，騎射絶人。由祗候郎君陞漢人行宫副部署。後爲烏古敵烈統軍使，克敵有功，加龍虎衛上將軍，授西北路招討使。因陳北邊利害，請以本路諸部與倒塌嶺統軍司連兵屯戍。再表，不納。改東北路統軍使。乾統元年，以久練邊事，復爲西北路招討使。北阻卜耶覩刮率鄰部來侵，奪剌逆擊，追奔數十里。二年，乘耶覩刮無備，以輕騎襲之，獲馬萬五千疋，牛羊稱是。先是，有詔方面無事，招討、副統軍、都監內一員入覲。是時同僚皆闕，奪剌以軍事付幕吏而朝，坐是免官。改西京留守，復爲東北路統軍使。卒于官。

蕭普達，字彈隱。統和初，爲南院承旨。開泰六年，出爲烏古部節度使。七年，敵烈部叛，討平之，徙烏古敵烈部都監。遣敵烈騎卒取北阻卜名馬以獻，賜詔褒奬。重熙初，改烏古敵烈部都詳穩，討諸蕃有功。普達深練邊事，能以悦使人。有所俘獲，悉散麾下，由是大得衆心。歷西南面招討使。党項叛入西夏，普達討之，中流矢，歿于陣。帝聞，惜之，賻贈加厚。

耶律侯哂，字禿寧，北院夷离堇蒲古只之後〔一一〕。祖查只，北院大王。父忽古，黄皮室詳穩。

倈哂初爲西南巡邊官，以廉潔稱，累遷南京統軍使，尋爲北院大王〔二〕。重熙十一年，党項部人多叛入西夏，倈哂受詔，巡西邊沿河要地，多建城堡以鎮之，徙東京留守。十三年，與知府蕭歐里斯討蒲盧毛朵部有功〔三〕，加兼侍中。致仕，卒。

耶律古昱，字磨魯堇，北院林牙突吕不四世孫。有膂力，工馳射。開泰間，爲烏古敵烈部都監。會部人叛，從樞密使耶律世良討平之，以功詔鎮撫西北部。教以種樹、畜牧，不數年，民多富實。中京盜起，命古昱爲巡邏使，悉擒之。上親征渤海，將黄皮室軍，有破敵功，累遷御史中丞，尋授開遠軍節度使，徙鎮歸德。重熙二十一年〔四〕，改天成軍節度使。卒于官，年七十，贈同中書門下平章事。二子：宜新，兀没〔五〕。

宜新，重熙間從蕭惠討西夏。惠敗績，宜新一軍獨全，拜北院大王。兀没，大康三年爲漢人行宫副部署。乙辛誣害太子，詞連兀没，帝釋之。是秋，乙辛復奏與蕭楊九私議宫壼事，被害。乾統間，贈同中書門下平章事。

耶律獨攧，字胡獨堇，太師古昱之子。

重熙初，爲左護衛，將禁兵從伐夏有功，授十二行糺司徒。再舉伐夏，獨攧括山西諸郡馬。還，遷拽剌詳穩。西南未平，命獨攧同知金肅軍事，夏人來侵，擊敗之，進涅剌奧隗部節度使。

清寧元年，召爲皇太后左護衛太保。四年，改寧遠軍節度使。東路饑，奏振之。歷五國、烏古部、遼興軍三鎮節度使，四捷軍詳穩。大康元年卒，追贈同中書門下平章事。子阿思，有傳。

蕭韓家〔六〕，國舅之族。性端簡，謹愿，動循禮法。

清寧中，爲護衛太保。大康二年，遷知北院樞密副使。三年，經畫西南邊天池舊塹，立堡砦，正疆界，刻石而還，爲漢人行宮都部署。是年秋獮，墮馬卒。

蕭烏野，字草隱，其先出興聖宮分，觀察使塔里直之孫也。性孝悌，尚禮法，雅爲鄉黨所稱。

重熙中，補護衞，興宗見其勤恪，遷護衞太保。佐耶律仁先平重元亂，以功加團練使。時敵烈部數爲鄰部侵擾，民多困弊，命烏野爲敵烈部節度使，恤困窮，省徭役，不數月，部人以安。尋以母老，歸養于家。母亡，尤極哀毁。服闋，歷官興聖、延慶二宮使，卒。

論曰：烏古敵烈，大部也，奪剌爲統軍，克敵有功；普達居詳穩，悦以使人。西北，重鎮也，侯哂巡邊以廉稱；古昱鎮撫而民富；獨攧駐金肅而夏人不敢東獵。噫！部人内附，方面以寧，雖朝廷處置得宜，而諸將之力抑亦何可少哉。

校勘記

〔一〕北院夷离堇蒲古只之後　本書卷七五耶律覿烈傳、卷七六耶律漚里思傳、卷七七耶律吼傳等皆稱蒲古只爲六院夷离堇。六院即南院，此云「北院」，恐誤。

〔二〕累遷南京統軍使尋爲北院大王　按本書卷一八興宗紀一重熙六年六月丙申，「以北院大王侯哂爲南京統軍使」。歷官先後與此互歧。

〔三〕與知府蕭歐里斯討蒲盧毛朶部有功　「蕭歐里斯」，本書卷一九興宗紀二重熙十三年四月己酉及卷六九部族表作「耶律歐里斯」。

〔四〕重熙二十一年　「重熙」二字原闕。按上文紀年爲開泰，開泰、太平均無二十一年，太平之後爲重熙，今據補。

〔五〕二子宜新兀没　按契丹小字耶律副署墓誌、契丹大字耶律祺墓誌及下文耶律獨攧傳，耶律古昱有二子，一爲宜新，一爲獨攧，兀没實爲宜新之子。

〔六〕蕭韓家　按本書卷二三道宗紀三大康三年七月壬子、八月庚寅並作「蕭韓家奴」。此下疑脱「奴」字。

遼史卷九十三

列傳第二十三

蕭惠 慈氏奴 蕭迂魯 鐸盧斡 蕭圖玉 耶律鐸軫

蕭惠，字伯仁，小字脱古思，淳欽皇后弟阿古只五世孫。

初以中宫親，爲國舅詳穩。從伯父排押征高麗，至奴古達北嶺，高麗阻險以拒，惠力戰，破之。及攻開京，以軍律整肅聞，授契丹行宫都部署。開泰二年，改南京統軍使。未幾，爲右夷离畢，加同中書門下平章事。朝議以遼東重地，非勳戚不能鎮撫，乃命惠知東京留守事。改西北路招討使，封魏國公。

太平六年，討回鶻阿薩蘭部，徵兵諸路，獨阻卜酋長直剌後期，立斬以徇。進至甘州，攻圍三日，不克而還。時直剌之子聚兵來襲，阻卜酋長烏八密以告，惠未之信。會西阻卜叛，襲三剋軍，都監涅魯古、突舉部節度使諧理、阿不吕等將兵三千來救，遇敵于可敦城西南。諧理、阿不吕戰歿，士卒潰散。惠倉卒列陣，敵出不意攻我營。衆請乘時奮擊，惠以我軍疲敝，未可用，弗聽。烏八請以夜斫營，惠又不許。阻卜歸，惠乃設伏兵擊之。前鋒始交，敵敗走。惠爲招討累年，屢遭侵掠，士馬疲困。七年，左遷南京侍衛親軍馬步軍都指揮使，尋遷南京統軍使。

興宗即位，知興中府，歷順義軍節度使、東京留守、西南面招討使，加開府儀同三司、檢校太師，兼侍中，封鄭王，賜推誠協謀竭節功臣。重熙六年，復爲契丹行宫都部署，加守太師，徙王趙。拜南院樞密使，更王齊。

是時帝欲一天下，謀取三關，集羣臣議。惠曰：「兩國彊弱，聖慮所悉。宋人西征有年，師老民疲，陛下親率六軍臨之，其勝必矣。」蕭孝穆曰：「我先朝與宋和好，無罪伐之，其曲在我；況勝敗未可逆料。願陛下熟察。」帝從惠言，廼遣使索宋十城，會諸軍于燕。惠與太弟帥師壓宋境，宋人重失十城，增歲幣請和。惠以首事功，進王韓。十二年，兼北府宰相，同知元帥府事，又爲北樞密使。

十三年，夏國李元昊誘山南党項諸部，帝親征。元昊懼，請降。惠曰：「元昊忘奕世恩，萌姦計，車駕親臨，不盡歸所掠。天誘其衷，使彼來迎。天與不圖，後悔何及？」帝從之。詰旦，進軍。夏人列拒馬于河西，蔽盾以立，惠擊敗之。元昊走，惠麾先鋒及右翼邀之。夏人千餘潰圍出，我師逆擊。大風忽起，飛沙眯目，軍亂，夏人乘之，蹂踐而死者不可勝計。詔班師。

十七年，尚帝姊秦晉國長公主，拜駙馬都尉。明年，帝復征夏國。惠自河南進，戰艦粮船綿亘數百里。既入敵境，偵候不遠，鎧甲載于車，軍士不得乘馬。諸將咸請備不虞，惠曰：「諒祚必自迎車駕，何暇及我？無故設備，徒自弊耳。」數日，我軍未營。候者報夏師至，惠方詰妄言罪，諒祚軍從阪而下。惠與麾下不及甲而走。追者射惠，幾不免，軍士死傷尤衆。師還，以惠子慈氏奴殁于陣，詔釋其罪。

十九年，請老，詔賜肩輿入朝，策杖上殿。辭章再上，乃許之，封魏國王。詔冬夏赴行在，參決疑議。既歸，遣賜湯藥及佗錫賚不絕。每生日，輒賜詩以示尊寵。清寧二年薨，年七十四，遺命家人薄葬。訃聞，輟朝三日。

惠性寬厚，自奉儉薄。興宗使惠恣取珍物，惠曰：「臣以戚屬據要地，禄足養廉，奴婢千餘，不爲闕乏。陛下猶有所賜，貧於臣者何以待之。」帝以爲然。故爲將，雖數敗衄，不之罪也。

弟虚列，武定軍節度使。二子：慈氏奴，兀古匿。兀古匿終北府宰相。

慈氏奴，字寧隱。太平初，以戚屬補祇候郎君。上愛其勤慎，陞閘撒狘，加右監門衞上將軍。

西邊有警，授西北路招討都監，領保大軍節度使。政濟恩威，諸部悦附。入爲殿前副點檢，歷烏古敵烈部詳穩。征李諒祚，爲統軍都監，與西北路招討使敵魯古率蕃部諸軍由北路趨涼州，獲諒祚親屬。夏人扼險以拒，慈氏奴中流矢卒，年五十一，贈中書門下平章事。

蕭迂魯，字胡突堇，五院部人。父約質，歷官節度使。

迂魯重熙間爲牌印郎君。清寧九年，國家既平重元之亂，其黨郭九等亡，詔迂魯追捕，獲之，遷護衞太保。咸雍元年，使宋議邊事，稱旨，知殿前副點檢事。

五年，阻卜叛，爲行軍都監，擊敗之，俘獲甚衆。初軍出，止給五月粮，過期粮乏，士卒往往叛歸。迂魯坐失計，免官，降戍西北部。未行，會北部兵起，迂魯將烏古敵烈兵擊敗之，每戰以身先，繇是釋前罪，命總知烏古敵烈部。

九年，敵烈叛，都監耶律獨迭以兵少不戰，屯臚朐河。敵烈合邊人掠居民，迂魯率精騎四百力戰，敗之，盡獲其輜重。繼聞酋長合朮三千餘騎掠附近部落，縱兵躡其後，連戰二日，斬數千級，盡得被掠人畜而還。值敵烈黨五百餘騎劫捕鷹户，逆擊走之，俘斬甚衆，自是敵烈勢沮。

時敵烈方爲邊患，而阻卜相繼寇掠，邊人以故疲弊。朝廷以地遠，不能時益援軍，而使疆圉帖然者，皆迂魯力也。帝嘉其功，拜左皮室詳穩。

會宋求天池之地，詔迂魯兼統兩皮室軍屯太牢古山以備之〔二〕。大康初，阻卜叛，遷西北招討都監，從都統耶律趙三征討有功，改南京統軍都監、黄皮室詳穩。未幾，遷東北路統軍都監，卒。弟鐸盧斡。

鐸盧斡，字撒板。幼警悟異常兒。三歲失母，哭盡哀，見者傷之。及長，魁偉沉毅，好學，善屬文，有才幹。年三十始仕，爲朝野推重，給事北院知聖旨事。

大康二年，乙辛再入樞府，鐸盧斡素與蕭巖壽善，誣以罪，謫戍西北部。坐皇太子事，特恩減死，仍錮終身。在戍十餘年，太子事稍直，始得歸鄉里，屏居謝人事。一日臨流，聞雉鳴，三復孔子「時哉」語，作古詩三章見志。當時名士稱其高情雅韻，不減古人。

壽隆六年卒，年六十一。乾統初，贈彰義軍節度使。

蕭圖玉，字兀衍，北府宰相海瓈之子。

統和初，皇太后稱制，以戚屬入侍。尋爲烏古部都監。討速母縷等部有功，遷烏古部節度使。十九年，總領西北路軍事。後以本路兵伐甘州，降其酋長牙懶。既而牙懶復叛，命討之，克肅州，盡遷其民于土隗口故城。師還，詔尚金鄉公主，拜駙馬都尉，加同政事令門下平章事。

上言曰：「阻卜今已服化，宜各分部，治以節度使。」上從之。自後，節度使往往非材，部民怨而思叛。開泰元年七月，石烈太師阿里底殺其節度使〔二〕，西奔窩魯朵城，蓋古所謂「龍庭單于城」也。已而，阻卜復叛，圍圖玉于可敦城，勢甚張。圖玉使諸軍齊射却之，屯于窩魯朵城。明年，北院樞密使耶律化哥引兵來救，圖玉遣人誘諸部皆降。帝以圖玉始雖失計，後得人心，釋之，仍領諸部。請益軍，詔讓之曰：「叛者既服，兵安用益？且前日之役，死傷甚衆，若從汝謀，邊事何時而息。」遂止。

會公主坐殺家婢，降封郡主〔三〕，圖玉罷使相。尋起爲烏古敵烈部詳穩。以老代還，卒。子雙古，南京統軍使。孫訛篤斡，尚三韓郡王合魯之女骨浴公主，終烏古敵烈部統軍使，以善戰名于世。

耶律鐸軫，字敵輦，積慶宫人。仕統和間。性疏簡，不顧小節，人初以是短之。後侵宋，分總羸師以從。及戰，取緋帛被介胄以自標顯，馳突出入敵陣，格殺甚衆。太后望見喜，召謂之曰：「卿勠力如此，何患不濟！」厚賞之。由是多以軍事屬任。俄授東北詳穩。開泰二年，進討阻卜，克之。

重熙間，歷東路統軍使、天德軍節度使。十七年，城西邊，命鐸軫相地及造戰艦，因成樓船百三十艘。上置兵，下立馬，規制堅壯，稱旨。及西征，詔鐸軫率兵由別道進，會于河濱。敵兵阻河而陣，帝御戰艦絶河擊之，大捷而歸，親賜卮酒。仍問所欲，鐸軫對曰：「臣幸被聖恩，得効駑力，萬死不能報國，又將何求？」帝愈重之，手書鐸軫衣裾曰：「勤國忠君，舉世無雙。」卒于官，年七十。子低烈，歷觀察、節度使。

論曰：初，遼之謀復三關也，蕭惠贊伐宋之舉，而宋人增幣請和。狃於一勝，移師西夏，而勇智俱廢，敗潰隨之。豈非貪小利，迷遠圖而然。況所得不償所亡，利果安在哉？同時諸將撫綏邊圉，若迂魯忠勤不伐，鐸魯斡高情雅韻，鐸軫雖廉不逮蕭惠〔四〕，而無邀功啓釁之罪，亦庶乎君子之風矣。

校勘記

〔一〕詔迂魯兼統兩皮室軍屯太牢古山以備之　「太牢古山」，本書卷二六道宗紀六壽隆五年七月辛亥、卷二七天祚皇帝紀一天慶三年三月、卷八六耶律頗的傳皆作「大牢古山」。

〔二〕開泰元年七月石烈太師阿里底殺其節度使　本書卷一五聖宗紀六繫此事於開泰元年十一月甲辰，疑此處「七月」乃「十一月」之誤。

〔三〕降封郡主　本書卷一五聖宗紀六開泰六年二月甲戌作「降公主爲縣主」。

〔四〕鐸魯斡高情雅韻鐸軫雖廉不逮蕭惠　原作「鐸軫高情雅韻鐸魯斡雖廉不逮蕭惠」，「鐸軫」與「鐸魯斡」倒舛，今據本傳傳文乙正。又「鐸魯斡」，本傳作「鐸盧斡」。

遼史卷九十四

列傳第二十四

耶律化哥　耶律斡臘　耶律速撒　蕭阿魯帶
耶律那也　耶律何魯掃古　耶律世良

耶律化哥，字弘隱，孟父楚國王之後。善騎射。

乾亨初，爲北院林牙。統和四年，南侵宋，化哥擒諜者，知敵由海路來襲，即先據平州要地。事平，拜上京留守，遷北院大王〔一〕。十六年，復侵宋，爲先鋒，破敵于遂城，以功遷南院大王，尋改北院樞密使〔二〕。

開泰元年，伐阻卜，阻卜棄輜重遁走，俘獲甚多。帝嘉之，封豳王。後邊吏奏，自化哥還闕，糧乏馬弱，勢不可守，上復遣化哥經略西境。化哥與邊將深入。聞蕃部逆命居翼只水，化哥徐以兵進。敵望風奔潰，獲羊馬及輜重。路由白拔烈，遇阿薩蘭回鶻，掠之。都監裹里繼至，謂化哥曰：「君誤矣！此部實効順者。」化哥悉還所俘。諸蕃由此不附。上使案之，削王爵，以侍中遥領大同軍節度使。卒。

耶律斡臘，字斯寧，奚迭剌部人。趫捷有力，善騎射。保寧初，補護衛。車駕獵頡山，適豪猪伏叢莽，帝射中，猪突出。御者托滿捨轡而避，廐人鶻骨翼之，斡臘復射而斃。帝嘉賞。及獵赤山，適奔鹿奮角突前，路隘不容避，垂犯蹕。斡臘以身當之，鹿觸而顛。帝謂曰：「朕因獵，兩瀕于危，賴卿以免，始見爾心。」遷護衛太保。

從樞密使耶律斜軫破宋將楊繼業軍于山西。統和十三年秋，爲行軍都監，從都部署奚王和朔奴伐兀惹烏昭度，數月至其城。昭度請降。和朔奴利其俘掠，令四面急攻。昭度率衆死守，隨方捍禦。依埤垷虛構戰棚，誘我軍登陴，俄撤枝柱，登者盡覆。和朔奴知不能下，欲退。蕭恒德謂師久無功，何以藉口，若深入大掠〔三〕，猶勝空返。斡臘曰：「深入，恐所得不償所損。」恒德不從，略地東南，循高麗北鄙還。道遠糧絶，人馬多死。詔奪諸將官，惟斡臘以前議得免。尋加同政事門下平章事，爲東京留守。開泰中卒。

耶律速撒，字阿敏。性忠直簡毅，練武事。應曆初，爲侍從，累遷突吕不部節度使。歷霸、濟、祥、順、聖五州都總管〔四〕，俄爲敦睦宫太師〔五〕。保寧三年，改九部都詳穩。四年，伐党項，屢立戰功，手詔勞之。統和初，皇太后稱制，西邊甫定，速撒務安集，諸蕃利害輒具以聞，太后益信任之。凡臨戎，與士卒同甘苦，所獲均賜將校。賞順討逆，威信大振。在邊二十年卒。

蕭阿魯帶，字乙辛隱，烏隗部人。父女古，仕至糺詳穩。阿魯帶少習騎射，曉兵法。清寧間始仕，累遷本部司徒，改烏古敵烈統軍都監。大安七年，遷山北副部署。九年，達理得、拔思母二部來侵，率兵擊却之。達理得復劫牛羊去，阿魯帶引兵追及，盡獲所掠，斬渠帥數人。是冬，達理得等以三百餘人梗邊，復戰却之，斬首二百餘級，加金吾衛上將軍，封蘭陵縣公。壽隆元年，第功，加同中書門下平章事，進爵郡公，改西北路招討使。

乾統三年，坐留宋俘當遣還者爲奴，免官。後被徵，以老疾致仕，卒。

耶律那也，字移斯輦，夷离堇蒲古只之後。

父斡，常爲北剋〔六〕，從伐夏戰歿。季父趙三，始爲宿直官，累遷至北面林牙。咸雍四年，拜北院大王，改西南面招討使。大康中，西北諸部擾邊，議欲往討，帝以爲非趙三不可，遂拜西北路招討使，兼行軍都統，平之，以功復爲北院大王。

那也敦厚才敏。上以其父斡死王事，九歲加諸衛小將軍，爲題里司徒，尋召爲宿直官。大康三年，爲遥輦剋。大安九年，爲倒撻嶺節度使。明年冬，以北阻卜長磨古斯叛，與招討都監耶律胡呂率精騎二千往討，破之。那也薦胡呂爲漢人行宫副部署。壽隆元年，復討達理、拔思等有功〔七〕，賜詔褒美，改烏古敵烈部統軍使，邊境以寧。部民乞留，詔許再任。乾統六年，拜中京留守，改北院大王，薨。

那也爲人廉介，長于理民，每有鬬訟，親覈曲直，不尚威嚴，常曰：「凡治人，本欲分別是非，何事迫脅以立名。」故所至以惠化稱。

耶律何魯掃古，字烏古鄰，孟父房之後。重熙末，補祗候郎君。清寧初，加安州團練使。大康中，歷懷德軍節度使、奚六部禿里太尉。詔與樞密官措畫東北邊事，改左護衛太保。侍上，言多率易，察無他腸，以故上優貸之。

大安八年，知西北路招討使事〔八〕。時邊部耶都刮等來侵，何魯掃古誘北阻卜酋豪磨古斯攻之，俘獲甚衆，以功加左僕射。復討耶覩刮等，誤擊磨古斯，北阻卜由是叛命。遣都監張九討之，不克，二室韋與六院部、特滿羣牧、宮分等軍俱陷于敵。何魯掃古不以實聞，坐是削官，决以大杖。

壽隆間，累遷惕隱，兼侍中，賜保節功臣。道宗崩，與宰相耶律儼總山陵事。乾統中，致仕，卒。

耶律世良，小字斡，六院部人。才敏給，練達國朝典故及世譜。上書與族弟敵烈爭嫡庶，帝始識之。

時北院樞密使韓德讓病，帝問：「孰可代卿？」德讓曰：「世良可。」北院大王耶律室魯復問北院之選，德讓曰：「無出世良。」統和末，爲北院大王。

開泰初，因大册禮，加檢校太尉、同政事門下平章事。時邊部拒命，詔北院樞密使耶律化哥將兵，以世良爲都監，往禦之。明年，化哥還，將罷兵。世良上書曰：「化哥以爲無事而還，不思師老粮乏，敵人已去，焉能久守？若益兵，可克也。」帝即命化哥益兵，與世良追之。至安真河，大破而還。自是，邊境以寧。以功王岐，拜北院樞密使。

三年，命選馬駝于烏古部。會敵烈部人夷刺殺其酋長稍瓦而叛，鄰部皆應，攻陷巨母古城。世良率兵壓境，遣人招之，降數部，各復故地。

四年，伐高麗，爲副部署。都統劉慎行逗遛失期，執還京師，世良獨進兵。明年，至北都護府，破追兵于郭州。以暴疾卒。

論曰：大之懷小也以德，制之也以威。德不足懷，威不足制，而欲服人也難矣。化哥利俘獲，而諸蕃不附，何魯掃古誤擊磨古斯，而阻卜叛命，是皆喜於一旦之功，而不圖後日之患，庸何議焉。若斡臘之戒深入，速撒之務安集，亦鐵中之錚錚者邪？

校勘記

〔一〕遷北院大王　按本書卷一〇聖宗紀一，統和元年二月戊申以惕隱化哥爲北院大王，此處則謂統和四年後遷北院大王，時間不合。

〔二〕「十六年」至「尋改北院樞密使」　按本書聖宗紀，統和二十三年二月辛酉以惕隱化哥爲南院大王，二十九年六月丙辰以南院大王化哥爲北院樞密使。

〔三〕若深入大掠　「掠」，原作「凉」，據馮校改。

〔四〕歷霸濟祥順聖五州都總管　本書卷四八百官志四南面邊防官作「義、霸、祥、順、聖五州都總管」。

〔五〕俄爲敦睦宫太師　按敦睦宫爲孝文皇太弟隆慶宫衛，不應見於景宗朝，疑此處記載有誤。

〔六〕父斡常爲北剋　本書卷二〇興宗紀三重熙十八年十月及卷一一五西夏外記並作「南剋耶律斡里」。

〔七〕復討達理拔思等有功　「達理」及「拔思」下疑有脱誤。按此二部名屢見於本書，作「達理底」、「拔思母」。又「達理底」，本卷蕭阿魯帶傳作「達理得」。

〔八〕「大康中」至「大安八年知西北路招討使事」　「大安」二字原闕。據本書道宗紀，何魯掃古大康中未任西北路官職，大安九年三月謂「西北路招討使耶律阿魯掃古追磨古斯還」，「阿魯掃古」即「何魯掃古」之誤。惟傳作「知西北路招討使事」，紀作「西北路招討使」，官名互歧，或有遷升。又下文阻卜諸部之叛亦皆係大安間事。今據補。

遼史卷九十五

列傳第二十五

耶律弘古　耶律馬六　蕭滴洌　耶律適禄　耶律陳家奴
耶律特麼　耶律仙童　蕭素颯　耶律大悲奴

耶律弘古〔一〕，字胡篤堇，樞密使化哥之弟。

統和間，累遷順義軍節度使，入爲北面林牙。太平元年，加同政事門下平章事，出爲彰國軍節度使，兼山北道兵馬都部署，徙武定軍節度使，拜惕隱。六年，討阻卜有功。聖宗嘗刺臂血與弘古盟爲友，禮遇尤異，拜南府宰相，改上京留守。

重熙六年，遷南院大王，御製誥辭以寵之。十二年，加于越〔二〕。帝閔其勞，復授武定軍節度使，卒。訃聞，上哭曰："惜哉善人！"喪至，親臨奠焉。

利。

耶律馬六，字揚隱，孟父楚國王之後。性寬和，善諧謔，親朋會遇，一坐盡傾。恬于榮與耶律弘古爲剌血友，弘古爲惕隱，薦補宿直官。重熙初，遷旗鼓拽剌詳穩。爲人畏慎容物，或有面相陵折者，恬然若弗聞，不臧否世務。以故上益親狎。三年，遷崇德宮使，爲惕隱，御製誥辭以褒之。拜北院宣徽使，寵遇過宰輔，帝常以兄呼之。改遼興軍節度使，卒，年七十。子奴古達，終南京宣徽使。

蕭滴洌，字圖寧，遥輦鮮質可汗宮人。重熙初，遥攝鎮國軍節度使。六年，奉詔使宋，傷足而跛，不告遂行，帝怒。及還，決以大杖，降同簽南京留守事〔三〕。遥授靜江軍節度使，歷羣牧都林牙，累遷右夷离畢。以才幹見任使。

會車駕西征，元昊乞降，帝以前後反覆，遣滴洌往覘誠否。因爲元昊陳述禍福，聽命乃還。拜北院樞密副使，出爲中京留守。十九年，改西京留守，卒。

耶律適禄，字撒懶。清寧初，爲本班郎君，稍遷宿直官。乾統中，從伐阻卜有功，加奉宸。歷護衛太保，改弘義宫副使。時上京梟賊趙鍾哥跋扈自肆，適禄擒之，加泰州觀察使，爲達魯虢部節度使。天慶中，知興中府，加金吾衛上將軍。爲盜所殺。

耶律陳家奴，字綿辛，懿祖弟葛剌之八世孫。重熙中，補牌印郎君。坐直日不至，降本班。會帝獵，陳家奴逐鹿圍内，鞭之二百。時耶律仁先薦陳家奴健捷比海東青鶻，授御盞郎君。歷鷹坊、尚厩、四方館副使，改徒魯古皮室詳穩。會太后生辰，進詩獻馴鹿，太后嘉獎，賜珠二琲，雜綵二百段。兄撒鉢卒，陳家奴聞訃，不告而去。帝怒，鞭之。

清寧初，累遷右夷离畢。適帝與燕國王射鹿俱中，王時年九歲〔四〕，帝悦，陳家奴應制進詩。帝喜，解衣以賜。後皇太子廢，帝疑陳家奴黨附，罷之。

時西北諸部寇邊，以陳家奴爲烏古部節度使、行軍都監，賜甲一屬、馬二疋，討諸部，擒其酋送于朝。偵候者見馬蹤，意寇至，陳家奴遣報元帥，耶律愛奴視之曰：「此野馬也！」將出獵，賊至，愛奴戰歿。有司詰案，陳家奴不伏，詔釋之。由是感激，每事竭力。後諸部復來侵，陳家奴率兵三往，皆克，邊境遂寧。

以老告歸，不從。道宗崩，爲山陵使，致仕。年八十卒。

耶律特麼，季父房之後。重熙間，爲北剋，累遷六部禿里太尉〔五〕。大安四年，爲倒撻嶺節度使。頃之，爲禁軍都監。是冬，討磨古斯〔六〕，斬首二千餘級。十年，復討之。既捷，授南院宣徽使。壽隆元年，爲北院大王〔七〕。四年，知黃龍府事，薨。

耶律仙童，仲父房之後。重熙初，爲宿直官，累遷愓隱都監。以寬厚稱。

蒲奴里叛，仙童爲五國節度使，率師討之，擒其帥陶得里。又擊烏隗叛，降其衆〔八一〕，改彰國軍節度使，拜北院大王。清寧二年，知黄龍府事，遷侍衛親軍馬步軍都指揮，歷忠順、武定二軍節度使。致仕，封蔣國公。咸雍初，徙封許國，卒。

蕭素颯，字特免，五院部人。重熙間始仕，累遷北院承旨，彰愍宫使。清寧初，歷左皮室詳穩、右夷离畢。咸雍五年，剖阿里部叛，素颯討降之，率其酋長來朝。帝嘉其功，徙北院林牙，改南院副部署，卒。

子謀魯斡，字回璉。初補夷离畢郎君，遷文班太保。大康中，改南京統軍使，爲右夷离畢。與樞密使耶律阿思論事不合，見忌，出爲馬羣太保。北部來侵，謀魯斡破之，以功遷同知烏古敵烈統軍，仍許便宜行事。後以讒毁，降領西北路戍軍，復爲馬羣太保，卒。

耶律大悲奴，字休堅，王子班聶里古之後。大康中，歷永興延昌宫使、右皮室詳穩。會阻卜叛，奉詔招降之。壽隆二年，拜殿前都點檢。乾統初，歷上京留守、惕隱，復爲都點檢，改西南面招討使。請老，不許。天慶中，留守上京，領北南樞密院點檢中丞諸司等事。以彰國軍節度使致仕，卒。

大悲奴舉止馴雅，好禮儀，爲時人所稱。

論曰：遼自神册而降，席富彊之勢，内修法度，外事征伐，一時將帥震揚威靈，風行電掃，討西夏，征党項，破阻卜，平敵烈。諸部震慴，聞鼙鼓而膽落股弁，斯可謂雄武之國矣。其戰勝攻取，必有奇謀秘計神變莫測者，將前史所載，未足以發之邪？抑天之所授，衆莫與爭而能然邪？

雖然，兵者凶器，可戢而不可玩；爭者末節，可遏而不可召。此黃石公所謂「柔能制剛，弱能制彊」也。又況乎仁者之無敵哉。遼之君臣智足守此，金人果能乘其敝而躡其後乎？是以於耶律弘古輩諸將，不能無慨然也。

校勘記

〔一〕耶律弘古　「弘古」，本書卷六六皇族表同。卷一七聖宗紀八太平六年八月、卷一八興宗紀一重熙六年五月、卷一九興宗紀二重熙十二年八月及卷七〇屬國表均作「洪古」。

〔二〕十二年加于越　「十二年」，原作「十三年」。按本書卷一九興宗紀二重熙十二年八月，「于越耶律洪古薨」，今據改。

〔三〕「重熙初」至「降同簽南京留守事」　本書卷四八百官志四謂「蕭滴洌，太平六年同簽南京留守事」，與此異。據卷一七聖宗紀八太平五年九月己亥，「以蕭迪烈、李紹琪充賀宋太后生辰使副」；又長編卷一〇四仁宗天聖四年（遼太平六年）正月癸未，「契丹遣樞密副使彰武節度使蕭迪烈、歸義節度使康筠來賀長寧節」。此「蕭迪烈」蓋即「蕭滴洌」，則此事當在太平六年；又重熙在太平之後，此處疑有舛誤。

〔四〕適帝與燕國王射鹿俱中王時年九歲　「九歲」，當作「七歲」。按此燕國王即耶律濬，其從獵射鹿一事，卷六四皇子表及卷七二順宗濬傳俱謂時年七歲，卷六八遊幸表繫於清寧十年，亦同。

〔五〕累遷六部禿里太尉　按本書卷四六百官志二：「奚六部。在朝曰奚王府，有二常衮，有二宰相，又有吐里太尉。」禿里太尉即吐里太尉，六部疑應作奚六部。

〔六〕「大安四年」至「是冬討磨古斯」　按卷二五道宗紀五大安八年冬十月，「阻卜磨古斯殺金吾吐古斯以叛」，知討磨古斯非大安四年事。

〔七〕授南院宣徽使壽隆元年爲北院大王　按本書卷二六道宗紀六壽隆元年五月，「南京宣徽使耶律特末爲北院大王」，「特末」即「特麽」之異譯，然「南京」、「南院」未知孰是。

〔八〕又擊烏隗叛降其衆　「烏隗」，疑當作「烏古」。本書卷二〇興宗紀三重熙十八年五月戊午，「五國節度使耶律仙童以降烏古叛人，授左監門衞上將軍」，卷六九部族表同。

遼史卷九十六

列傳第二十六

耶律仁先 撻不也　耶律良　蕭韓家奴　蕭德　蕭惟信
蕭樂音奴　耶律敵烈　姚景行　耶律阿思

耶律仁先，字紏鄰，小字查剌，孟父房之後〔一〕。父瑰引，南府宰相，封燕王。仁先魁偉爽秀，有智略。重熙三年，補護衞。帝與論政，才之。仁先以不世遇，言無所隱。授宿直將軍，累遷殿前副點檢，改鶻刺唐古部節度使，俄召爲北面林牙。

十一年，陞北院樞密副使。時宋請增歲幣銀絹以償十縣地產，仁先與劉六符使宋，仍議書「貢」。宋難之。仁先曰：「曩者石晉報德本朝，割地以獻，周人攘而取之。是非利害，灼然可見。」宋無辭以對。乃定議增銀、絹十萬兩、匹，仍稱「貢」。既還，同知南京留守事。

十三年，伐夏，留仁先鎮邊。未幾，召爲契丹行宮都部署，奏復王子班郎君及諸宮雜役。十六年，遷北院大王〔二〕，奏今兩院户口殷庶，乞免他部助役，從之。十八年，再舉伐夏，仁先與皇太弟重元爲前鋒。蕭惠失利于河南，帝猶欲進兵，仁先力諫，乃止。後知北院樞密使，遷東京留守。女直恃險，侵掠不止，仁先乞開山通道以控制之，邊民安業。封吴王。

清寧初，爲南院樞密使。以耶律化哥譖，出爲南京兵馬副元帥，守太尉，更王隋。六年，復爲北院大王，民歡迎數百里，如見父兄。時北、南院樞密官涅魯古、蕭胡覩等忌之，請以仁先爲西北路招討使。耶律乙辛奏曰：「仁先舊臣，德冠一時，不宜補外。」復拜南院樞密使，更王許。

九年七月〔三〕，上獵太子山，耶律良奏重元謀逆，帝召仁先語之。仁先曰：「此曹兇狠，臣固疑之久矣。」帝趣仁先捕之。仁先出，且曰：「陛下宜謹爲之備！」未及介馬，重元犯帷宫。帝欲幸北、南院，仁先曰：「陛下若舍扈從而行，賊必躡其後；且南、北大王心未可知。」仁先子撻不也曰：「聖意豈可違乎？」仁先怒，擊其首。帝悟，悉委仁先以討賊事。乃環車爲營，拆行馬，作兵仗，率官屬近侍三十餘騎陣柢柸外〔四〕。及交戰，賊衆多降。涅魯古中矢墮馬，擒之，重元被傷而退。仁先以五院部蕭塔刺所居最近，亟召之，分遣人集諸軍。黎明，重元率奚人二千犯行宮，蕭塔刺兵適至。仁先料賊勢不能久，竢其氣沮攻之。乃背營而陣，乘便奮擊，賊衆奔潰，追殺二十餘里，重元與數騎遁去。帝執仁先手曰：「平亂皆卿之功也。」加尚父，進封宋王，爲北院樞密使，親製文以褒之，詔畫灤河戰圖以旌其功。

咸雍元年，加于越，改封遼王，與耶律乙辛共知北院樞密事。乙辛恃寵不法，仁先抑之，由是見忌，出爲南京留守，改王晉。恤孤惸，禁姦慝，宋聞風震服。議者以爲自于越休哥之後，惟仁先一人而已。

阻卜塔里干叛命，仁先爲西北路招討使，賜鷹紐印及劍。上諭曰：「卿去朝廷遠，每俟奏行，恐失機會，可便宜從事。」仁先嚴斥候，扼敵衝，懷柔服從，庶事整飭。塔里干復來寇，仁先逆擊，追殺八十餘里。大軍繼至，又敗之。別部把里斯、禿沒等來救，見其屢挫，不敢戰而降。北邊遂安。

八年卒，年六十，遺命家人薄葬。弟義先、信先，俱有傳。子撻不也。

撻不也，字胡獨堇。清寧二年，補祗候郎君，累遷永興宮使。以平重元之亂，遙授忠正軍節度使，賜定亂功臣，同知殿前點檢司事。歷高陽、臨海二軍節度使、左皮室詳穩。

大康六年，授西北路招討使，率諸部酋長入朝，加兼侍中。自蕭敵祿爲招討之後，朝廷務姑息，多擇柔愿者用之，諸部漸至跋扈。撻不也含容尤甚，邊防益廢，尋改西南面招討使。

阻卜酋長磨古斯來侵，西北路招討使何魯掃古戰不利，詔撻不也代之。磨古斯之爲酋長，由撻不也所薦，至是遣人誘致之。磨古斯紿降，撻不也逆于鎮州西南沙磧間，禁士卒無得妄動。敵至，裨將耶律綰斯、徐烈見其勢鋭，不及戰而走，遂被害，年五十八〔五〕。贈兼侍中，謚曰貞憫〔六〕。

撻不也少謹愿，後爲族嫠婦所惑，出其妻，終以無子。人以此譏之。

耶律良〔七〕，字習撚，小字蘇，著帳郎君之後。生於乾州，讀書醫巫閭山。學既博，將入南山肄業，友人止之曰：「爾無僕御，驅馳千里，縱聞見過人，年亦垂暮。今若即仕，已有餘地。」良曰：「窮通，命也，非爾所知。」不聽，留數年而歸。

重熙中，補寢殿小底，尋爲燕趙國王近侍。以家貧，詔乘廄馬。遷修起居注。會獵秋山，良進秋游賦，上嘉之。

清寧中，上幸鴨子河，作捕魚賦。由是寵遇稍隆，遷知制誥，兼知部署司事。奏請編御製詩文，目曰清寧集；上命良詩爲慶會集，親製其序。頃之，爲敦睦宫使，兼權知皇太后宫諸局事。

良聞重元與子涅魯古謀亂，以帝篤於親愛，不敢遽奏，密言於皇太后。太后託疾，召帝白其事。帝謂良曰：「汝欲間我骨肉耶？」良奏曰：「臣若妄言，甘伏斧鑕。陛下不早備，恐墮賊計。如召涅魯古不來，可卜其事。」帝從其言。使者及門，涅魯古意欲害之，羈於帳下。使者以佩刀斷帝而出，馳至行宫以狀聞。帝始信。亂平，以功遷漢人行宫都部署。

咸雍初，同知南院樞密使事，爲惕隱，出知中京留守事。未幾卒，帝嗟悼，遣重臣賻祭，給葬具，追封遼西郡王，謚曰忠成。

蕭韓家奴，字括寧，奚長渤魯恩之後。性孝友。太平中，補祗候郎君，累遷敦睦宫使。伐夏，爲左翼都監，遷北面林牙。俄爲南院副部署，賜玉帶，改奚六部大王，治有聲。

清寧初，封韓國公，歷南京統軍使、北院宣徽使，封蘭陵郡王。九年，上獵太子山，聞重元亂，馳詣行在。帝倉卒欲避于北、南大王院，與耶律仁先執轡固諫，乃止。明旦，重元復誘奚獵夫來。韓家奴獨出諭之曰：「汝曹去順効逆，徒取族滅。何若悔過，轉禍爲福！」獵夫投仗首服。以功遷殿前都點檢，封荆王，賜資忠保義奉國竭貞平亂功臣。

咸雍二年，遷西南面招討使。大康初，徙王吴，賜白海東青鶻。皇太子爲乙辛誣構，幽于上京。韓家奴上書力言其冤，不報。四年，復爲西南面招討使。例削一字王爵，改王蘭陵，薨。子楊九，終右祗候郎君班詳穩，贈同中書門下平章事。

蕭德，字特末隱，楮特部人。性和易，篤學好禮法。太平中，領牌印、直宿。累遷北院樞密副使，敷奏詳明，多稱上旨。詔與林牙耶律庶成修律令，改契丹行宫都部署，賜宫户十有五。

清寧元年，遷同知北院樞密使，封魯國公。上以德爲先朝眷遇，拜南府宰相。五年，轉南京統軍使。九年，復爲南府宰相。重元之亂，推鋒力戰，斬涅魯古首以獻，論功封漢王。

咸雍初，以告老歸，優詔不許。久之，加尚父，致仕。卒，年七十二。

蕭惟信，字耶寧，楮特部人。五世祖霞賴，南府宰相。曾祖烏古，中書令。祖阿古只，知平州。父高八，多智數，博覽古今。開泰初，爲北院承旨，稍遷右夷离畢，以幹敏稱，拜南府宰相。累遷倒塌嶺節度使，知興中府，復爲右夷离畢。陵青誘衆作亂，事覺，高八按之，止誅首惡，餘並釋之。歸奏，稱旨。

惟信資沉毅，篤志于學，能辨論。重熙初始仕，累遷左中丞。十五年，徙燕趙國王傅，帝諭之曰：「燕趙左右多面諛，不聞忠言，浸以成性。汝當以道規誨，使知君父之義。有不可處王邸者，以名聞。」惟信輔導以禮。十七年，遷北院樞密副使，坐事免官。尋復職，兼北面林牙。

清寧九年，重元作亂，犯灤河行宮，惟信從耶律仁先破之，賜竭忠定亂功臣。歷南京留守、左右夷离畢，復爲北院樞密副使。大康中，以老乞骸骨，不聽。樞密使耶律乙辛譖廢太子，中外知其冤，無敢言者，惟信數廷爭，不得。復告老，加守司徒，卒。

蕭樂音奴，字婆丹，奚六部敞穩突呂不六世孫。父拔剌，三歲居父母喪，毁瘠過甚，養于家奴奚列阿不。重熙初，興宗獵奚山，過拔剌所居，奚列阿不言于近臣，拔剌得見上。年甫十歲，氣象如成人。帝悦之，錫賚甚厚。既長，有遠志，不樂仕進，隱于奚王嶺之插合谷。上以其名家，又有時譽，就拜舍利軍詳穩。

樂音奴貌偉言辨，通遼、漢文字，善騎射擊鞠，所交皆一時名士。年四十，始爲護衛。平重元之亂，以功遷護衛太保，改本部南剋，俄爲旗鼓拽剌詳穩。監障海東青鶻，獲白花者十三，賜榾柮犀并玉吐鶻。拜五蕃部節度使，卒。子陽阿，有傳。

耶律敵烈，字撒懶，採訪使吼五世孫。寬厚，好學，工文詞。重熙末，補牌印郎君，兼知起居注。

清寧元年，稍遷同知永州事，禁盜有功，改北面林牙承旨。九年，重元作亂。敵烈赴援，力戰平之，遥授臨海軍節度使。十年，徙武安州觀察使。咸雍五年，累遷長寧宫使〔八〕。撿括戶部司乾州錢帛逋負，立出納經畫法，公私便之。大康四年，爲南院大王。秩滿，部民請留，同知南京留守事。有疾，上命乘傳赴闕，遣太醫視之。遷上京留守。大安中，改塌母城節度使。以疾致仕，加兼侍中，賜一品俸。八年卒。

姚景行，始名景禧。祖漢英〔九〕，本周將，應曆初來聘，用敵國禮，帝怒，留之，隸漢人宮分。及景行既貴，始出籍，貫興中縣。

景行博學。重熙五年，擢進士乙科，爲將作監，改燕趙國王教授。不數年，至翰林學士，樞密副使，參知政事。性敦厚廉直，人望歸之。

道宗即位，多被顧問，爲北府宰相。九年秋，告歸，道聞重元亂，收集行旅得三百餘騎勤王。比至，賊已平。帝嘉其忠，賜以逆人財產。咸雍元年，出爲武定軍節度使。明年，驛召拜南院樞密使。上從容問治道，引入內殿，出御書及太子書示之，賜什器車仗。帝有意伐宋，召景行問曰：「宋人好生邊事，如何？」對曰：「自聖宗皇帝以威德懷遠，宋修職貢，迨今幾六十年。若以細故用兵，恐違先帝成約。」上然其言而止。

致仕，不踰月復舊職。丁家艱，起復，兼中書令。上問古今儒士優劣，占對稱旨。知興中府，改朔方軍節度使。大康初，徙鎮遼興。以上京多滯獄，命爲留守，不數月，以獄空聞。

累乞致政，不從。復請，許之，加守太師。卒，遣使弔祭，追封柳城郡王，謚文憲。壽隆五年，詔爲立祠。

耶律阿思，字撒班。清寧初，補祗候郎君。以善射，掌獵事，進渤海近侍詳穩。重元之亂，與護衛蘇射殺涅魯古，賜號靖亂功臣，徙契丹行宮都部署。大安初，爲北院大王，封漆水郡王。十一年，爲北院樞密使〔一〇〕，監修國史。道宗崩，受顧命，加于越。録乙辛黨人，罪重者當籍其家，阿思受賂，多所寬貫。蕭合魯嘗言當修邊備，阿思力沮其事，或譏其以金賣國。

後以風疾失音，致仕，加尚父，封趙王。薨，年八十〔一一〕，追封齊國王。

論曰：灤河之變，重元擁兵行幄，微仁先等，道宗其危乎！當其止幸北、南院，召塔刺兵以靖大難，功宜居首。良以反謀白太后，韓家奴以逆順降奚人，德與阿思殺涅魯古，皆有討賊之力焉。仁先齊名休哥，勳德兼備，此其一節歟。

校勘記

〔一〕孟父房之後　耶律仁先墓誌、耶律慶嗣墓誌及耶律智先墓誌銘均謂仁先爲仲父房之後。

〔二〕十六年遷北院大王　本書卷一九興宗紀二重熙十五年十一月丁亥云：「契丹行宮都部署耶律仁先南院大王。」耶律仁先墓誌亦云：「遷契丹行宮都部署，又拜南王。」與此異。

〔三〕九年七月　「九年」二字原闕，據本書卷二二道宗紀二清寧九年七月補。

〔四〕率官屬近侍三十餘騎陣柢柘外　「柢柘」，本書卷一一六國語解云：「柢柘，宮衛門外行馬也。」按周禮天官掌舍作「梐枑」，鄭注云：「梐枑，謂行馬。」

〔五〕年五十八　按撻不也漢名慶嗣，耶律慶嗣墓誌謂其卒年五十五。

〔六〕贈兼侍中謚曰貞愍　據上文，撻不也大康間已「加兼侍中」。耶律慶嗣墓誌謂其卒後「贈中書令」。又「貞愍」，墓誌作「貞愍」。

〔七〕耶律良　本書道宗紀清寧六年五月，咸雍二年七月、六年六月及八月皆作「耶律白」。參見卷二一道宗紀一校勘記〔一二〕。

〔八〕累遷長寧宮使　「長寧宮使」，契丹小字耶律迪烈墓誌作「長寧宮副使」。

〔九〕祖漢英　據蘇天爵國朝文類卷六〇姚燧中書左丞姚文獻公神道碑，漢英有曾孫景祥。景禧與景祥當爲兄弟行，疑漢英爲景禧曾祖。

〔一〇〕十一年爲北院樞密使　按大安十年十二月詔改次年爲壽隆元年，本書卷二六道宗紀六壽隆元年十二月，「以知北院樞密使事耶律阿思爲北院樞密使」。此作「十一年」誤。

〔一一〕薨年八十　按阿思即耶律祺，據契丹大字耶律祺墓誌銘，阿思卒於乾統八年，年七十五。

遼史卷九十七

列傳第二十七

耶律斡特剌　孩里　竇景庸　耶律引吉　楊績　趙徽　王觀　耶律喜孫

耶律斡特剌，字乙辛隱，許國王寅底石六世孫。少不喜官祿，年四十一，始補本班郎君。時樞密使耶律乙辛擅權，讒害忠良，斡特剌恐禍及，深自抑畏。大康中，爲宿直官，歷左、右護衞太保。大安元年，升燕王傅〔一〕，徙左夷离畢。四年，改北院樞密副使。帝賜詩褒之，遷知北院樞密使事，賜翼聖佐義功臣。北阻卜酋長磨古斯叛，斡特剌率兵進討。會天大雪，敗磨古斯四別部，斬首千餘級，拜西北路招討使，封漆水郡王，加賜宣力守正功臣。尋拜南府宰相。復討鬧古胡里扒部，破之，召爲契丹行宮都部署。

先是，北、南府有訟，各州府得就按之；比歲，非奉樞密檄，不得鞫問，以故訟者稽留。斡特剌奏請如舊，從之。壽隆五年，復爲西北路招討使〔二〕，討耶覩刮部，俘斬甚衆，獲馬、駝、牛、羊各數萬。明年，擒磨古斯，加守太保，賜奉國匡化功臣。

乾統初，乞致仕，不許，止罷招討。南院樞密使〔三〕，封混同郡王。遷北院樞密使，加守太師，賜推誠贊治功臣。致仕，薨，謚曰敬肅。

孩里，字胡輦，回鶻人。其先在太祖時來貢，願留，因任用之。

孩里，重熙間歷近侍長。清寧九年，討重元之亂有功，加金吾衞上將軍，賜平亂功臣。累遷殿前都點檢，以宿衞嚴肅稱。大康初，加守太子太保。二年，加同中書門下平章事。三年，改同知南院宣徽使事。會耶律乙辛出守中京，孩里入賀；及議復召，陳其不可。後乙辛再入樞府，出孩里爲廣利軍節度使。及皇太子被誣，孩里當連坐，有詔勿問。大安初，歷品達魯號部節度使。壽隆五年，有疾，自言吾數已盡，却醫藥，卒，年七十七。

孩里素信浮圖。清寧初，從上獵，墮馬，憒而復蘇。言始見二人引至一城，宮室宏敞，有衣絳袍人坐殿上，左右列侍，導孩里升階。持牘者示之曰：「本取大腹骨欲，誤執汝。」牘上書「官至使相，壽七十七」。須臾還，擠之大壑而寤。道宗聞之，命書其事。後皆驗。

少府少監。

竇景庸，中京人，中書令振之子。聰敏好學。清寧中，第進士，授秘書省校書郎，累遷咸雍六年，授樞密直學士，尋知漢人行宮副部署事。大安初，遷南院樞密副使，監修國史，知樞密院事，賜同德功臣，封陳國公。有疾，表請致仕；不從，加太子太保，授武定軍節度使。審決寃滯，輕重得宜，以獄空聞。七年，拜中京留守。九年薨，謚曰肅憲。子瑜，三司副使。

耶律引吉，字阿括，品部人。父雙古，鎮西邊二十餘年，治尚嚴肅，不殖貨利，時多稱之。

引吉寅畏好義。以廕補官，累遷東京副留守、北樞密院侍御。時蕭革、蕭圖古辭等以佞見任，鬻爵納賄，引吉以直道處其間，無所阿唯。改客省使。時朝廷遣使括三京隱户不得，以引吉代之，得數千餘户。

時昭懷太子知北南院事，選引吉爲輔導。樞密使乙辛將傾太子，惡引吉在側，奏出之，爲羣牧林牙。大康元年，乙辛請賜牧地，引吉奏曰：「今牧地褊陿，畜不蕃息，豈可分賜臣下。」帝乃止。乙辛由是益嫉之，除懷德軍節度使，徙漠北滑水馬羣太保〔四〕，卒。

楊績〔五〕，良鄉人。太平十一年進士及第，累遷南院樞密副使。與杜防、韓知白等擅給進士堂帖，降長寧軍節度使，徙知涿州。

清寧初，拜參知政事，兼同知樞密院事，爲南府宰相。九年，聞重元亂，與姚景行勤王，上嘉之。十年，知興中府。咸雍初，入知樞密院事。二年，乞致仕，不許，拜南院樞密使。

帝以績舊臣，特詔燕見，論古今治亂，人臣邪正。帝曰：「方今羣臣忠直，耶律玦、劉伸而已，然伸不及玦之剛介。」績拜賀曰：「何代無賢，世亂則獨善其身，主聖則兼濟天下。陛下銖分邪正，升黜分明，天下幸甚。」累表告歸，不許，封趙王。

大康中，以例改王遼西。致仕，加守太保，薨。子貴忠〔六〕，知興中府。

趙徽，南京人。重熙五年，擢甲科，累遷大理正。清寧二年，銅州人妄毀三教，徽按鞫之，以狀聞，稱旨。歷煩劇，有能名。累遷翰林學士承旨。咸雍初，爲度支使。三年，拜參知政事。出爲武定軍節度使，及代，軍民請留。後同知樞密院事，兼南府宰相、門下侍郎、平章事。致仕，卒。追贈中書令，謚文憲。

王觀，南京人。博學有才辯。重熙七年，中進士乙科。興宗崩，充夏國報哀使；還，除給事中。咸雍初，遷翰林學士。五年，兼乾文閣學士。七年，改南院樞密副使，賜國姓，參知政事，兼知南院樞密事。坐矯制修私第，削爵爲民，卒。

耶律喜孫，字盈隱，永興宮分人。興宗在青宮，嘗居左右輔導。聖宗大漸，喜孫與馮家奴告仁德皇后同宰相蕭浞卜等謀逆事。及欽哀爲皇太后稱制，喜孫尤見寵任。重熙中，其子涅哥爲近侍，坐事伏誅。帝以喜孫有翼戴功，且悼其子罪死，欲世其官，喜孫無所出之部，因見馬印文有品部號，使隸其部，拜南府宰相。尋出爲東北路詳穩，卒。

論曰：孩里、引吉之爲臣也，當乙辛擅權、蕭革貪黷之日，雖與同官，而能以正自處，不少阿唯，其過人遠矣！傳曰：「歲寒知松栢之後凋。」二子有焉。若斡特剌之戰功，竇景庸之讞獄，楊績之忠告，亦賢矣夫。

校勘記

〔一〕大安元年升燕王傅　按本書卷二六道宗紀六壽隆四年十月己卯，「以南府宰相斡特剌兼契丹行宮都部署，以傅導燕國王延禧。」紀年與此抵牾。

〔二〕壽隆五年復爲西北路招討使　「壽隆」二字原闕。按本書卷二六道宗紀六壽隆五年五月戊辰，「以南府宰相斡特剌兼西北路招討使」。又下文「明年，擒磨古斯」爲壽隆六年事。今據補。

〔三〕南院樞密使　此處當有闕文。按本書卷二七天祚皇帝紀一乾統元年六月戊戌，「以南府宰相斡特剌兼南院樞密使」。

〔四〕徙漠北猾水馬羣太保　「猾水」，本書卷四六百官志二、卷一〇一蕭陶蘇斡傳均作「滑水」。

〔五〕楊績　即「楊晳」，本書卷八九另有傳。諸帝紀及志楊晳、楊績二名並見。羅校謂一人兩傳。按大安五年梁穎墓誌見「故守太保中書令楊公晳」，即此人，房山石經大寶積經重熙二十四年題記及康熙東安縣志卷三塚墓、卷七選舉亦作「楊晳」。又陳襄使遼語録作「楊哲」，蓋即「楊晳」之誤。其本名當作「楊晳」。

〔六〕子貴忠　陳襄使遼語録謂宰相楊哲有二子，長規正、次規中。楊哲即此楊績，規中蓋即貴忠。

遼史卷九十八

列傳第二十八

蕭兀納　耶律儼　劉伸　耶律胡呂

蕭兀納，一名撻不也，字特免，六院部人。其先嘗爲西南面拽剌。

兀納魁偉簡重，善騎射。清寧初，兄圖獨以事入見，帝問族人可用者，圖獨以兀納對，補祗候郎君。遷近侍敞史，護衛太保。

大康初，爲北院宣徽使。時乙辛已害太子，因言宋魏國王和魯斡之子淳可爲儲嗣。羣臣莫敢言，唯兀納及夷离畢蕭陶隗諫曰：「舍嫡不立，是以國與人也。」帝猶豫不決。五年，帝出獵，乙辛請留皇孫，帝欲從之。兀納奏曰：「竊聞車駕出遊，將留皇孫，苟保護非人，恐有他變。果留，臣請侍左右。」帝乃悟，命皇孫從行。由此始疑乙辛。

頃之，同知南院樞密使事，出乙辛、淳等。帝嘉其忠，封蘭陵郡王，人謂近於古社稷臣，授殿前都點檢。上謂王師儒、耶律固等曰：「兀納忠純，雖狄仁傑輔唐，屋質立穆宗，無以過也。卿等宜達燕王知之。」自是，令兀納輔導燕王，益見優寵。大安初，詔尚越國公主，兀納固辭。改南院樞密使，奏請掾史宜以歲月遷敍，從之。壽隆元年，拜北府宰相〔二〕。

初，天祚在潛邸，兀納數以直言忤旨。及嗣位，出爲遼興軍節度使，守太傅。以佛殿小底王華誣兀納借内府犀角，詔鞫之。兀納奏曰：「臣在先朝，詔許日取帑錢十萬爲私費，臣未嘗妄取一錢，肯借犀角乎！」天祚愈怒，奪太傅官，降寧邊州刺史，尋改臨海軍節度使。

兀納上書曰：「自蕭海里亡入女直，彼有輕朝廷心，宜益兵以備不虞。」不報。天慶元年，知黄龍府事，改東北路統軍使，復上書曰：「臣治與女直接境，觀其所爲，其志非小。宜先其未發，舉兵圖之。」章數上，皆不聽。及金兵來侵，戰于寧江州，其孫移敵蹇死之，兀納退走入城。留官屬守禦，自以三百騎渡混同江而西，城遂陷。後與蕭敵里拒金兵于長濼〔三〕，以軍敗免官。五年，天祚親征，兀納殿，復敗績。後數日乃與百官入見，授上京留守。六年，耶律章奴叛，來攻京城，兀納發府庫以賚士卒，諭以逆順，完城池，以死拒戰。

章奴無所得而去。以功授副元帥，尋爲契丹都宫使。天祚以兀納先朝重臣，有定策勳，每延問以政，兀納對甚切。上雖優容，終不能用。以疾卒，年七十。

耶律儼，字若思，析津人。本姓李氏。父仲禧，重熙中始仕。清寧初，同知南院宣徽使事。四年，城鴨子、混同二水間，拜北院宣徽使。咸雍初，坐誤奏事，出爲榆州刺史。俄詔復舊職，遷漢人行宫都部署。六年，賜國姓〔三〕。封韓國公，改南院樞密使。時樞臣乙辛等誣陷皇太子，詔仲禧偕乙辛鞫之，蔓引無辜，未嘗雪正。乙辛薦仲禧可任，拜廣德軍節度使，復爲南院樞密使。卒，謚欽惠。

儼儀觀秀整，好學，有詩名，登咸雍進士第。守著作佐郎，補中書省令史，以勤敏稱。大康初，歷都部署判官、將作少監。後兩府奏事，論羣臣優劣，唯稱儼才俊。改少府少監，知大理正，賜紫。六年，遷大理少卿，奏讞詳平。明年，陞大理卿。丁父憂，奪服，同僉部署司事。

大安初，爲景州刺史。繩胥徒，禁豪猾，撫老恤貧，未數月，善政流播，郡人刻石頌德。二年，改御史中丞，詔案上京滯獄，多所平反。同知宣徽院事，提點大理寺。六年冬，改山西路都轉運使。刮剔垢弊，奏定課額，益州縣俸給，事皆施行。壽隆初，授樞密直學士〔四〕。以母憂去官，尋召復舊職。宋攻夏，李乾順遣使求和解，帝命儼如宋平之，拜參知政事。六年，駕幸鴛鴦濼，召至內殿，訪以政事。

帝晚年倦勤，用人不能自擇，令各擲骰子，以采勝者官之。儼嘗得勝采，上曰：「上相之徵也！」遷知樞密院事，賜經邦佐運功臣，封越國公。修皇朝實録七十卷。

帝大漸，儼與北院樞密使阿思同受顧命。乾統三年，徙封秦國。六年，封漆水郡王。天慶中，以疾，命乘小車入朝。疾甚，遣太醫視之。薨，贈尚父，謚曰忠懿。

儼素廉潔，一芥不取於人。經籍一覽成誦。又善伺人主意，妻邢氏有美色，嘗出入禁中，儼教之曰：「慎勿失上意！」由是權寵益固。三子：處貞，太常少卿；處廉，同知中京留守事；處能，少府少監。

劉伸〔五〕，字濟時，宛平人。少穎悟，長以辭翰聞。重熙五年，登進士第，歷彰武軍節度使掌書記、大理正。因奏獄，上適與近臣語，不顧，仲進曰：「臣聞自古帝王必重民命，願陛下省臣之奏。」上大驚異，擢樞密都承旨，權中京副留守。

詔徙富民以實春、泰二州，仲以爲不可，奏罷之。遷大理少卿，人以不冤。陞大理卿，改西京副留守。以父憂，終制，爲三司副使，加諫議大夫，提點大理寺。以仲明法而恕，案冤獄全活者衆，徙南京副留守。俄改崇義軍節度使，政務簡靜，民用不擾，致烏鵲同巢之異，優詔褒之。改户部使，歲入羡餘錢三十萬緡，拜南院樞密副使。

道宗嘗謂大臣曰：「今之忠直，耶律玦、劉伸而已！」宰相楊績賀其得人，拜參知政事。上諭之曰：「卿勿憚宰相！」時北院樞密使乙辛勢焰方熾，仲奏曰：「臣於乙辛尚不畏，何宰相之畏！」乙辛銜之，相與排詆，出爲保靜軍節度使。上終欲大用，加守太子太保，遷上京留守。乙辛以事徙鎮雄武，復以崇義軍節度使致仕。

適燕、薊民飢，仲與致政趙徽、韓造日濟以糜粥，所活不勝算。大安二年卒，上震悼，賻贈加等。

耶律胡呂，字蘇撒，弘義宫分人。其先欲穩，佐太祖有功，爲迭烈部夷离菫〔六〕。父楊五，左監門衛大將軍。

胡呂性謙謹，於人無適莫。重熙末，補寢殿小底。以善職，屢更華要，遷千牛衛大將軍。大安中，北阻卜酋磨魯斯叛〔七〕，爲招討都監，與耶律那也率精騎二千討平之，以功爲漢人行宮副部署，兼知太和宫事。致仕，加同中書門下平章事，卒。

論曰：兀納當道宗昏惑之會，擁佑皇孫，使乙辛姦計不獲復逞，而遼祚以續。比之屋質立穆宗，非溢美也。儼以俊才莅政，所至有能譽；纂述遼史，具一代治亂，亦云勤矣。但其固寵，不能以禮正家，惜哉。劉伸三爲大理，民無寃抑；一登户部，上下兼裕，至與耶律玦並稱忠直，不亦宜乎。

校勘記

〔一〕壽隆元年拜北府宰相　按本書卷二六道宗紀六，蕭兀納拜北府宰相在壽隆二年十二月癸亥。

〔二〕後與蕭敵里拒金兵于長濼　「長濼」，本書卷二七天祚皇帝紀一天慶四年十一月作「斡鄰濼」，金史卷二太祖紀太祖二年（遼天慶四年）十一月作「斡論濼」。

〔三〕六年賜國姓　按本書卷二二道宗紀二，李仲禧賜國姓在咸雍七年十二月。

〔四〕壽隆初授樞密直學士　按本書卷二五道宗紀五大安四年四月已見「樞密直學士耶律儼」，與此不合。

〔五〕劉伸　本書紀、志、傳屢見其名，長編卷一八七仁宗嘉祐三年（遼清寧四年）五月甲午條亦同。然道宗紀多作「劉詵」，高麗圓宗文類卷一諸宗止觀引文題名同。二名未知孰是。

〔六〕爲迭烈部夷离堇　「迭烈部」上蓋闕「奚」字。按本書卷七三耶律欲穩傳、耶律曷魯傳及卷一太祖紀上太祖八年正月甲辰，剌葛之亂平，欲穩以功遷奚迭剌部夷离堇，曷魯遷迭剌部夷离堇。

〔七〕北阻卜酋磨魯斯叛　「磨魯斯」，本書屢見，均作「磨古斯」。

遼史卷九十九

列傳第二十九

蕭巖壽　耶律撒剌　蕭速撒　耶律撻不也　蕭撻不也

蕭忽古　耶律石柳

蕭巖壽，乙室部人。性剛直，尚氣。仕重熙末。道宗即位，皇太后屢稱其賢，由是進用。

上出獵較，巖壽典其事，未嘗高下于心，帝益重之。歷文班太保、同知樞密院事。咸雍四年，從耶律仁先伐阻卜〔一〕，破之，有詔留屯，亡歸者衆，由是鐫兩官。十年，討敵烈部有功，爲其部節度使。

大康元年，同知南院宣徽使事，遷北面林牙。密奏乙辛以皇太子知國政，心不自安，與張孝傑數相過從，恐有陰謀，動摇太子。上悟，出乙辛爲中京留守〔二〕。會乙辛生日，上遣近臣耶律白斯本賜物爲壽，乙辛因私屬白上：「臣見姦人在朝，陛下孤危。身雖在外，竊用寒心。」白斯本還，以聞。上遣人賜乙辛車，諭曰：「無慮弗用，行將召矣。」由是反疑巖壽，出爲順義軍節度使。

乙辛復入爲樞密使，流巖壽於烏隗路〔三〕，終身拘作。巖壽雖竄逐，恒以社稷爲憂，時人爲之語曰：「以狼牧羊，何能久長！」三年，乙辛誣巖壽與謀廢立事，執還殺之，年四十九。乾統間，贈同中書門下平章事，繪像宜福殿。巖壽廉直，面折廷諍，多與乙辛忤，故及於難。

耶律撒剌，字董隱，南院大王磨魯古之孫〔四〕。性忠直沉厚。清寧初，累遷西南面招討使，以治稱。咸雍九年，改北院大王〔五〕。未幾，爲契丹行宫都部署。

大康二年，耶律乙辛爲中京留守，詔百官廷議，欲復召之，羣臣無敢正言。撒剌獨奏曰：「蕭巖壽言乙辛有罪，不可爲樞臣，故陛下出之；今復召，恐天下生疑。」進諫者三，不納，左右爲之震悚。乙辛復爲樞密使，見撒剌讓曰：「與君無憾，何獨異議？」撒剌曰：

「此社稷計，何憾之有！」乙辛誣撒剌與速撒同謀廢立，詔按無迹，出爲始平軍節度使。及蕭訛都斡誣首，竟遣使殺之。

乾統間，追封漆水郡王，繪像宜福殿，仍追贈三子官爵。

蕭速撒，字禿魯堇，突呂不部人。性沉毅。重熙間，累遷右護衞太保。蒲奴里叛，從耶律義先往討，執首亂陶得里以歸。清寧中，歷北面林牙、彰國軍節度使，入爲北院樞密副使。咸雍十年，經略西南邊，撤宋堡障，戍以皮室軍，上嘉之。

大康二年，知北院樞密使。耶律乙辛權寵方盛，附麗者多至通顯，速撒未嘗造門。乙辛銜之，誣構速撒首謀廢立，按之無驗，出爲上京留守。乙辛復令蕭訛都斡以前事誣告，上怒，不復加訊，遣使殺之。時方盛暑，尸諸原野，容色不變，烏鵲不敢近。

乾統間，追封蘭陵郡王，繪像宜福殿。

耶律撻不也，字撒班，系出季父房。父高家〔六〕，仕至林牙，重熙間破夏人于金肅軍有功，優加賞賚。

撻不也，清寧中補牌印郎君，累遷永興宫使。九年，平重元之亂，以功知點檢司事，賜平亂功臣〔七〕，爲懷德軍節度使。咸雍五年，遷遥輦剋。大康三年，授北院宣徽使。耶律乙辛謀害太子，撻不也知其姦，欲殺乙辛及蕭特里得、蕭十三等。乙辛知之，令其黨誣構撻不也與廢立事，殺之。乾統間，追封漆水郡王，繪像宜福殿。

蕭撻不也，字斡里端，國舅郡王高九之孫。性剛直。咸雍中，補祗候郎君。大康元年，爲彰愍宫使，尚趙國公主，拜駙馬都尉。三年，改同知漢人行宫都部署。與北院宣徽使耶律撻不也善，乙辛嫉之，令人誣告謀廢立事。不勝搒掠，誣伏。上引問，昏瞶不能自陳，遂見殺。乾統間，追封蘭陵郡王，繪像宜福殿。

蕭忽古，字阿斯憐。性忠直，趫捷有力。甫冠，補禁軍。咸雍初，從招討使耶律趙三討番部之違命者。及請降，來介有能躍駝峰而上者，以儇捷相詫。趙三問左右誰能此，忽古被重鎧而出，手不及峰，一躍而上，使者大駭。趙三以女妻之。帝聞，召爲護衛。

時北院樞密使耶律乙辛以狡佞得幸，肆行兇暴。忽古伏于橋下，伺其過，欲殺之。俄以暴雨壞橋，不果。後又欲殺于獵所，爲親友所沮。大康三年，復欲殺乙辛及蕭得里特等，乙辛知而械繫之，考劾不服，流于邊。及太子廢徙于上京，召忽古至，殺之。乾統初，追贈龍虎衛上將軍。

耶律石柳，字酬宛，六院部人。祖獨攧，南院大王。父安十，統軍副使。石柳性剛直，有經世志。始爲牌印郎君，大康初，爲夷离畢郎君。時樞密使耶律乙辛誣殺皇后，謀廢太子，斥忠賢，進姦黨，石柳惡其所爲，乙辛覺之。太子既廢，以石柳附太子，流鎮州。

天祚即位，召爲御史中丞。時方治乙辛黨，有司不以爲意。石柳上書曰：

臣前爲姦臣所陷，斥竄邊郡。幸蒙召用，不敢隱默。

恩賞明則賢者勸，刑罰當則姦人消。二者既舉，天下不勞而治。臣見耶律乙辛身出寒微，位居樞要，竊權肆惡，不勝名狀。蔽先帝之明，誣陷順聖，構害忠讜，敗國罔上，自古所無。賴廟社之休，陛下獲纂成業，積年之冤，一旦洗雪。政陛下英斷，克成孝道之秋。如蕭得裏特實乙辛之黨，耶律合魯亦不爲早辨，賴陛下之明，遂正其事。

臣見陛下多疑，故有司顧望，不切推問。乙辛在先帝朝，權寵無比。先帝若以順考爲實，則乙辛爲功臣，陛下豈得立耶？先帝黜逐孽后，詔陛下在左右，是亦悔前非也。陛下詎可忘父讎不報，寬逆黨不誅。今靈骨未獲，而求之不切。傳曰，聖人之德，無加于孝。昔唐德宗因亂失母，思慕悲傷，孝道益著。周公誅飛廉、惡來，天下大悦。今逆黨未除，大冤不報，上無以慰順考之靈，下無以釋天下之憤。怨氣上結，水旱爲沴。

臣願陛下下明詔，求順考之瘞所，盡收逆黨以正邦憲，快四方忠義之心，昭國家賞罰之用，然後致治之道可得而舉矣。謹別録順聖升遐及乙辛等事，昧死以聞。

書奏不報，聞者莫不歎惋。

乾統中，遥授静江軍節度使，卒。子馬哥，同中書門下平章事。

論曰：易言「履霜，堅冰至」，謹始也。使道宗能從巖壽、撒剌之諫，后何得而誣，太子何得而廢哉？速撒、撻不也以忠言見殺，國欲無亂，得乎？石柳之書，亦幸出於乙辛既敗之後，獲行其說。有國家者，可不知人哉！

校勘記

〔一〕咸雍四年從耶律仁先伐阻卜　按本書卷二二道宗紀二及卷七〇屬國表，耶律仁先伐阻卜在咸雍五年三月。

〔二〕出乙辛爲中京留守　「中京」，原作「上京」，據下文耶律撒剌傳及本書卷二三道宗紀三大康二年六月、卷九七孩里傳、卷一一〇耶律乙辛傳改。

〔三〕流巖壽於烏隗路　「烏隗路」，本書僅此一見，卷二三道宗紀三大康二年十一月作「烏隗部」，是。

〔四〕南院大王磨魯古之孫　「南院大王」，本書卷八二磨魯古傳作「北院大王」，卷一三聖宗紀四統和八年六月、卷一四統和二十二年九月亦作北院大王磨魯古。

〔五〕咸雍九年改北院大王　按本書卷二三道宗紀三咸雍九年十二月謂「南院宣徽使耶律撒剌爲

南院大王」，與此異。

〔六〕父高家　「高家」，本書興宗紀重熙十二年十月壬子、十九年二月丁亥及卷一一五西夏外記皆作「高家奴」。

〔七〕累遷永興宫使九年平重元之亂以功知點檢司事賜平亂功臣　按卷九六耶律撻不也傳云：「累遷永興宫使。以平重元之亂，遥授忠正軍節度使，賜定亂功臣，同知殿前點檢司事。」此耶律撻不也即耶律仁先子，漢名慶嗣，耶律慶嗣墓誌所記與卷九六本傳略同。本卷耶律撻不也傳平重元之亂諸事，恐係因二人同名而攙入。

遼史卷一百

列傳第三十

耶律棠古　蕭得里底　蕭酬斡　耶律章奴　耶律朮者

耶律棠古，字蒲速宛，六院郎君葛剌之後。

大康中，補本班郎君，累遷至大將軍。性坦率，好別白黑，人有不善，必盡言無隱，時號「强棠古」。在朝數論宰相得失，由是久不得調，後出爲西北戍長。

乾統三年，蕭得里底爲西北路招討使，以后族慢侮僚吏。棠古不屈，乃罷之。棠古訟之朝，不省。天慶初，烏古敵烈叛，召拜烏古部節度使。至部，諭降之。遂出私財及發富民積，以振其困乏，部民大悅，加鎮國上將軍。會蕭得里底以都統率兵與金人戰敗績，棠古請以軍法論。且曰：「臣雖老，願爲國破敵。」不納。

保大元年，乞致仕。明年，天祚出奔，棠古謁於倒塌嶺，爲上流涕，上慰止之，復拜烏古部節度使。及至部，敵烈以五千人來攻，棠古率家奴擊破之，加太子太傅〔三二〕。年七十二卒。

蕭得里底〔三三〕，字紏鄰，晉王孝先之孫。父撒鉢，歷官使相。

得里底短而僂，外謹內倨。大康中，補祗候郎君，稍遷興聖宮副使，兼同知中丞司事。大安中，燕王妃生子，得里底以妃叔故，歷寧遠軍節度使、長寧宮使。壽隆二年，監討達里得、拔思母二部，多俘而還，改同知南京留守事。

乾統元年，爲北面林牙、同知北院樞密事，受詔與北院樞密使耶律阿思治乙辛餘黨。阿思納賄，多出其罪，得里底不能制，亦附會之。四年，知北院樞密事。夏王李乾順爲宋所攻，遣使請和解，詔得里底與南院樞密使牛溫舒使宋平之〔三四〕。宋既許，得里底受書之日，乃曰：「始奉命取要約歸，不見書辭，豈敢徒還。」遂對宋主發函而讀。既還，朝議爲是。

天慶三年，加守司徒，封蘭陵郡王。女直初起，廷臣多欲乘其未備，舉兵往討，得里底獨沮之，以至敗衄。天祚以得里底不合人望，出爲西南面招討使。八年，召爲北院樞密使，寵任彌篤。是時，諸路大亂，飛章告急者絡繹而至，得里底不即上聞，有功者亦無甄別。由是將校怨怒，人無鬬志。

保大二年，金兵至嶺東。會耶律撒八、習騎撒跋等謀立晉王敖盧斡事泄〔四〕，上召得里底議曰：「反者必以此兒爲名，若不除去，何以獲安。」得里底唯唯，竟無一言申理。王既死，人心益離。金兵踰嶺，天祚率衛兵西遁。元妃蕭氏，得里底之姪，謂得里底曰：「爾任國政，致君至此，何以生爲！」得里底但謝罪，不能對。明日，天祚怒，逐得里底與其子麽撒〔五〕。

得里底既去，爲耶律高山奴執送金兵。得里底伺守者怠，脱身亡歸，復爲耶律九斤所得，送之耶律淳。時淳已僭號，得里底自知不免，詭曰：「吾不能事僭竊之君！」不食數日，卒。子麽撒，爲金兵所殺。

蕭酬斡，字訛里本，國舅少父房之後。祖阿剌，終採訪使。父別里剌，以后父封趙王。

酬斡貌雄偉，性和易。年十四，尚越國公主，拜駙馬都尉，爲祗候郎君班詳穩。年十八，封蘭陵郡王。時帝欲立皇孫爲嗣，恐無以解天下疑，出酬斡爲國舅詳穩，降皇后爲惠妃，遷于乾州。初，酬斡母入朝，擅取驛馬，至是覺，奪其封號；復與妹魯姐爲巫蠱，伏誅。詔酬斡與公主離婚，籍興聖宮，流烏古敵烈部。

天慶中，以妹復尊爲太皇太妃，召酬斡爲南女直詳穩，遷征東副統軍。時廣州渤海作亂，乃與駙馬都尉蕭韓家奴襲其不備，平之，復敗敵將侯槩于川州。是歲，東京叛，遇敵來擊，師潰；獨酬斡率麾下數人力戰，歿于陣，追贈龍虎衛上將軍。

耶律章奴〔六〕，字特末衍，季父房之後。父查剌，養高不仕。章奴明敏善談論。大安中，補牌印郎君。乾統元年，累遷右中丞，兼領牌印宿直事。六年，以直宿不謹，降知內客省事。天慶四年，授東北路統軍副使。五年，改同知咸州路兵馬事。

及天祚親征女直，蕭胡篤爲先鋒都統，章奴爲都監。大軍渡鴨子河，章奴與魏國王淳妻兄蕭敵里及其甥蕭延留等謀立淳〔七〕，誘將卒三百餘人亡歸。既而天祚爲女直所敗，章奴乃遣敵里、延留以廢立事馳報淳。淳猶豫未決。會行宮使者乙信持天祚御札至，備言章奴叛命，淳對使者號哭，即斬敵里、延留首以獻天祚。

章奴見淳不從，誘草寇數百攻掠上京，取府庫財物。至祖州，率僚屬告太祖廟云：「我大遼基業，由太祖百戰而成。今天下土崩，竊見興宗皇帝孫魏國王淳道德隆厚，能理世安民，臣等欲立以主社稷。會淳適好草甸，大事未遂。邇來天祚惟耽樂是從，不恤萬機；强敵肆侮，師徒敗績；加以盜賊蜂起，邦國危于累卵。臣等忝預族屬，世蒙恩渥，上欲安九廟之靈，下欲救萬民之命，乃有此舉。實出至誠，冀累聖垂祐。」西至慶州，復祀諸廟，仍述所以舉兵之意，移檄州縣、諸陵官僚，士卒稍稍屬心。

時饒州渤海及侯槩等相繼來應，衆至數萬，趨廣平淀。其黨耶律女古等暴橫不法，劫掠婦女財畜，章奴度不能制，内懷悔恨。又攻上京不克，北走降虜上〔八〕。順國女直阿鶻産率兵追敗之，殺其將耶律彌里直，擒貴族二百餘人，其妻子配役繡院，或散諸近侍爲婢，餘得脱者皆遁去。章奴詐爲使者，欲奔女直，爲邏者所獲，縛送行在，伏誅。

耶律朮者，字能典，于越蒲古只之後，魁偉雄辨。乾統初，補祇候郎君。六年，因柴册，加觀察使。天慶五年，受詔監都統耶律斡里朵戰。及敗，左遷銀州刺史，徙咸州糺將。

嘗與耶律章奴謀立魏國王淳。及聞章奴自鴨子河亡去，即引麾下數人往會之。道爲游兵所執，送行在所。上問曰：「予何負卿而反？」朮者對曰：「臣誠無憾。但以天下大亂，已非遼有，小人滿朝，賢臣竄斥，誠不忍見天皇帝艱難之業一旦土崩。臣所以痛入骨髓而有此舉，非爲身計。」後數日，復問，朮者厲聲數上過惡，陳社稷危亡之本，遂殺之。

論曰：遼末同事之臣，其善惡何相遠也！棠古骨鯁不屈權要，兩鎮烏古，恩威並著。酬斡平亂渤海，又以討叛力戰而死，忠可尚矣。得里底縱女直而不討，寢變告而不聞。其蔽主聰明，爲國階亂，莫斯之甚也。章奴、朮者乘時多艱，潛謀廢立，將求寵幸，以犯大逆，其得免於天下之戮哉！

校勘記

〔一〕加太子太傅　本書卷六六皇族表同。然卷二九天祚皇帝紀三保大二年七月丁巳、卷六九部族表均作「加太子太保」，與此異。

〔二〕蕭得里底　按本傳與本書卷一〇二蕭奉先傳事迹多有重複，疑爲一人兩傳。參見唐長孺遼史天祚紀證釋、傅樂焕遼史複文舉例。

〔三〕詔得里底與南院樞密使牛温舒使宋平之　本書卷二七天祚皇帝紀一乾統六年正月辛丑、卷八六牛温舒傳所記略同。按得里底疑即蕭奉先，然王安中初寮集卷八故贈昭化軍節度使楊應詢神道碑、皇朝編年綱目備要卷二七崇寧五年三月均記使宋者爲蕭保先、牛温舒。

〔四〕會耶律撒八習騎撒跋等謀立晉王敖盧斡事泄　本書卷二九天祚皇帝紀三保大二年正月乙亥、卷六二刑法志下、卷七二晉王敖盧斡傳均稱耶律撒八等謀立晉王，此處「撒跋」或係史源不同而致重出。

〔五〕逐得里底與其子麽撒　「麽撒」，本書卷六七外戚表作「磨撒」。金史卷七七撻懶傳稱「獲遼樞密使得里底及其子磨哥、那野以還」。又蕭公妻耶律氏墓誌稱其有子「麽撒里、郍野里」。「麽撒」、「麽撒里」、「磨哥」蓋即一人。

〔六〕耶律章奴　本書卷六六皇族表及金史卷二太祖紀作「張奴」；卷二八天祚皇帝紀二、卷七〇屬國表又有「張家奴」。疑皆一人。參見卷二八天祚皇帝紀二校勘記〔二〕。

〔七〕章奴與魏國王淳妻兄蕭敵里及其甥蕭延留等謀立淳　本書卷二八天祚皇帝紀二天慶五年九月云：「時章奴先遣王妃親弟蕭諦里以所謀説魏國王。」按「蕭敵里」即「蕭諦里」，然一稱妻兄，一作妻弟。

〔八〕北走降虜上　此處恐有訛誤。陳桱通鑑續編卷一二政和五年九月、薛應旂宋元通鑑卷五三政和五年九月作「北趨降虜山」，疑是。

遼史卷一百一

列傳第三十一

蕭陶蘇斡　耶律阿息保　蕭乙薛　蕭胡篤

蕭陶蘇斡，字乙辛隱，突呂不部人。四世祖因吉，髮長五尺，時呼爲「長髮因吉」。祖里拔，奥隗部節度使。

陶蘇斡謹愿，不妄交。伯父留哥坐事免官，聞重元亂，挈家赴行在。時陶蘇斡雖幼，已如成人，補筆硯小底。累遷祗候郎君，轉樞密院侍御。咸雍五年，遷崇德宫使。會有訴北南院聽訟不直者，事下，陶蘇斡悉改正之，爲耶律阿思所忌。帝欲召用，輒爲所沮。八年，歷漠北滑水馬羣太保，數年不調，嘗曰：「用才未盡，不若閑。」乾統中，遷漠南馬羣太保，以大風傷草，馬多死，鞭之三百，免官。九年，徙天齊殿宿衞。明年，轂價翔踊，宿衞士多不給，陶蘇斡出私廩賙之，召同知南院樞密使事。

天慶四年，爲漢人行宮副部署。時金兵初起，攻陷寧江州。天祚召羣臣議，陶蘇斡曰：「女直國雖小，其人勇而善射。自執我叛人蕭海里，勢益張。我兵久不練，若遇强敵，稍有不利，諸部離心，不可制矣。爲今之計，莫若大發諸道兵，以威壓之，庶可服也。」北院樞密使蕭得里底曰：「如陶蘇斡之謀，徒示弱耳。但發滑水以北兵〔一〕，足以拒之。」遂不用其計。

數月間，邊兵屢北，人益不安。饒州渤海結構頭下城以叛，有步騎三萬餘，招之不下。陶蘇斡帥兵往討，擒其渠魁，斬首數千級，得所掠物，悉還其主。及耶律章奴叛，陶蘇斡與留守耶律大悲奴爲守禦。章奴既平，陶蘇斡請曰：「今邊兵懈弛，若清暑嶺西，則漢人嘯聚，民心益搖。臣愚以爲宜罷此行。」不納。乃命陶蘇斡控扼東路，招集散卒。

後以太子太傅致仕，卒。

耶律阿息保，字特里典，五院部人。祖胡劣，太祖時徙居西北部〔二〕，世爲招討司吏。阿息保慷慨有大志，年十六，以才幹補內史。天慶初，轉樞密院侍御。金人起兵城境上，遣阿息保問之，金人曰：「若歸阿疎，敢不聽命。」阿息保具以聞。金兵陷寧江州，邊兵屢敗，遣阿息保與耶律章奴等齎書而東，冀以脅降。阿息保曰：「臣前使，依詔開諭，略無所屈。將還，謂臣曰：『若所請不遂，無相見。』今臣請獨往。」不聽。將行，別蕭得里底曰：「不肖適異國，必無生還，願公善輔國家。」既至，阿息保見執。久乃遁歸。

及天祚敗績，遷都巡捕使。六年，從阿疎討耶律章奴，加領軍衞大將軍。阿疎將兵而東，阿息保送至軍，乃還。天祚怒其專，鞭之三百。尋爲奚六部禿里太尉。後阿疎反，阿息保以偏師進擊，臨陣墜馬，被擒。因阿疎有舊得免。時阿疎頗好殺，阿息保謂曰：「欲舉大事，何以殺爲！」由是全活者衆。會阿疎敗，乃還。以戰失利，囚中京數歲。

保大二年，金兵至中京，始出獄。尋爲敵烈皮室詳穩。是時，魏王淳僭號，屢遣人以書來招。阿息保封書以獻，因諫曰：「東兵甚鋭，未可輕敵。」及石輦鐸之敗，天祚奔竄，召阿息保，不時至，疑有貳心，并怒爲淳所招，殺之。

初，阿息保知國將亡，前後諫甚切。及死以非罪，人尤惜之。

蕭乙薛，字特免，國舅少父房之後。性謹愿。壽隆間，累任劇官。

天慶初，知國舅詳穩事，遷殿前副點檢。金兵起，爲行軍副都統。以戰失利，罷職。六年，出爲武定軍節度使，遷西京留守。明年，討劇賊董厖兒，戰易水西，大破之。以功爲北府宰相，加左僕射，兼東北路都統。十年，金兵陷上京，詔兼上京留守、東北路統軍使。爲政寬猛得宜，民之窮困者，輒加振恤，衆咸愛之。

保大二年，金兵大至，乙薛軍潰，左遷西南面招討使。以部民流散，不赴。及天祚播遷，給侍從不闕，拜殿前都點檢。凡金兵所過，諸營敗卒復聚上京，遣乙薛爲上京留守以安撫之。

明年，盧彥倫以城叛，乙薛被執數月，以居官無過，得釋。後爲耶律大石所殺。

蕭胡篤，字合朮隱。其先撒葛只，太祖時願隸宮分，遂爲太和宮分人。

曾祖敵魯，明醫。人有疾，觀其形色即知病所在。統和中，宰相韓德讓貴寵，敵魯希旨，言德讓宜賜國姓，籍横帳，由是世預太醫選。子孫因之入官者衆。

胡篤爲人便佞，與物無忤。清寧初，補近侍。大安元年，爲彰愍宮太師。壽隆二年，轉永興宮太師。天慶初，累遷至殿前副點檢。五年，從天祚東征，爲先鋒都統，臨事猶豫，凡隊伍皆以圍場名號之。進至剌离水，與金兵戰，敗，大軍亦却。及討耶律章奴，以籍私奴爲軍，遷知北院樞密使事，卒。

胡篤長于騎射，見天祚好游畋，每言從禽之樂，以逢其意。天祚悦而從之。國政隳廢，自此始云。

論曰：甚矣，承平日久，上下狃於故常之可畏也！天慶之間，女直方熾，惟陶蘇斡明於料敵，善於忠諫，惜乎天祚痼蔽，不見信用。阿息保不死阿疎之難，乙薛甘忍盧彦倫之執，大節已失矣，他有所長，亦奚足取。胡篤以游畋逢迎天祚而隳國政，可勝罪哉！

校勘記

〔一〕發滑水以北兵　本書卷二七天祚皇帝紀一天慶四年七月作「發渾河北諸軍」。

〔三〕太祖時徙居西北部　「太祖」，原作「太子」，據道光殿本考證引大典改。

遼史卷一百二

列傳第三十二

蕭奉先　李處温　張琳　耶律余覩

蕭奉先〔一〕，天祚元妃之兄也。外寬内忌。因元妃爲上眷倚，累官樞密使，封蘭陵郡王。

天慶二年，上幸混同江鉤魚。故事，生女直酋長在千里内者皆朝行在。適頭魚宴，上使諸酋次第歌舞爲樂，至阿骨打，但端立直視，辭以不能。再三旨諭，不從。上密謂奉先曰：「阿骨打跋扈若此！可託以邊事誅之。」奉先曰：「彼麤人，不知禮義，且無大過，殺之傷向化心。設有異志，蕞爾小國，亦何能爲！」上乃止。

四年，阿骨打起兵犯寧江州，東北路統軍使蕭撻不也戰失利。上命奉先弟嗣先爲都統〔三〕，將番、漢兵往討，屯出河店。女直乃潛渡混同江，乘我師未備擊之。嗣先敗績，軍將往往遁去。奉先懼弟被誅，乃奏「東征潰軍逃罪，所至劫掠，若不肆赦，將嘯聚爲患」，從之。嗣先詣闕待罪，止免官而已。由是士無鬭志，遇敵輒潰，郡縣所失日多。

初，奉先誣耶律余覩結駙馬蕭昱謀立其甥晉王〔三〕，事覺，殺昱。余覩在軍中聞之懼，奔女直。保大二年，余覩爲女直監軍，引兵奄至，上憂甚。奉先曰：「余覩乃王子班之苗裔，此來實無亡遼心，欲立晉王耳。若以社稷計，不惜一子，誅之，可不戰而退。」遂賜晉王死。中外莫不流涕，人心益解體。

當女直之兵未至也，奉先逢迎天祚，言：「女直雖能攻我上京，終不能遠離巢穴。」而一旦越三千里直擣雲中，計無所出，惟請播遷夾山。天祚方悟，顧謂奉先曰：「汝父子誤我至此，殺之何益！汝去，毋從我行。恐軍心忿怒，禍必及我。」奉先父子慟哭而去，爲左右執送女直兵。女直兵斬其長子昂，送奉先及次子昱於其國主。道遇我兵，奪歸，天祚並賜死。

李處溫，析津人。伯父儼，大康初爲將作少監，累官參知政事，封漆水郡王，雅與北樞密使蕭奉先友舊。執政十餘年，善逢迎取媚，天祚又寵任之。儼卒，奉先薦處温爲相，處温因奉先有援己力，傾心阿附，以固權位，而貪污尤甚，凡所接引，類多小人。

保大初，金人陷中京，諸將莫能支。天祚懼，奔夾山，兵勢日迫。處温與族弟處能〔四〕、子奭，外假怨軍聲援，結都統蕭幹謀立魏國王淳，召番、漢官屬詣魏王府勸進。魏國王將出，奭乃持赭袍衣之，令百官拜舞稱賀。魏王固辭不得，遂稱天錫皇帝。以處温守太尉，處能直樞密院，奭爲少府少監，左企弓以下及親舊與其事者，賜官有差。

會魏國王病，自知不起，密授處温番漢馬步軍都元帥，意將屬以後事。及病亟，蕭幹等矯詔南面宰執入議，獨處温稱疾不至，陰聚勇士爲備，紿云奉密旨防他變。魏國王卒，蕭幹擁契丹兵，宣言當立王妃蕭氏爲太后，權主軍國事，衆無敢異者。幹以后命，召處温至，時方多難，未欲即誅，但追毁元帥劄子。處能懼及禍，落髮爲僧。

尋有永清人傅遵説隨郭藥師入燕，被擒，具言處温嘗遺易州富民趙履仁書達宋將童貫，欲挾蕭后納土歸宋。后執處温問之，處温曰：「臣父子於宣宗有定策功，宜世蒙宥容，可使因讒獲罪？」后曰：「向使魏國王如周公，則終享親賢之名於後世。誤王者皆汝父子，何功之有！」并數其前罪惡。處温無以對，乃賜死，奭亦伏誅。

張琳，瀋州人。幼有大志。壽隆末，爲秘書中允。天祚即位，累遷户部使。頃之，擢南府宰相。

初，天祚之敗於女直也，意謂蕭奉先不知兵，乃召琳付以東征事。琳以舊制，凡軍國大計，漢人不與，辭之。上不允，琳奏曰：「前日之敗，失於輕舉。若用漢兵二十萬分道進討，無不克者。」上許其半，仍詔中京、上京、長春、遼西四路計户産出軍。時有起至二百軍者，生業蕩散，民甚苦之。四路軍甫集，尋復遁去。

及中京陷，天祚幸雲中，留琳與李處温佐魏國王淳守南京。處温父子召琳，欲立淳爲帝，琳曰：「王雖帝胄，初無上命，攝政則可，即真則不可。」處温曰：「今日之事，天人所與，豈可易也！」琳雖有難色，亦勉從之。

淳既稱帝，諸將咸居權要，琳獨守太師，十日一朝，平章軍國大事。陽以元老尊之，實則不使與政。琳由是鬱悒而卒。

耶律余覩，一名余都姑，國族之近者也。慷慨尚氣義。保大初，歷官副都統。

其妻天祚文妃之妹。文妃生晉王，最賢，國人皆屬望。時蕭奉先之妹亦爲天祚元妃，生秦王。奉先恐秦王不得立，深忌余覩，將潛圖之。適耶律撻葛里之妻會余覩之妻於軍中〔五〕，奉先諷人誣余覩結駙馬蕭昱、撻葛里，謀立晉王，尊天祚爲太上皇。事覺，殺昱及撻葛里妻，賜文妃死。余覩在軍中聞之，懼不能自明被誅，即引兵千餘并骨肉軍帳叛歸女直〔六〕。

會大霖雨，道途留阻。天祚遣知奚王府蕭遐買、北宰相蕭德恭、大常衮耶律諦里姑、歸州觀察使蕭和尚奴、四軍太師蕭幹追捕甚急。至閭山，及之。諸將議曰：「蕭奉先恃寵，蔑害官兵。余覩乃宗室雄才，素不肯爲其下。若擒之，則他日吾輩皆余覩矣。不如縱之。」還，紿云追襲不及。

余覩既入女直，爲其國前鋒，引婁室孛堇兵攻陷州郡，不測而至。天祚聞之大驚，知不能敵，率衞兵入夾山。

余覩在女直爲監軍，久不調，意不自安，乃假遊獵，遁西夏。夏人問：「汝來有兵幾何？」余覩以二三百對，夏人不納。卒。

論曰：遼之亡也，雖孽降自天，亦柄國之臣有以誤之也。當天慶而後，政歸后族。奉先沮天祚防微之計，陷晉王非罪之誅，夾山之禍已見於此矣。處温逼魏王以僭號，結宋將以賣國，迹其姦佞，如出一軌。嗚呼！天祚之所倚毗者若此，國欲不亡，得乎？張琳婣守位，余覩反覆自困，則又何足議哉！

校勘記

〔一〕蕭奉先　參見本書卷一〇〇校勘記〔二〕。

〔二〕上命奉先弟嗣先爲都統　「嗣先」，本書他處作「蕭敵里」，金史卷二太祖紀太祖二年十一月作「蕭糺里」。

〔三〕奉先誣耶律余覩結駙馬蕭昱謀立其甥晉王　本書卷二九天祚皇帝紀三保大元年正月、卷六二刑法志下、卷七一天祚文妃蕭氏傳及本卷耶律余覩傳所記皆同。然卷六四皇子表、卷七二晉王敖盧斡傳及會編卷五八靖康元年十月引靖康要盟録則言耶律余覩等確曾謀立晉王，非出於蕭奉先之誣。未知孰是。

〔四〕處温與族弟處能　上文稱耶律儼爲處温伯父，又據本書卷九八耶律儼傳，知儼有子處能。則處能當爲處温從弟，此處言「族弟」，恐不確。

〔五〕適耶律撻葛里之妻會余覩之妻於軍中　「撻葛里」，本書卷二九天祚皇帝紀三保大元年正月、卷六二刑法志下及裔夷謀夏録卷一、契丹國志卷一一天祚皇帝中並作「撻曷里」，疑是。

〔六〕即引兵千餘并骨肉軍帳叛歸女直　「軍帳」，裔夷謀夏録卷一、皇宋十朝綱要卷一八宣和三年六月、契丹國志卷一一天祚皇帝中作「車帳」，疑是。

遼史卷一百三

列傳第三十三

文學上

蕭韓家奴　李澣

遼起松漠，太祖以兵經略方內，禮文之事固所未遑。及太宗入汴，取晉圖書、禮器而北，然後制度漸以修舉。至景、聖間，則科目聿興，士有由下僚擢陞侍從，駸駸崇儒之美。但其風氣剛勁，三面鄰敵，歲時以蒐獮爲務，而典章文物視古猶闕。然二百年之業，非數君子爲之綜理，則後世惡所考述哉。作文學傳。

蕭韓家奴，字休堅，涅剌部人，中書令安摶之孫。少好學，弱冠入南山讀書，博覽經史，通遼、漢文字。統和十四年始仕。家有一牛，不任驅策，其奴得善價鬻之。韓家奴曰：「利己誤人，非吾所欲。」乃歸直取牛。二十八年，爲右通進，典南京栗園。重熙初，同知三司使事。四年，遷天成軍節度使，徙彰愍宮使。帝與語，才之，命爲詩友。嘗從容問曰：「卿居外有異聞乎？」韓家奴對曰：「臣惟知炒栗：小者熟，則大者必生；大者熟，則小者必焦。使大小均熟，始爲盡美。不知其他。」蓋嘗掌栗園，故託栗以諷諫。帝大笑。詔作四時逸樂賦，帝稱善。

時詔天下言治道之要，制問：「徭役不加于舊，征伐亦不常有，年穀既登，帑廩既實，而民重困，豈爲吏者慢、爲民者惰歟？今之徭役何者最重？何者尤苦？何所蠲省則爲便益？補役之法何可以復？盜賊之害何可以止？」韓家奴對曰：

臣伏見比年以來，高麗未賓，阻卜猶强，戰守之備，誠不容已。乃者選富民防邊，自備糧糗，道路脩阻，動淹歲月，比至屯所，費已過半，隻牛單轂，鮮有還者。其無丁之家，倍直傭僦，人憚其勞，半途亡竄，故戍卒之食多不能給。求假于人，則十倍其息，至有鬻子割田，不能償者。或逋役不歸，在軍物故，則復補以少壯。其鴨淥江之東，戍役大率如此。況渤海、女直、高麗合從連衡，不時征討。富者從軍，貧者偵候。加之水旱，菽粟不登。民以日困，蓋勢使之然也。

方今最重之役，無過西戍。如無西戍，雖遇凶年，困弊不至於此。若能徙西戍稍近，則往來不勞，民無深患。議者謂徙之非便：一則損威名，二則召侵侮，三則棄耕牧之地。臣謂不然。阻卜諸部，自來有之。曩時北至臚朐河，南至邊境，人多散居，無所統壹，惟往來抄掠。及太祖西征，至於流沙，阻卜望風悉降，西域諸國皆願入貢。因遷種落，內置三部，以益吾國，不營城邑，不置戍兵，阻卜累世不敢爲寇。統和間，皇太妃出師西域，拓土既遠，降附亦衆。自後一部或叛，鄰部討之，使同力相制，正得馭遠人之道。及城可敦，開境數千里，西北之民，徭役日增，生業日殫。警急既不能救，叛服亦復不恒。空有廣地之名，而無得地之實。若貪土不已，漸至虛耗，其患有不勝言者。況邊情不可深信，亦不可頓絶。得不爲益，捨不爲損。國家大敵，惟在南方。今雖連和，難保他日。若南方有變，屯戍遼邈，卒難赴援。我進則敵退，我還則敵來，不可不慮也。方今太平已久，正可恩結諸部，釋罪而歸地，內徙戍兵以增保障，外明約束以正疆界。每部各置酋長，歲修職貢。叛則討之，服則撫之。諸部既安，必不生釁。如是，則臣雖不能保其久而無變，知其必不深入侵掠也。或云，棄地則損威。殊不知殫費竭財，以貪無用之地，使彼小部抗衡大國，萬一有敗，損威豈淺？或又云，沃壤不可遽棄。臣以爲土雖沃，民不能久居，一旦敵來，則不免內徙，豈可指爲吾土而惜之？

夫帑廩雖隨部而有，此特周急部民一偏之惠，不能均濟天下。如欲均濟天下，則當知民困之由，而窒其隙。節盤遊，簡驛傳，薄賦斂，戒奢侈。期以數年，則困者可蘇，貧者可富矣。蓋民者國之本，兵者國之衞。兵不調則曠軍役，調之則損國本。且諸部皆有補役之法。昔補役始行，居者、行者類皆富實，故累世從戍，易爲更代。近歲邊虞數起，民多匱乏，既不任役事，隨補隨缺。苟無上户，則中户當之。曠日彌年，其窮益甚，所以取代爲艱也。非惟補役如此，在邊戍兵亦然。譬如一抔之土，豈能填尋丈之壑！欲爲長久之便，莫若使遠戍疲兵還於故鄉，薄其徭役，使人人給足，則補役之道可以復故也。

臣又聞，自昔有國家者，不能無盜。比年以來，羣黎凋弊，利於剽竊，良民往往化爲凶暴，甚者殺人無忌，至有亡命山澤，基亂首禍。所謂民以困窮，皆爲盜賊者，誠如聖慮。今欲芟夷本根，願陛下輕徭省役，使民務農。衣食既足，安習教化，而重犯法，則民趨禮義，刑罰罕用矣。臣聞唐太宗問羣臣治盜之方，皆曰：「嚴刑峻法。」太宗笑曰：「寇盜所以滋者，由賦斂無度，民不聊生。今朕内省嗜欲，外罷游幸，使海内安靜，則寇盜自止。」由此觀之，寇盜多寡，皆由衣食豐儉，徭役重輕耳。

今宜徙可敦城於近地，與西南副都部署、烏古、敵烈、隗烏古等部聲援相接。罷黑嶺二軍，并開、保州，皆隸東京，益東北戍軍及南京總管兵。增修壁壘，候尉相望，繕完樓櫓，浚治城隍，以爲邊防。此方今之急務也，願陛下裁之。

擢翰林都林牙，兼修國史。仍詔諭之曰：「文章之職，國之光華，非才不用。以卿文學，爲時大儒，是用授卿以翰林之職。朕之起居，悉以實録。」自是日見親信，每入侍，賜坐。遇勝日，帝與飲酒賦詩，以相醻酢，君臣相得無比。韓家奴知無不言，雖諧謔不忘規諷。

十三年春，上疏曰：「臣聞先世遥輦可汗洼之後〔二〕，國祚中絶；自夷离菫雅里立阻午，大位始定。然上世俗朴，未有尊稱。臣以爲三皇禮文未備，正與遥輦氏同。後世之君以禮樂治天下，而崇本追遠之義興焉。近者唐高祖創立先廟，尊四世爲帝。昔我太祖代遥輦即位，乃製文字，修禮法，建天皇帝名號，制宫室以示威服，興利除害，混一海内。厥後累聖相承，自夷离菫湖烈以下，大號未加，天皇帝之考夷离菫的魯猶以名呼。臣以爲宜依唐典，追崇四祖爲皇帝，則陛下弘業有光，墜典復舉矣。」疏奏，帝納之。始行追册玄、德二祖之禮。

韓家奴每見帝獵，未嘗不諫。會有司奏獵秋山，熊虎傷死數十人，韓家奴書于册。帝見，命去之。韓家奴既出，復書。他日，帝見之曰：「史筆當如是。」帝問韓家奴：「我國家創業以來，孰爲賢主？」韓家奴以穆宗對。帝怪之曰：「穆宗嗜酒，喜怒不常，視人猶草芥，卿何謂賢？」韓家奴對曰：「穆宗雖暴虐，省徭輕賦，人樂其生。終穆之世，無罪被戮，未有過今日秋山傷死者。臣故以穆宗爲賢。」帝默然。

詔與耶律庶成録遥輦可汗至重熙以來事迹，集爲二十卷，進之。十五年，復詔曰：「古之治天下者，明禮義，正法度。我朝之興，世有明德，雖中外嚮化，然禮書未作，無以示後世。卿可與庶成酌古準今，制爲禮典。事或有疑，與北、南院同議。」韓家奴既被詔，博考經籍，自天子達于庶人，情文制度可行於世，不繆于古者，譔成三卷，進之。又詔譯諸書，韓家奴欲帝知古今成敗，譯通曆、貞觀政要、五代史。

時帝以其老，不任朝謁，拜歸德軍節度使。以善治聞。帝遣使問勞，韓家奴表謝。召修國史，卒，年七十二。有六義集十二卷行于世。

李澣，初仕晉，爲中書舍人。晉亡歸遼，當太宗崩、世宗立，恟恟不定，澣與高勳等十餘人羈留南京。久之，從歸上京，授翰林學士。

穆宗即位，累遷工部侍郎。時澣兄濤在汴爲翰林學士，密遣人召澣。澣得書，託求醫南京，易服夜出，欲遁歸汴。至涿，爲徼巡者所得，送之南京，下吏。瀚伺獄吏熟寢，以衣帶自經；不死，防之愈嚴。械赴上京，自投潢河中流，爲鐵索牽掣，又不死。及抵上京，帝欲殺之。時高勳已爲樞密使，救止之。屢言於上曰：「瀚本非負恩，以母年八十，急於省覲致罪。且瀚富於文學，方今少有倫比，若留掌詞命，可以增光國體。」帝怒稍解，仍令禁錮于奉國寺，凡六年，艱苦萬狀。

會上欲建太宗功德碑，高勳奏曰：「非李瀚無可秉筆者。」詔從之。文成以進，上悦，釋囚。尋加禮部尚書，宣政殿學士，卒。

論曰：統和、重熙之間，務修文治，而韓家奴對策，落落累數百言，概可施諸行事，亦遼之晁、賈哉。李瀚雖以詞章見稱，而其進退不足論矣。

校勘記

〔一〕臣聞先世遥輦可汗洼之後　「可汗洼」，明鈔本、南監本、北監本、殿本均作「洼可汗」。

遼史卷一百四

列傳第三十四

文學下

王鼎　耶律昭　劉輝　耶律孟簡　耶律谷欲

王鼎，字虛中，涿州人。幼好學，居太寧山數年，博通經史。時馬唐俊有文名燕、薊間〔一〕，適上巳，與同志祓禊水濱，酌酒賦詩。鼎偶造席，唐俊見鼎樸野，置下坐。欲以詩困之，先出所作索賦，鼎援筆立成。唐俊驚其敏妙，因與定交。

清寧五年，擢進士第〔二〕。調易州觀察判官，改淶水縣令〔三〕，累遷翰林學士。當代典章多出其手。上書言治道十事，帝以鼎達政體，事多咨訪。鼎正直不阿，人有過，必面詆之。

壽隆初，陞觀書殿學士。一日宴主第，醉與客忤，怨上不知己，坐是下吏。狀聞，上大怒，杖黥奪官，流鎮州。居數歲，有赦，鼎獨不免。會守臣召鼎爲賀表，因以詩貽使者，有「誰知天雨露，獨不到孤寒」之句。上聞而憐之，即召還，復其職。乾統六年卒〔四〕。

鼎宰縣時，憩于庭，俄有暴風舉卧榻空中。鼎無懼色，但覺枕榻俱高，乃曰：「吾中朝端士，邪無干正，可徐置之。」須臾，榻復故處，風遂止。

耶律昭，字述寧。博學，善屬文。統和中，坐兄國留事，流西北部。

會蕭撻凜爲西北路招討使，愛之，奏免其役，禮致門下。欲召用，以疾辭。撻凜問曰：「今軍旅甫罷，三邊宴然，惟阻卜伺隙而動。討之，則路遠難至；縱之，則邊民被掠；增戍兵，則餽餉不給；欲苟一時之安，不能終保無變。計將安出？」昭以書答曰：

竊聞治得其要，則仇敵爲一家；失其術，則部曲爲行路。夫西北諸部，每當農時，一夫爲偵候，一夫治公田，二夫給糺官之役，大率四丁無一室處。芻牧之事，仰給妻孥。一遭寇掠，貧窮立至。春夏賑恤，吏多雜以糠粃，重以掊克，不過數月，又復告困。且畜牧者，富國之本。有司防其隱没，聚之一所，不得各就水草便地。兼以逋亡戍卒，隨時補調，不習風土，故日瘠月損，馴至耗竭。爲今之計，莫若振窮薄賦，給以牛種，使遂耕獲。置游兵以防盜掠，頒俘獲以助伏臘，散畜牧以就便地。期以數年，富彊可望。然後練簡精兵，以備行伍，何守之不固，何動而不克哉？然必去其難制者，則餘種自畏。若捨大而謀小，避強而攻弱，非徒虛費財力，亦不足以威服其心。此二者，利害之機，不可不察。

昭聞古之名將，安邊立功，在德不在衆。故謝玄以八千破苻堅百萬，休哥以五隊敗曹彬十萬。良由恩結士心，得其死力也。閤下膺非常之遇，專方面之寄，宜遠師古人，以就勳業。上觀乾象，下盡人謀。察地形之險易，料敵勢之虛實。慮無遺策，利施後世矣。」

撻凜然之。

開泰中，獵于拔里堵山，爲羱羊所觸，卒。

劉輝，好學善屬文，疏簡有遠略。大康五年，第進士。

大安末，爲太子洗馬，上書言：「西邊諸番爲患，士卒遠戍，中國之民疲于飛輓，非長久之策。爲今之務，莫若城于鹽濼，實以漢户，使耕田聚糧，以爲西北之費。」言雖不行，識者韙之。

壽隆二年，復上書曰：「宋歐陽脩編五代史，附我朝於四夷，妄加貶訾。且宋人賴我朝寬大，許通和好，得盡兄弟之禮。今反令臣下妄意作史，恬不經意。臣請以趙氏初起事蹟，詳附國史。」上嘉其言，遷禮部郎中。

詔以賢良對策，輝言多中時病。擢史館修撰，卒。

耶律孟簡，字復易，于越屋質之五世孫。父劉家奴，官至節度使。

孟簡性穎悟。六歲，父晨出獵，俾賦曉天星月詩，孟簡應聲而成，父大奇之。既長，善屬文。大康初，樞密使耶律乙辛以姦憸竊柄，出爲中京留守，孟簡與耶律庶箴表賀。未幾，乙辛復舊職，銜之，謫巡磁窯關。時雖以讒見逐，不形辭色。遇林泉勝地，終日忘歸。明年，流保州。及聞皇太子被害，不勝哀痛，以詩傷之，作放懷詩二十首。自序云：「禽獸有哀樂之聲，螻蟻有動靜之形。在物猶然，況於人乎？然賢達哀樂，不在窮通、禍福之間。易曰：『樂天知命，故不憂。』是以顔淵簞瓢自得，此知命而樂者也。予雖流放，以道自安，又何疑耶？」

大康中，始得歸鄉里。詣闕上表曰：「本朝之興，幾二百年，宜有國史以垂後世。」乃編耶律曷魯、屋質、休哥三人行事以進。上命置局編修。孟簡謂餘官曰：「史筆天下之大信，一言當否，百世從之。苟無明識，好惡徇情，則禍不測。故左氏、司馬遷、班固、范曄俱罹殃禍，可不慎歟！」

乾統中，遷六院部太保。處事不拘文法，時多笑其迂。孟簡聞之曰：「上古之時，無簿書法令，而天下治。蓋簿書法令，適足以滋姦倖，非聖人致治之本。」改高州觀察使，修學校，招生徒。遷昭德軍節度使。以中京饑，詔與學士劉嗣昌減價糶粟。事未畢，卒。

耶律谷欲，字休堅，六院部人。父阿古只，官至節度使。

谷欲沖澹有禮法，工文章。統和中，爲本部太保。開泰中，稍遷塌母城節度使。鞠霸州疑獄，稱旨，授啓聖軍節度使。太平中，復爲本部太保。謝病歸，俄擢南院大王。歎風俗日頹，請老，不許。

興宗命爲詩友，數問治要，多所匡建。奉詔與林牙耶律庶成、蕭韓家奴編遼國上世事跡及諸帝實録，未成而卒，年九十。

論曰：孔子言：「誦詩三百，授之以政，不達。雖多，亦奚以爲？」王鼎忠直達政，劉輝侍青宮，建言國計，昭陳邊防利害，皆洞達閫敏。孟簡疾乙辛姦邪，黜而不怨。孰謂文學之士無益於治哉。

校勘記

〔一〕時馬唐俊有文名燕薊間　龐元英文昌雜録卷四曰：「元豐三年，高麗國王王徽，以疾表乞太醫，朝廷遣閤門通事舍人王舜封押至彼國。舜封上言：『十二月一日，徽生辰，北遼遣起居郎、知制誥馬堯俊充使留仙賓館。』」陳述遼史補注云：「按唐俊即堯俊，金人避『堯』字改唐俊。高麗史卷九作馬高俊。」

〔二〕清寧五年擢進士第　按本書卷二一道宗紀二清寧八年六月云：「御清涼殿放進士王鼎等九十三人。」未知是否即此人。

〔三〕改淶水縣令　「淶水」，原作「溙水」。按本書地理志無溙水縣，易州有淶水縣，今據改。

〔四〕乾統六年卒　「卒」字原闕，據道光殿本考證引大典補。

遼史卷一百五

列傳第三十五

能吏〔一〕

大公鼎　蕭文　馬人望　耶律鐸魯斡　楊遵勗　王棠

漢以璽書賜二千石，唐疏刺史、縣令于屏，以示奬率，故二史有循吏、良吏之傳。遼自太祖創業，太宗撫有燕、薊，任賢使能之道亦略備矣。然惟朝廷參置國官，吏州縣者多遵唐制。歷世既久，選舉益嚴。時又分遣重臣巡行境内，察賢否而進退之。是以治民、理財、決獄、弭盜，各有其人。考其德政，雖未足以與諸循、良之列，抑亦可謂能吏矣。作能吏傳。

大公鼎，渤海人，先世籍遼陽率賓縣。統和間，徙遼東豪右以實中京，因家于大定。曾祖忠，禮賓使。父信，興中主簿。

公鼎幼莊愿，長而好學。咸雍十年，登進士第，調瀋州觀察判官。時遼東雨水傷稼，北樞密院大發瀕河丁壯以完隄防。有司承令峻急，公鼎獨曰：「邊障甫寧，大興役事，非利國便農之道。」乃疏奏其事。朝廷從之，罷役，水亦不爲災。瀕河千里，人莫不悦。改良鄉令，省徭役，務農桑，建孔子廟學，部民服化。累遷興國軍節度副使。

時有隸鷹坊者，以羅畢爲名，擾害田里。歲久，民不堪。公鼎言于上，即命禁戢。會公鼎造朝，大臣諭上嘉納之意，公鼎曰：「一郡獲安，誠爲大幸；他郡如此者衆，願均其賜于天下。」從之。徙長春州錢帛都提點。車駕如春水，貴主例爲假貸，公鼎曰：「豈可輟官用，徇人情？」拒之。頗聞怨詈語，曰：「此吾職，不敢廢也。」俄拜大理卿，多所平反。

天祚即位，歷長寧軍節度使、南京副留守，改東京户部使。時盜殺留守蕭保先，始利其財，因而倡亂。民亦互生猜忌，家自爲鬪。公鼎單騎行郡，陳以禍福，衆皆投兵而拜曰：「是不欺我，敢弗聽命。」安輯如故。拜中京留守，賜貞亮功臣，乘傳赴官。時盜賊充斥，有遇公鼎于路者，即叩馬乞自新。公鼎給以符約，俾還業，聞者接踵而至。不旬日，境内清肅。天祚聞之，加賜保節功臣。時人心反側，公鼎慮生變，請布恩惠以安之，爲之肆赦。

公鼎累表乞歸，不許。會奴賊張撒八率無賴嘯聚，公鼎欲擊而勢有不能。嘆曰：「吾欲謝事久矣。爲世故所牽，不幸至此，豈命也夫！」因憂憤成疾。保大元年卒，年七十九。

子昌齡，左承制；昌嗣，洺州刺史；昌朝，鎮寧軍節度。

蕭文，字國華，外戚之賢者也。父直善，安州防禦使。

文篤志力學，喜愠不形。大康初，掌秦越國王中丞司事，以才幹稱。尋知北面帖黃。王邦彦子爭廕，數歲不能定，有司以聞。上命文詰之，立決。車駕將還宮，承詔閱習儀衞，雖執事林林，指顧如一。遷同知奉國軍節度使，歷國舅都監。

壽隆末，知易州，兼西南面安撫使。高陽土沃民富，吏其邑者，每黷于貨，民甚苦之。文始至，悉去舊弊，務農桑，崇禮教，民皆化之。時大旱，百姓憂甚，文禱之輒雨。屬縣又蝗，議捕除之，文曰：「蝗，天災，捕之何益，但反躬自責。」蝗盡飛去，遺者亦不食苗，散在草莽，爲烏鵲所食。會霪雨不止，文復隨禱而霽。是歲大熟。朝廷以文可大用，遷唐古部節度使，高陽勒石頌之。後不知所終。

馬人望，字儼叔。高祖胤卿，爲石晉青州刺史〔二〕，太宗兵至，堅守不降。城破被執，太宗義而釋之〔三〕，徙其族于醫巫閭山，因家焉。曾祖廷煦，南京留守。祖淵，中京副留守。父詮〔四〕，中京文思使。

人望穎悟。幼孤，長以才學稱。咸雍中，第進士，爲松山縣令。歲運澤州官炭，獨役松山，人望請于中京留守蕭吐渾均役他邑。吐渾怒，下吏，繫幾百日；復引詰之，人望不屈。蕭喜曰：「君爲民如此，後必大用。」以事聞于朝，悉從所請。

徙知涿州新城縣。縣與宋接境，驛道所從出。人望治不擾，吏民畏愛。近臣有聘宋還者，帝問以外事，多薦之，擢中京度支司鹽鐵判官。轉南京三司度支判官，公私兼裕。遷警巡使。京城獄訟填委，人望處決，無一寃者。會檢括户口，未兩旬而畢。同知留守蕭保先怪而問之，人望曰：「民産若括之無遺，他日必長厚斂之弊，大率十得六七足矣。」保先謝曰：「公慮遠，吾不及也。」

先是，樞密使乙辛竊弄威柄，卒害太子。及天祚嗣位，將報父仇，選人望與蕭報恩究其事。人望平心以處，所活甚衆。改上京副留守。會劇賊趙鐘哥犯闕，劫宮女、御物，人望率衆捕之。右臂中矢，炷以艾，力疾馳逐，賊棄所掠而遁。人望令關津譏察行旅，悉獲其盜。尋擢樞密都承旨。

宰相耶律儼惡人望與己異，遷南京諸宫提轄制置。歲中，爲保靜軍節度使。有二吏兇暴，民畏如虎。人望假以辭色，陰令發其事，黥配之。是歲諸處飢乏，惟人望所治粒食不闕，路不鳴桴。遥授彰義軍節度使。遷中京度支使，始至，府廩皆空；視事半歲，積粟十五萬斛，錢二十萬繦。徙左散騎常侍，累遷樞密直學士。

未幾，拜參知政事，判南京三司使事。時錢粟出納之弊，惟燕爲甚。人望以縑帛爲通曆，凡庫物出入，皆使别籍，名曰「臨庫」。姦人黠吏莫得軒輊，乃以年老揚言道路。朝論不察，改南院宣徽使，以示優老。踰年，天祚手書「宣馬宣徽」四字詔之。既至，諭曰：「以卿爲老，誤聽也。」遂拜南院樞密使。人不敢干以私，用人必公議所當與者。如曹勇義、虞仲文嘗爲姦人所擠，人望推薦，皆爲名臣。當時民所甚患者，驛遞、馬牛、旗鼓、鄉正、廳隸、倉司之役，至破産不能給。人望使民出錢，官自募役，時以爲便。久之請老，以守司徒兼侍中致仕。卒，謚曰文獻。

人望有操守，喜怒不形，未嘗附麗求進。初除執政，家人賀之。人望愀然曰：「得勿喜，失勿憂。抗之甚高，擠之必酷。」其畏慎如此。

耶律鐸魯斡，字乙辛隱，季父房之後。廉約重義。重熙末，給事誥院。咸雍中，累遷同知南京留守事。被召，以部民懇留，乃賜詔褒獎。大康初，改西南面招討使，爲北面林牙，遷左夷离畢。大安五年，拜南府宰相。壽隆初，致仕，卒。

鐸魯斡所至有聲，吏民畏愛。及退居鄉里，子普古爲烏古部節度使，遣人來迎。既至，見積委甚富。謂普古曰：「辭親入仕，當以裕國安民爲事。枉道欺君，以苟貨利，非吾志也。」命駕而歸。普古後爲盜所殺。

楊遵勗，字益誠〔五〕，涿州范陽人。重熙十九年登進士第，調儒州軍事判官，累遷樞密院副承旨。咸雍三年，爲宋國賀正使。還，遷都承旨。天下之事，叢于樞府，簿書填委。遵勗一目五行俱下，剖決如流，敷奏詳敏。上嘉之。奉詔徵户部逋錢，得四十餘萬緡，拜樞密直學士，改樞密副使。大康初，參知政事，徙知樞密院事，兼門下侍郎、平章事，拜南府宰相。耶律乙辛誣皇太子，詔遵勗與燕哥案其事，遵勗不敢正言，時議短之。尋拜北府宰相。大安中暴卒，年五十六。贈守司空，謚康懿。子晦〔六〕，終昭文舘直學士。

王棠，涿州新城人。博古，善屬文。重熙十五年擢進士，鄉貢、禮部、廷試對皆第一。累遷上京鹽鐵使。或誣以賄，無狀，釋之。遷東京户部使。大康二年，遼東饑，民多死，請賑恤，從之。三年，入爲樞密副使，拜南府宰相。大安末，卒。棠練達朝政，臨事不怠，在政府修明法度，有聲。

論曰：孟子謂「民爲貴，社稷次之」，司牧者當如何以盡心。公鼎奏罷完隄役以息民，拒公主假貸以守法，單騎行郡，化盜爲良，庶幾召、杜之美。文知易州，雨暘應禱，蝗不爲災。人望爲民不避囚繫，判度支，公私兼裕，亦卓乎未易及已。鐸魯斡吏畏民愛，楊遵勗決事如流，真能吏哉。

校勘記

〔一〕列傳第三十五能吏　原作「列傳能吏第三十五」，明鈔本、南監本同，今據北監本、殿本及文例改。

〔二〕爲石晉青州刺史　按太宗用兵石晉，兵鋒未嘗至於青州，「青」字疑訛。或當作「泰」。五代會要卷二〇云：「後唐天成二年三月，升奉化軍爲泰州，以清苑縣爲理所。至晉開運二年九月，移就滿城縣。至周廣順二年二月，廢州，其滿城縣割隸易州。」泰州爲契丹與石晉爭戰之地。

〔三〕「太宗兵至」至「太宗義而釋之」　此處「太宗」均作「太祖」，諸本皆同。按用兵石晉爲太宗時事，今據改。

〔四〕父詮　「詮」，本書卷四八百官志四作「佺」。

〔五〕字益誡　「益誡」，陳襄使遼語録同，長編卷二六五熙寧八年六月壬子條及李燾注引沈括入國別録、宋史卷三三一沈括傳均作「益戒」。

〔六〕子晦　「晦」，本書卷四七百官志三同，大安五年梁穎墓誌作「誨」。

遼史卷一百六

列傳第三十六

卓行〔一〕

蕭札剌　耶律官奴　蕭蒲离不

遼之共國任事，耶律、蕭二族而已。二族之中，有退然自足，不淫於富貴，不詘於聲利，可以振頹風，激薄俗，亦足嘉尚者，得三人焉。作卓行傳。

蕭札剌，字虚輦，北府宰相排押之弟。性介特，不事生業。保寧間，以戚屬進，累遷寧遠軍節度使。秩滿里居，澹泊自適。統和末，召爲南京馬步軍都指揮使。以疾求退，不聽，遷夷离畢。又以疾辭，許之。遂入頡山，杜門不出。上嘉其志，不復徵，札刺自是家于頡山。親友或過之，終日言不及世務。凡宴游相邀，亦不拒。一歲山居過半，與世俗不偶。耶律資忠重之，目曰頡山老人。卒。

耶律官奴，字奚隱，林牙斡魯之孫。沉厚多學，詳於本朝世系。嗜酒好佚。初，徵爲宿直將軍。重熙九年，以疾去官。上以官奴屬尊，欲成其志，乃許自擇一路節度使。官奴辭曰：「臣愚鈍，不任官使。」加歸義軍節度使，輒請致政。官奴與歐里部人蕭哇友善，哇謂官奴曰：「仕不能致主澤民，成大功烈，何屑屑爲也！吾與若居林下，以枕簟自隨，觴詠自樂，雖不官，無慊焉。」官奴然之。時稱「二逸」。乾統間，官奴卒。

蕭蒲离不，字桜懶，魏國王惠之四世孫。父母蚤喪，鞠于祖父兀古匿。性孝悌。年十三，兀古匿卒，自以早失怙恃，復遭祖喪，哀毀踰禮，族里嘉歎。嘗謂人曰：「我於親不得終養，今誰爲訓者？苟不自勉，何以報鞠育恩！」自是力學，於文藝無不精。

乾統間，以兀古匿之故召之，不應。常與親識游獵山水，奉養無長物僕隸，欣欣如也。或曰：「公胡不念以嗣先世功名？」答曰：「自度不足以繼先業，年踰强仕，安能益主庇民！」累徵，皆以疾辭。

晚年謝絶人事，卜居抹古山，屏遠葷茹，潛心佛書，延有道者談論彌日。人問所得何如，但曰：「有深樂！惟覺六鑿不相攘，餘無知者。」一日，易服，無疾而逝。

論曰：隱，固未易爲也，而亦未可輕以與人。若札刺謝職不談時務，官奴兩辭節鎮，蒲离不召而不赴，雖未足謂之隱，然在當時能知内外之分，甘於肥遯，不猶愈於求富貴利達而爲妻妾羞者哉？故稱卓行可也。

校勘記

〔一〕列傳第三十六卓行　原作「卓行傳第三十六」，明鈔本、南監本同，今據北監本、殿本及文例改。

遼史卷一百七

列傳第三十七

烈女〔一〕

邢簡妻陳氏　耶律氏常哥　耶律奴妻蕭氏

耶律朮者妻蕭氏　耶律中妻蕭氏

男女居室，人之大倫。與其得烈女，不若得賢女。天下而有烈女之名，非幸也。詩讚衞共姜，春秋褒宋伯姬，蓋不得已，所以重人倫之變也。遼據北方，風化視中土爲疎。終遼之世，得賢女二，烈女三，以見人心之天理有不與世道存亡者。

邢簡妻陳氏，營州人。父陘，五代時累官司徒。陳氏甫笄，涉通經義，凡覽詩賦，輒能誦，尤好吟詠，時以女秀才名之。年二十，歸於簡。孝舅姑，閨門和睦，親黨推重。有六子，陳氏親教以經。後二子抱朴、抱質皆以賢位宰相。統和十二年卒。睿智皇后聞之，嗟悼，贈魯國夫人，刻石以表其行。及遷祔，遣使以祭。論者謂貞靜柔順，婦道母儀始終無慊云。

耶律氏，太師適魯之妹，小字常哥。幼爽秀，有成人風。及長，操行修潔，自誓不嫁。能詩文，不苟作。讀通曆，見前人得失，歷能品藻。

咸雍間，作文以述時政。其略曰：「君以民爲體，民以君爲心。人主當任忠賢，人臣當去比周，則政化平，陰陽順。欲懷遠，則崇恩尚德；欲强國，則輕徭薄賦。四端五典爲治教之本，六府三事寔生民之命。淫侈可以爲戒，勤儉可以爲師。錯枉則人不敢詐，顯忠則人不敢欺。勿泥空門，崇飾土木；勿事邊鄙，妄費金帛。滿當思溢，安必慮危。刑罰當罪，則民勸善。不寶遠物，則賢者至。建萬世磐石之業，制諸部强横之心。欲率下，則先正身；欲治遠，則始朝廷。」上稱善。

時樞密使耶律乙辛愛其才，屢求詩，常哥遺以回文。乙辛知其諷己，銜之。大康三年，皇太子坐事，乙辛誣以罪，按無跡，獲免。會兄適魯謫鎮州，常哥與俱，常布衣疏食。人問曰：「何自苦如此？」對曰：「皇儲無罪遭廢，我輩豈可美食安寢。」及太子被害，不勝哀痛。年七十，卒于家。

耶律奴妻蕭氏，小字意辛，國舅駙馬都尉陶蘇斡之女。母胡獨公主。意辛美姿容，年二十，始適奴。事親睦族，以孝謹聞。嘗與娣姒會，爭言厭魅以取夫寵。意辛曰：「厭魅不若禮法。」衆問其故，意辛曰：「修己以潔，奉長以敬，事夫以柔，撫下以寬，毋使君子見其輕易，此之爲禮法，自然取重於夫。以厭魅獲寵，獨不愧於心乎！」聞者大慚。

初，奴與樞密使乙辛有隙。及皇太子廢，被誣奪爵，沒入興聖宮，流烏古部。上以意辛公主之女，欲使絶昏。意辛辭曰：「陛下以妾葭莩之親，使免流竄，實天地之恩。然夫婦之義，生死以之。妾自笄年從奴，一旦臨難，頓爾乖離，背綱常之道，於禽獸何異？幸陛下哀憐，與奴俱行，妾即死無恨！」帝感其言，從之。

意辛久在貶所，親執役事，雖勞無難色。事夫禮敬，有加于舊。壽隆中，上書乞子孫爲著帳郎君。帝嘉其節，召舉家還。

子國隱，乾統間始仕。保大中，意辛在臨漢〔三〕，謂諸子曰：「吾度盧彥倫必叛，汝輩速避，我當死之。」賊至，遇害。

耶律朮者妻蕭氏，小字訛里本，國舅孛堇之女。性端愨，有容色，自幼與他女異。年十八，歸朮者。謹裕貞婉，娣姒推尊之。

及居朮者喪，極哀毀。既葬，謂所親曰：「夫婦之道，如陰陽表裏。無陽則陰不能立，無表則裏無所附。妾今不幸失所天，且生必有死，理之自然。朮者早歲登朝，有才不壽。天禍妾身，罹此酷罰，復何依恃。儻死者可見，則從；不可見，則當與俱。」侍婢慰勉，竟無回意，自刃而卒。

耶律中妻蕭氏，小字挼蘭，韓國王惠之四世孫。聰慧謹愿。年二十歸於中，事夫敬順，親戚咸譽其德。中嘗謂曰：「汝可粗知書，以前貞淑爲鑑。」遂發心誦習，多涉古今。

天慶中，爲賊所執，潛置刃於履，誓曰：「人欲汙我者，即死之。」至夜，賊遁而免。久之，帝召中爲五院都監，中謂妻曰：「吾本無宦情，今不能免。我當以死報國，汝能從我乎？」揆蘭對曰：「謹奉教。」及金兵徇地嶺西，盡徙其民，中守節死。揆蘭悲戚不形於外，人怪之。俄躍馬突出，至中死所自殺。

論曰：陳氏以經教二子，並爲賢相，耶律氏自潔不嫁，居閨閫之内而不忘忠其君，非賢而能之乎。三蕭氏之節，雖烈丈夫有不能者矣。

校勘記

〔一〕列傳第三十七列女　原作「烈女傳第三十七」，明鈔本、南監本同，今據北監本、殿本及文例改。又，「烈」，明鈔本、南監本、北監本同，殿本作「列」。

〔二〕意辛在臨漢　「漢」，諸本皆同，疑爲「潢」字之誤。

遼史卷一百八

列傳第三十八

方技〔一〕

直魯古　王白　魏璘　耶律敵魯　耶律乙不哥

孔子稱「小道必有可觀」，醫卜是已。醫以濟夭札，卜以决猶豫，皆有補於國，有惠於民。前史録而不遺，故傳。

直魯古，吐谷渾人。初，太祖破吐谷渾，一騎士棄槖，反射不中而去。及追兵開槖視之，中得一嬰兒，即直魯古也。因所俘者問其故，乃知射槖者，嬰之父也。世善醫，雖馬上視疾，亦知標本。意不欲子爲人所得，欲殺之耳。

由是進於太祖，淳欽皇后收養之。長亦能醫，專事鍼灸。太宗時，以太醫給侍。嘗撰脈訣〔三〕、鍼灸書，行于世。年九十卒。

王白，冀州人。明天文，善卜筮，晉司天少監，太宗入汴得之。應曆十九年，王子只没以事下獄，其母求卜，白曰：「此人當王，未能殺也，毋過憂！」景宗即位，釋其罪，封寧王，竟如其言。凡決禍福多此類。保寧中，歷彰武、興國二軍節度使。撰百中歌行于世。

魏璘，不知何郡人。以卜名世，太宗得于汴。天禄元年，上命馳馬較遲疾，以爲勝負，問王白及璘孰勝。白奏曰：「赤者勝。」璘曰：「臣所見，驄馬當勝。」既馳，竟如璘言。上異而問之，白曰：「今日火王，故知赤者勝。」璘曰：「不然，火雖王，而上有煙。以煙察之，青者必勝。」上嘉之。五年，察割謀逆，私卜于璘。璘始卜，謂曰：「大王之數，得一日矣，宜慎之！」及亂，果敗。應曆中，周兵犯燕，上以勝敗問璘。璘曰：「周姓柴也，燕分火也。柴入火，必焚。」其言果驗。

璘嘗爲太平王罨撒葛卜僭立事，上聞之，免死，流烏古部。一日，節度使召璘，適有獻雙鯉者，戲曰：「君卜此魚何時得食？」璘良久答曰：「公與僕不出今日，有不測禍，奚暇食魚？」亟命烹之。未及食，寇至，俱遇害。

耶律敵魯，字撒不椀。其先本五院之族，始置宮分，隸焉。敵魯精于醫，察形色即知病原。雖不診候，有十全功。統和初，爲大丞相韓德讓所薦，官至節度使。

初，樞密使耶律斜軫妻有沉痾，易數醫不能治。敵魯視之曰：「心有畜熱，非藥石所及，當以意療。因其聵，聒之使狂，用泄其毒則可。」於是令大擊鉦鼓於前。翌日果狂，叫呼怒罵，力極而止，遂愈。治法多此類，人莫能測。年八十卒。

耶律乙不哥，字習撚，六院郎君裹古直之後。幼好學，尤長於卜筮，不樂仕進。

嘗爲人擇葬地曰：「後三日，有牛乘人逐牛過者，即啓土。」至期，果一人負乳犢，引牸牛而過。其人曰：「所謂『牛乘人』者，此也。」遂啓土。既葬，吉凶盡如其言。又爲失鷹者占曰：「鷹在汝家東北三十里濼西榆上。」往求之，果得。當時占候無不驗。

論曰：方技，術者也。苟精其業而不畔于道，君子必取焉。直魯古、王白、耶律敵魯無大得失，録之宜矣。魏璘爲察割卜謀逆，爲罨撒葛卜僭立，罪在不貰，雖有寸長，亦奚足取哉。存而弗削，爲來者戒。

校勘記

〔一〕列傳第三十八方技　原作「方技傳第三十八」，明鈔本、南監本同，今據北監本、殿本及文例改。

〔二〕嘗撰脈訣　「訣」，原作「諸」，據大典卷一〇八八九引遼史方伎傳改。

遼史卷一百九

列傳第三十九

伶宦〔一〕

羅衣輕

伶，官之微者也。五代史列鏡新磨於傳〔二〕，是必有所取矣。遼之伶官當時固多，然能因恢諧示諫，以消未形之亂，惟羅衣輕耳。孔子曰：「君子不以人廢言。」是宜傳。

羅衣輕，不知其鄉里。滑稽通變，一時諧謔，多所規諷。

興宗敗於李元昊也，單騎突出，幾不得脫。先是，元昊獲遼人，輒劓其鼻，有奔北者，惟恐追及。故羅衣輕止之曰：「且觀鼻在否？」上怒，以毳索繫帳後，將殺之。太子笑曰：「打諢底不是黄幡綽！」羅衣輕應聲曰：「行兵底亦不是唐太宗！」上聞而釋之。

上嘗與太弟重元狎昵，宴酣，許以千秋萬歲後傳位。重元喜甚，驕縱不法。又因雙陸賭以居民城邑，帝屢不競，前後已償數城。重元既恃梁孝王之寵，又多鄭叔段之過，朝臣無敢言者，道路以目。一日復博，羅衣輕指其局曰：「雙陸休癡，和你都輸去也！」帝始悟，不復戲。清寧間，以疾卒。

宦官

王繼恩　趙安仁

周禮，寺人掌中門之禁。至巷伯詩列于雅，勃貂功著于晉，雖忠於所事，而非其職矣。漢、唐中世，竊權蠹政，有不忍言者，是皆寵遇之過。遼宦者二人，其賢不肖皆可爲後世鑑，故傳焉。

王繼恩，棣州人。睿智皇后南征〔三〕，繼恩被俘。

初，皇后以公私所獲十歲已下兒容貌可觀者近百人載赴涼陘，並使閹爲豎，繼恩在焉。聰慧，通書及遼語。擢内謁者、内侍左廂押班。聖宗親政，累遷尚衣庫使、左承宣、監門衛大將軍、靈州觀察使、内庫都提點。

繼恩好清談，不喜權利，每得賜賚，市書至萬卷，載以自隨，誦讀不倦。每宋使來聘，繼恩多充宣賜使。後不知所終。

趙安仁，字小喜，深州樂壽人，自幼被俘。

統和中，爲黄門令、秦晉國王府祗候。王薨，授内侍省押班、御院通進。開泰八年，與李勝哥謀奔南土，爲游兵所擒。初，仁德皇后與欽哀有隙，欽哀密令安仁伺皇后動静，無不知者。仁德皇后威權既重，安仁懼禍，復謀亡歸。仁德欲誅之，欽哀以言營救。聖宗曰：「小喜言父母兄弟俱在南朝，每一念，神魂隕越。今爲思親，冒死而亡，亦孝子用心，寔可憐憫。」赦之。

重熙初，欽哀攝政，欲廢帝，立少子重元。帝與安仁謀遷太后慶州守陵，授安仁左承宣、監門衛大將軍，充契丹漢人渤海内侍都知，兼都提點。會上思太后，親馭奉迎，太后責曰：「汝負萬死，我嘗營救。不望汝報，何爲離間我母子耶！」安仁無答。後不知所終。

論曰：名器所以礪天下，非賢而有功則不可授，況宦者乎。繼恩爲内謁者，安仁爲黄門令，似矣，何至溺於私愛，而授以觀察使、大將軍耶？易曰：「負且乘，致寇至。」此安仁所以不克有終，繼恩幸而免歟？

校勘記

〔一〕列傳第三十九伶宦　原作「伶宦傳第三十九」，明鈔本、南監本同，今據北監本、殿本及文例改。按本卷並記伶官與宦官，故卷題合稱「伶宦」。本書目録此卷有「伶官」、「宦官」兩小題，下文既見「宦官」，疑此下亦當有「伶官」小題。

〔二〕五代史列鏡新磨於傳　「鏡新磨」，陶岳五代史補卷二後唐莊宗爲縣令所諫條同，新五代史卷三七本傳及舊五代史卷四三唐明宗紀九均作「敬新磨」。

〔三〕睿智皇后南征　「智」，原作「知」，據本書卷一〇聖宗紀一及卷二〇興宗紀三重熙二十一年十一月丁未改。

遼史卷一百十

列傳第四十

姦臣上〔一〕

耶律乙辛　張孝傑　耶律燕哥　蕭十三

春秋褒貶，善惡並書，示勸懲也。故遷、固傳佞幸、酷吏，歐陽修則并姦臣録之，將俾爲君者知所鑒，爲臣者知所戒。此天地聖賢之心，國家安危之機，治亂之原也。遼自耶律乙辛而下，姦臣十人〔二〕，其敗國皆足以爲戒，故列于傳。

耶律乙辛，字胡覩衮，五院部人。父迭剌，家貧，服用不給，部人號「窮迭剌」。

初，乙辛母方娠，夜夢手搏羖羊，拔其角尾。既寤占之，術者曰：「此吉兆也。羊去角尾爲王字，汝後有子當王。」及乙辛生，適在路，無水以浴，迴車破轍，忽見湧泉。迭剌自以得子，欲酒以慶，聞酒香，于草棘間得二榼，因祭東焉。

乙辛幼慧黠。嘗牧羊至日昃，迭剌視之，乙辛熟寢。迭剌觸之覺，乙辛怒曰：「何遽驚我！適夢人手執日月以食我，我已食月，啗日方半而覺，惜不盡食之。」迭剌自是不令牧羊。

及長，美風儀，外和内狡。重熙中，爲文班吏，掌太保印，陪從入宫。皇后見乙辛詳雅如素宦，令補筆硯吏。帝亦愛之，累遷護衞太保。道宗即位，以乙辛先朝任使，賜漢人户四十，同知點檢司事，常召決疑議，陞北院同知，歷樞密副使。清寧五年，爲南院樞密使，改知北院，封趙王。

九年，耶律仁先爲南院樞密使，時駙馬都尉蕭胡覩與重元黨，惡仁先在朝，奏曰：「仁先可任西北路招討使。」帝將從之。乙辛奏曰：「臣新參國政，未知治體。仁先乃先帝舊臣，不可遽離朝廷。」帝然之〔三〕。重元亂平，拜北院樞密使〔四〕，進王魏，賜匡時翊聖竭忠平亂功臣。咸雍五年，加守太師。詔四方有軍旅，許以便宜從事，勢震中外，門下饋賂不絶。凡阿順者蒙薦擢，忠直者被斥竄。

大康元年，皇太子始預朝政，法度修明。乙辛不得逞，謀以事誣皇后。后既死，乙辛不自安，又欲害太子。乘間入奏曰：「帝與后如天地並位，中宮豈可曠？」盛稱其黨駙馬都尉蕭霞抹之妹美而賢〔五〕，上信之，納于宮，尋册爲皇后。時護衛蕭忽古知乙辛姦狀，伏橋下，欲殺之。俄暴雨壞橋，謀不遂。林牙蕭巖壽密奏曰：「乙辛自皇太子預政，內懷疑懼，又與宰相張孝傑相附會，恐有異圖，不可使居要地。」出爲中京留守。乙辛泣謂人曰：「乙辛無過，因讒見出。」其黨蕭霞抹輩以其言聞於上，上悔之。無何，出蕭巖壽爲順義軍節度使。詔近臣議召乙辛事，北面官屬無敢言者，耶律撒剌曰：「初以蕭巖壽奏，出乙辛。若所言不當，宜坐以罪；若當，則不可復召。」累諫不從。乃復召爲北院樞密使。

時皇太子以母后之故，憂見顏色。乙辛黨欣躍相慶，讒謗沸騰，忠良之士斥逐殆盡。乙辛因蕭十三之言，夜召蕭得裹特謀搆太子，令護衛太保耶律查剌誣告耶律撒剌等同謀立皇太子。詔按無迹而罷。又令牌印郎君蕭訛都斡詣上誣首：「耶律查剌前告耶律撒剌等事皆實，臣亦與其謀。本欲殺乙辛等而立太子。臣等若不言，恐事白連坐。」詔使鞫劾，乙辛迫令具伏。上怒，命誅撒剌及速撒等。乙辛恐帝疑，引數人庭詰，各令荷重校，繩繫其頸，不能出氣，人人不堪其酷，惟求速死。反奏曰：「別無異辭。」時方暑，尸不得瘞，以至地臭。乃囚皇太子於上京，監衛者皆其黨。尋遣蕭達魯古、撒把害太子。乙辛黨大喜，聚飲數日。上京留守蕭撻得以卒聞。上哀悼，欲召其妻，乙辛陰遣人殺之，以滅其口。

五年正月，上將出獵，乙辛奏留皇孫，上欲從之。同知點檢蕭兀納諫曰：「陛下若從乙辛留皇孫，皇孫尚幼，左右無人，願留臣保護，以防不測。」遂與皇孫俱行。由是上始疑乙辛，頗知其姦。會北幸，將次黑山之平淀，上適見扈從官屬多隨乙辛後，惡之，出乙辛知南院大王事。及例削一字王爵，改王混同，意稍自安。及赴闕入謝，帝即日遣還，改知興中府事。

七年冬，坐以禁物鬻入外國，下有司議，法當死。乙辛黨耶律燕哥獨奏當入八議，得減死論，擊以鐵骨朵，幽於來州。後謀奔宋及私藏兵甲事覺，縊殺之。乾統二年，發塚，戮其屍。

張孝傑，建州永霸縣人。家貧，好學。重熙二十四年，擢進士第一。清寧間，累遷樞密直學士。咸雍初，坐誤奏事，出爲惠州刺史。俄召復舊職，兼知户部司事。三年，參知政事，同知樞密院事，加工部侍郎。八年，封陳國公。上以孝傑勤幹，數問以事，爲北府宰相。漢人貴幸無比。

大康元年，賜國姓。明年秋獵，帝一日射鹿三十，燕從官。酒酣，命賦雲上于天詩，詔孝傑坐御榻旁。上誦黍離詩：「知我者謂我心憂，不知我者謂我何求。」孝傑奏曰：「今天下太平，陛下何憂？富有四海，陛下何求？」帝大悦。三年，羣臣侍燕，上曰：「先帝用仁先、化葛，以賢智也。朕有孝傑、乙辛，不在仁先、化葛下，誠爲得人。」歡飲至夜，乃罷。

是年夏，乙辛譖皇太子，孝傑同力相濟。及乙辛受詔按皇太子黨人，誣害忠良，孝傑之謀居多。乙辛薦孝傑忠於社稷，帝謂孝傑可比狄仁傑，賜名仁傑，乃許放海東青鶻。六年，既出乙辛，上亦悟孝傑姦佞，尋出爲武定軍節度使。坐私販廣濟湖鹽及擅改詔旨，削爵，貶安肅州，數年乃歸。大安中，死於鄉。乾統初，剖棺戮屍，以族産分賜臣下。

孝傑久在相位，貪貨無厭〔六〕，時與親戚會飲，嘗曰：「無百萬兩黄金，不足爲宰相家。」初，孝傑及第，詣佛寺，忽迅風吹孝傑幞頭，與浮圖齊，墜地而碎。有老僧曰：「此人必驟貴，然亦不得其死。」竟如其言。

耶律燕哥，字善寧，季父房之後。四世祖鐸穩，太祖異母弟〔七〕。父曰豁里斯，官至太師。

燕哥狡佞而敏。清寧間，爲左護衛太保。大康初，轉北面林牙。初，耶律乙辛自中京留守復爲樞密使，以燕哥爲耳目，凡聞見必以告。乙辛愛而薦之，帝亦以爲賢，拜左夷离畢。及皇太子被誣，帝遣燕哥往訊之，太子謂燕哥曰：「帝惟我一子，今爲儲嗣，復何求，敢爲此事！公與我爲昆弟行，當念無辜，達意於帝。」禱之甚懇。蕭十三聞之，謂燕哥曰：「宜以太子言，易爲伏狀。」燕哥頷之，盡如所教以奏。及太子被逐，乙辛殺害忠良，多燕哥之謀，爲契丹行宮都部署。五年夏，拜南府宰相，遷惕隱。大安三年，爲西京留守，致仕。壽隆初，以疾卒。

蕭十三，蔑古乃部人。父鐸魯斡，歷官節度使。

十三辨黠，善揣摩人意。清寧間，以年勞遷護衞太保。大康初，耶律乙辛復入樞府，益横恣。時十三出入乙辛家，以朝臣不附者輒使出之，十三由宿衞遷殿前副點檢。三年夏，護衞蕭忽古等謀殺乙辛，事覺下獄。十三謂乙辛曰：「今太子猶在，臣民屬心。大王素無根柢之助，復有誣皇后之怨。若太子立，王置身何地？宜熟計之。」乙辛曰：「吾憂此久矣！」是夜，召蕭得裏特謀所以構太子事。十三計既行，尋遷殿前都點檢，兼同知樞密院事。復令蕭訛都斡等誣首耶律查剌前告耶律撒剌等事皆實，詔究其事，太子不服。别遣夷离畢耶律燕哥問太子，太子具陳所以見誣之狀。十三聞之，謂燕哥曰：「如此奏，則大事去矣！當易其辭爲伏欵。」燕哥入，如十三言奏之。上大怒，廢太子。太子將出，曰：「我何罪至是！」十三叱令登車，遣衞卒闔車門。是年，遷北院樞密副使，復陳陰害太子計，乙辛從之。

及乙辛出知南院大王事，亦出十三爲保州統軍使，卒。乾統間，剖棺戮屍。二子：的里得、念經，皆伏誅。

校勘記

〔一〕列傳第四十姦臣上　原作「姦臣傳第四十」，明鈔本、南監本同，今據北監本、殿本改。卷一一一姦臣傳下同，徑改。

〔二〕姦臣十人　按本書姦臣傳所載姦臣凡十有一人，與此不合。又卷一一二逆臣傳序稱「遼叛逆之臣二十有二」，然傳中所載僅二十有一。按姦臣傳末之蕭圖古辭實爲重元逆黨，原當屬逆臣傳，元人修史時移入本傳，以致序文、傳目相抵牾。

〔三〕「九年」至「帝然之」　按本書卷九六耶律仁先傳，時仁先爲北院大王，與此異。

〔四〕重元亂平拜北院樞密使　按本書卷二二道宗紀二清寧九年七月，重元亂平，以耶律仁先爲北院樞密使，乙辛爲南院樞密使。卷九六耶律仁先傳及耶律仁先墓誌同。

〔五〕盛稱其黨駙馬都尉蕭霞抹之妹美而賢　此處「蕭霞抹之妹」即道宗惠妃，按蕭霞抹於惠妃爲叔父行。參本書卷七一后妃傳校勘記〔一三〕。

〔六〕貪貨無厭　「貪」，原作一字空格，據明鈔本、南監本、北監本、殿本補。

〔七〕四世祖鐸穩太祖異母弟　「四世祖鐸穩」，本書卷六六皇族表同。然下文稱燕哥與太子濬爲兄弟行，則鐸穩當係其七世祖。

遼史卷百十一

列傳第四十一

姦臣下

蕭余里也　耶律合魯　蕭得裏特　蕭訛都斡　蕭達魯古

耶律塔不也　蕭圖古辭

蕭余里也，字訛都椀，國舅阿剌次子。便佞滑稽，善女工。重熙間，以外戚進。清寧初，補祗候郎君，尚鄭國公主，拜駙馬都尉，累遷南面林牙。以父阿剌爲蕭革所譖，出余里也爲奉先軍節度使。十年冬，召爲北面林牙。

咸雍中，會有告余里也與族人朮哲謀害耶律乙辛，按無狀，出爲寧遠軍節度使。自後余里也揣乙辛意，傾心事之，薦爲國舅詳穩。大康初，封遼西郡王。時乙辛擅恣，凡不附己者出之，乃引余里也爲北府宰相，兼知契丹行宫都部署事。及乙辛謀構皇太子，余里也多助成之，遂知北院樞密事，賜推誠協贊功臣。以女姪妻乙辛子綏也，恃勢横肆，至有無君之語，朝野側目。

帝出乙辛知南院大王事，坐與乙辛黨，以天平軍節度使歸第。尋拜西北路招討使。以母憂去官，卒。

耶律合魯，字胡都堇，六院舍利裹古直之後。柔佞，喜苟合。仕清寧初。時乙辛引用羣小，合魯附之，遂見委任，俄擢南面林牙。乙辛譖皇太子，殺忠直，合魯多預其謀。弟吾也亦黨乙辛，時號「二賊」。乙辛薦爲北院大王，卒。吾也亦至南院大王。

蕭得裹特，遥輦洼可汗宫分人。善阿意順色。清寧初，乙辛用事，甚見引用，累遷北面林牙、同知北院宣徽使事。

及皇太子廢，遣得裏特監送上京。得裏特促其行，不令下車，起居飲食數加陵侮，至則築圜堵囚之。大康中，遷西南招討使，歷順義軍節度使，轉國舅詳穩。

壽隆五年，坐怨望，以老免死，闔門籍興聖宮，貶西北統軍司，卒。二子：得末、訛里，乾統間以父與乙辛謀，伏誅。

蕭訛都斡，國舅少父房之後。咸雍中，補牌印郎君。

大康三年，樞密使乙辛陰懷逆謀，乃令護衛太保耶律查剌誣告耶律撒剌等廢立事。詔按無狀，皆補外。頃之，訛都斡希乙辛意，欲實其事，與耶律塔不也等入闕誣首：「耶律撒剌等謀害乙辛，欲立皇太子事，臣亦預謀。今不自言，恐事泄連坐。」帝果怒，徙皇太子于上京。

訛都斡尚皇女趙國公主〔一〕，爲駙馬都尉。後與乙辛議不合，銜之，復以車服僭擬人主，被誅。訛都斡臨刑，語人曰：「前告耶律撒剌事，皆乙辛教我。恐事彰，殺我以滅口耳！」

蕭達魯古，遥輦嘲古可汗宫分人。性姦險。清寧間，乙辛爲樞密使，竊權用事，陰懷逆謀。達魯古比附之，遂見獎拔，稍遷至旗鼓拽剌詳穩。乙辛欲害太子，以達魯古兇果可使，遣與近侍直長撒把詣上京，同留守蕭撻得夜引力士至囚室，紿以有赦，召太子出，殺之，函其首以歸，詐云疾薨。以達魯古爲國舅詳穩。達魯古恐殺太子事白，出入常佩刀，有急召，即欲自殺。

乾統間，詔樞密使耶律阿思大索乙辛黨人，達魯古以賂獲免。後以疾卒。

耶律塔不也，仲父房之後。以善擊鞠，幸於上，凡馳騁，鞠不離杖。

咸雍初，補祗候郎君。與耶律乙辛善，故内外畏之。及太子被譖，按無迹，塔不也附乙辛，欲實其誣，與訛都斡等密奏：「太子謀亂事本實，臣不首，恐事覺連坐。」帝信之，廢太子。改延慶宫副使。壽隆元年，爲行宫都部署。

天祚嗣位，以塔不也黨乙辛，出爲特免部節度使。及樞密使耶律阿思大索乙辛舊黨，塔不也以賂獲免。徙敵烈部節度使，復爲敦睦宮使。天慶元年，出爲西北路招討使。以疾卒。

蕭圖古辭，字何寧，褚特部人。仕重熙中，以能稱，累遷左中丞。清寧初，歷北面林牙，改北院樞密副使。辨敏，善伺顔色，應對合上意。皇太后嘗曰：「有大事，非耶律化哥、蕭圖古辭不能決。」眷遇日隆。知北院樞密使事。六年，出知黃龍府。八年，拜南府宰相。頃之，爲北院樞密使〔一三〕，詔許便宜從事。爲人姦佞有餘，好聚斂，專愎，變更法度。爲樞密數月，所薦引多爲重元黨與，由是免爲庶人。後没入興聖宮，卒。

論曰：舜流共工，孔子誅少正卯，治姦之法嚴矣。後世不是之察，反以爲忠而信任之，不至於流毒宗社而未已。道宗之於乙辛是也。當其留仁先，討重元，若真爲國計者，不知包藏禍心，待時而發耳。一旦專權，又得孝傑、燕哥、十三爲之腹心，故肆惡而無忌憚。始誣皇后，又殺太子及其妃，其禍之酷，良可悲哉。

嗚呼！君之所親，莫皇后、太子若也。姦臣殺之而不知，羣臣言之而不悟。一時忠讜，廢戮幾盡。雖黑山親見官屬之盛，僅削一字王號。至私藏甲兵，然後誅之。吁！乙辛之罪，固非一死可謝天下，抑亦道宗不明無斷，有以養成之也。如蕭余里也輩，忘君黨惡，以饕富貴，雖幸而死諸牖下，其得免於遺臭之辱哉！

校勘記

〔二〕訛都斡尚皇女趙國公主　本書卷二三道宗紀三大康三年七月云「牌印郎君訛都斡尚皇女趙國公主」，與此同。卷六五公主表則謂道宗第二女趙國公主嫁蕭撻不也，「撻不也坐昭懷太子事被害，其弟訛都斡欲逼尚公主，公主以訛都斡黨乙辛，惡之。未幾，訛都斡以事伏誅」，與此不合。

〔三〕「知北院樞密使事」至「爲北院樞密使」　按本書卷二二道宗紀二清寧八年十二月庚辰，「以知北院樞密使事蕭圖古辭爲北院樞密使」，與此異。

遼史卷百十二

列傳第四十二

逆臣上

耶律轄底 迭里特　耶律察割　耶律婁國　耶律重元 涅魯古

耶律滑哥

易曰：「天尊地卑，乾坤定矣；卑高以陳，貴賤位矣。」貴賤位而後君臣之分定，君臣之分定而後天地和，天地和而後萬化成。五帝三王之治，用此道也。三代而降，臣弒其君者有之，子弒其父者有之。孔子作春秋以寓王法，誅死者於前，懼生者於後，其慮深遠矣。歐陽修作唐書，創逆臣傳，蓋亦春秋之意也。

遼叛逆之臣二十有二〔二〕，迹其事則又有甚焉者，然豈一朝一夕之故哉。列于傳，所以公天下之貶，以示夫戒云。

轄底，字涅烈衮，肅祖孫夷离堇帖剌之子。幼黠而辯，時險佞者多附之。

遥輦痕德堇可汗時，異母兄罨古只爲迭剌部夷离堇。故事，爲夷离堇者，得行再生禮。罨古只方就帳易服，轄底遂取紅袍、貂蟬冠，乘白馬而出。乃令黨人大呼曰：「夷离堇出矣！」衆皆羅拜，因行柴册禮，自立爲夷离堇。與于越耶律釋魯同知國政。及釋魯遇害，轄底懼人圖己，挈其二子迭里特、朔刮奔渤海，僞爲失明。後因毬馬之會，與二子奪良馬奔歸國。益爲姦惡，常以巧辭獲免。

太祖將即位，讓轄底，轄底曰：「皇帝聖人，由天所命，臣豈敢當！」太祖命爲于越。及自將伐西南諸部，轄底誘剌葛等亂，不從者殺之。車駕還至赤水城，轄底懼，與剌葛俱北走，至榆河爲追兵所獲。太祖問曰：「朕初即位，嘗以國讓，叔父辭之；今反欲立吾弟，何也？」轄底對曰：「始臣不知天子之貴，及陛下即位，衛從甚嚴，與凡庶不同。臣嘗奏事，心動，始有窺覦之意。度陛下英武，必不可取；諸弟懦弱，得則易圖也。事若成，豈容諸弟乎。」太祖謂諸弟曰：「汝輩乃從斯人之言耶！」迭剌曰：「謀大事者，須用如此人；

事成，亦必去之。」轄底不復對。因數月，縊殺之〔二〕。

將刑，太祖謂曰：「叔父罪當死，朕不敢赦。事有便國者，宜悉言之。」轄底曰：「迭剌部人衆勢强，故多爲亂，宜分爲二，以弱其勢。」子迭里特。

迭里特，字海鄰。有膂力，善馳射，馬蹪不仆。尤神于醫，視人疾，若隔紗覩物，莫不悉見。

太祖在潛，已加眷遇，及即位，拜迭剌部夷离堇。太祖嘗思鹿醢解酲，以山林所有，問能取者。迭里特曰：「臣能得之。」乘内廐馬逐鹿，射其一。欲復射，馬跌而斃。迭里特躍而前，弓猶不弛，復獲其一。帝歡甚曰：「吾弟萬人敵！」會帝患心痛，召迭里特視之。迭里特曰：「膏肓有瘀血如彈丸，然藥不能及，必鍼而後愈。」帝從之。嘔出瘀血，痛止。帝以其親，每加賜賚，然知其爲人，未嘗任以職。後從剌葛亂，與其父轄底俱縊殺之。

察割，字歐辛〔三〕，明王安端之子。善騎射。貌恭而心狡，人以爲懦。太祖曰：「此兇頑，非懦也。」其父安端嘗使奏事，太祖謂近侍曰：「此子目若風駝，面有反相。朕若獨居，無令入門。」

世宗即位于鎮陽，安端聞之，欲持兩端。察割曰：「太弟忌刻，若果立，豈容我輩！永康王寬厚，且與劉哥相善，宜往與計。」安端即與劉哥謀歸世宗。及和議成，以功封泰寧王。

會安端爲西南面大詳穩，察割佯爲父惡，陰遣人白於帝，即召之。既至上前，泣訴不勝哀，帝憫之，使領女石烈軍〔四〕。出入禁中，數被恩遇。帝每出獵，察割託手疾，不操弓矢，但執鍊鎚馳走。屢以家之細事聞於上，上以爲誠。

察割以諸族屬雜處，不克以逞，漸徙廬帳迫於行宮。右皮室詳穩耶律屋質察其姦邪，表列其狀。帝不信，以表示察割。察割稱屋質疾己，哽咽流涕。帝曰：「朕固知無此，何至泣耶！」察割時出怨言，屋質曰：「汝雖無是心，因我過疑汝，勿爲非義可也。」他日屋質又請於帝，帝曰：「察割捨父事我，可保無他。」屋質曰：「察割於父既不孝，於君安能忠！」帝不納。

天祿五年七月，帝幸太液谷，留飲三日，察割謀亂不果。帝伐周，至詳古山〔五〕，太后與帝祭文獻皇帝于行宮，羣臣皆醉。察割歸見壽安王，邀與語，王弗從。察割以謀告耶律盆都，盆都從之。是夕，同率兵入弒太后及帝，因僭位號。百官不從者，執其家屬。至夜，閱內府物，見碼碯盌，曰：「此希世寶，今爲我有！」詫于其妻。妻曰：「壽安王、屋質在，吾屬無噍類，此物何益！」察割曰：「壽安年幼，屋質不過引數奴，詰旦來朝，固不足憂。」其黨矧斯報壽安、屋質以兵圍于外，察割尋遣人弒皇后於柩前，倉惶出陣。壽安遣人諭曰：「汝等既行弒逆，復將若何？」有夷离堇劃者委兵歸壽安王，餘衆望之，徐徐而往。察割知其不濟，乃繫羣官家屬，執弓矢脅曰：「無過殺此曹爾！」叱令速出。時林牙耶律敵獵亦在繫中，進曰：「不有所廢，壽安王何以興。藉此爲辭，猶可以免。」察割曰：「誠如公言，誰當使者？」敵獵請與罨撒葛同往說之，察割從其計。

壽安王復令敵獵誘察割，臠殺之。諸子皆伏誅。

婁國，字勉辛，文獻皇帝之子。天祿五年，遥授武定軍節度使。及察割作亂，穆宗與屋質從林牙敵獵計，誘而出之，婁國手刃察割。改南京留守。

穆宗沉湎，不恤政事，婁國有覬覦之心，誘敵獵及羣不逞謀逆。事覺，按問不服。帝曰：「朕爲壽安王時，卿數以此事説我，今日豈有虛乎？」婁國不能對。及餘黨盡服，遂縊於可汗州西谷，詔有司擇絶後之地以葬。

重元〔六〕，小字孛吉只，聖宗次子。材勇絶人，眉目秀朗，寡言笑，人望而畏。太平三年，封秦國王。聖宗崩，欽哀皇后稱制，密謀立重元。重元以所謀白於上，上益重之，封爲皇太弟。歷北院樞密使〔七〕、南京留守、知元帥府事。重元處戎職，未嘗離輦下。先是契丹人犯法，例須漢人禁勘，受枉者多。重元奏請五京各置契丹警巡使，詔從之。賜以金券誓書。道宗即位，册爲皇太叔，免拜不名，爲天下兵馬大元帥，復賜金券、四頂帽、二色袍，尊寵所未有。

清寧九年，車駕獵灤水，以其子涅魯古素謀，與同黨陳國王陳六、知北院樞密事蕭胡覩等凡四百餘人，誘脅弩手軍陣于帷宮外。將戰，其黨多悔過效順，各自奔潰。重元既知失計，北走大漠，歎曰：「涅魯古使我至此！」遂自殺。

先是重元將舉兵，帳前雨赤如血，識者謂敗亡之兆。子涅魯古。

涅魯古，小字耶魯綰。性陰狠。興宗一見，謂曰：「此子目有反相。」

重熙十一年，封安定郡王。十七年，進王楚，爲惕隱。清寧三年，出爲武定軍節度使〔八〕。七年，知南院樞密使事，説其父重元詐病，俟車駕臨問，因行弒逆。

九年秋獵，帝用耶律良之計，遣人急召涅魯古。涅魯古以事泄，遽擁兵犯行宮。南院樞密使許王仁先等率宿衞士討之。涅魯古躍馬突出，爲近侍詳穩渤海阿厮〔九〕、護衞蘇射殺之。

滑哥，字斯懶，隋國王釋魯之子。性陰險。初烝其父妾，懼事彰，與剋蕭臺哂等共害其父，歸咎臺哂，滑哥獲免。

太祖即位，務廣恩施，雖知滑哥兇逆，姑示含忍，授以惕隱。六年，滑哥預諸弟之亂。事平，羣臣議其罪，皆謂滑哥不可釋，於是與其子痕只俱陵遲而死，勑軍士恣取其產。帝曰：「滑哥不畏上天，反君弑父，其惡不可言。諸弟作亂，皆此人教之也。」

校勘記

〔一〕遼叛逆之臣二十有二　按本書逆臣傳所載逆臣凡二十有一，與此不合。參見卷一一〇姦臣傳上校勘記〔二〕。

〔二〕縊殺之　按本書卷一太祖紀上太祖七年六月庚子云：「以夷离堇涅里衮附諸弟爲叛，不忍顯戮，命自投崖而死。」與此處所記不同。

〔三〕察割字歐辛　「歐辛」，本書卷三八地理志二稱「漚里僧王」。又新五代史卷七三四夷附録二、通考卷三四五四裔考二二皆稱「太寧王嘔里僧」，通鑑卷二九〇後周紀一太祖廣順元年九月及契丹國志卷四世宗天授皇帝天禄四年九月作「太寧王漚僧」。「漚里僧」、「嘔里僧」、「漚僧」皆「歐辛」之異譯。

〔四〕使領女石烈軍　按本書卷四六百官志二有女古烈詳穩司，似源於此，然軍名稍異。

〔五〕帝伐周至詳古山　「詳古山」，本書卷五世宗紀天禄五年九月壬戌、卷九景宗紀下乾亨四年九月甲辰皆作「祥古山」。

〔六〕重元　按「重元」本書屢見，然咸雍八年耶律仁先墓誌及長編卷一七七至和元年九月辛巳、契丹國志卷八興宗文成皇帝重熙十三年皆作「宗元」，當係其本名。

〔七〕歷北院樞密使　本書卷一八興宗紀一重熙七年十二月作「判北南院樞密使事」，卷六四皇子表作「歷南北院樞密使」。

〔八〕清寧三年出爲武定軍節度使　「三」，原作「二」。按本書卷二一道宗紀一繫此事於清寧三年三月辛巳，今據改。

〔九〕近侍詳穩渤海阿斯　按此處「渤海」當與「近侍詳穩」互倒，參見本書卷二二道宗紀二校勘記〔二〕。

遼史卷百十三

列傳第四十三

逆臣中

蕭翰　耶律牒蠟　耶律朗　耶律劉哥盆都　耶律海思
耶律敵獵　蕭革

蕭翰，一名敵烈，字寒真，宰相敵魯之子。

天贊初，唐兵圍鎮州，節度使張文禮遣使告急。翰受詔與康末怛往救，克之，殺其將李嗣昭，拔石城。會同初，領漢軍侍衞。八年，伐晉，敗晉將杜重威，追至望都。翰奏曰：「可令軍下馬而射。」帝從其言，軍士步進。敵人持短兵猝至，我軍失利。帝悔之曰：「此吾用言之過至此！」及從駕入汴，爲宣武軍節度使。

會帝崩欒城，世宗即位。翰聞之，委事於李從敏〔一〕，徑趍行在。是年秋，世宗與皇太后相拒於潢河橫渡，和議未定。太后問翰曰：「汝何怨而叛？」對曰：「臣母無罪，太后殺之，以此不能無憾。」初耶律屋質以附太后被囚，翰聞而快之，即因所謂曰：「汝嘗言我輩不及，今在狴犴，何也？」對曰：「第願公不至如此！」翰默然。

天祿二年，尚帝妹阿不里。後與天德謀反，下獄。復結惕隱劉哥及其弟盆都亂，耶律石剌告屋質，屋質遽入奏之，翰等不伏。帝不欲發其事，屋質固諍以爲不可，乃詔屋質鞫案。翰伏辜，帝竟釋之。復與公主以書結明王安端反，屋質得其書以奏，翰伏誅。

牒蠟，字述蘭，六院夷离菫蒲古只之後。

天顯中，爲中臺省右相。會同元年，與趙思温持節册晉帝〔二〕。及我師伐晉，至滹沱河，降晉將杜重威，牒蠟功居多。大同元年，平相州之叛，斬首數萬級。

世宗即位，遣使馳報，仍命牒蠟執偏將朮者以來。其使誤入朮者營，朮者得詔，反誘牒蠟，執送太后。牒蠟亡歸世宗。和約既成，封燕王，爲南京留守。

天禄五年，察割弒逆，牒蠟方醉，其妻扶入察割之幕，因從之。明旦，壽安王討亂，凡脅從者皆棄兵降；牒蠟不降，陵遲而死。妻子皆誅。

朗，字歐新，季父房罨古只之孫〔三〕。性輕佻，多力，人呼爲「虎斯」。天顯間以材勇進，每戰輒克，由是得名。

會同九年，太宗入汴，命知澶淵，控扼河渡。天禄元年，燕、趙已南皆應劉知遠，朗與汴守蕭翰棄城歸闕。先是，朗祖罨谷只爲其弟轄底詐取夷离菫，自是族中無任六院職事者；世宗不悉其事，以朗爲六院大王。

及察割作亂，遣人報朗曰：「事成矣！」朗遣詳穩蕭胡里以所部軍往，命曰：「當持兩端，助其勝者。」穆宗即位，伏誅，籍其家屬。

劉哥，字明隱，太祖弟寅底石之子〔四〕。幼驕狠，好陵侮人，長益兇狡。太宗惡之，使守邊徼，累遷西南邊大詳穩。

會同十年，叔父安端從帝伐晉，以病先歸，與劉哥鄰居，世宗立於軍中，安端議所往，劉哥首建附世宗之策，以本部兵助之。時太后命皇太弟李胡率兵而南，劉哥、安端遇於泰德泉。既接戰，安端墜馬。王子天德馳至，欲以鎗刺之。劉哥以身衞安端，射天德，貫甲不及膚。安端得馬復戰，太弟兵敗。劉哥與安端朝于行在。及和議成，太后問劉哥曰：「汝何怨而叛？」對曰：「臣父無罪，太后殺之，以此怨耳。」事平，以功爲惕隱。

天禄中，與其弟盆都、王子天德、侍衞蕭翰謀反，耶律石剌發其事，劉哥以飾辭免。後請帝博，欲因進酒弒逆，帝覺之，不果，被囚。一日，召劉哥，鎖項以博。帝問：「汝實反耶？」劉哥誓曰：「臣若有反心，必生千頂疽死！」遂貰之。耶律屋質固諍，以爲罪在不赦。上命屋質按之，具服。詔免死，流烏古部，果以千頂疽死。弟盆都。

盆都，殘忍多力，膚若蛇皮。天禄初，以族屬爲皮室詳穩。二年，與兄劉哥謀反，免死，使於轄戞斯國。既還，復預察割之亂，陵遲而死。

異母弟二人：化葛里、奚蹇。應曆初，無職任，以族子，甚見優禮。三年，或告化葛里、奚蹇與衞王宛謀逆，下獄，飾辭獲免。四年春，復謀反，伏誅。

海思，字鐸袞，隋國王釋魯之庶子〔五〕。機警口辨。

會同五年，詔求直言。時海思年十八，衣羊裘，乘牛詣闕。有司問曰：「汝何故來？」對曰：「應詔言事。苟不以貧稚見遺，亦可備直言之選。」有司以聞。會帝將出獵，使謂曰：「俟吾還則見之。」海思曰：「臣以陛下急於求賢，是以來耳；今反緩於獵，請從此歸。」帝聞，即召見賜坐，問以治道。命明王安端與耶律頗德試之，數日，安端等奏曰：「海思之材，臣等所不及。」帝召海思問曰：「與汝言者何如人也？」對曰：「安端言無收檢，若空車走峻坂；頗德如着靴行曠野射鴇。」帝大笑。擢宣徽使，屢任以事。帝知其貧，以金器賜之，海思即散于親友。後從帝伐晉有功。

世宗即位於軍中，皇太后以兵逆於潢河橫渡。太后遣耶律屋質責世宗自立。屋質至帝前，諭旨不屈；世宗遣海思對，亦不遜，且命之曰：「汝見屋質勿懼！」海思見太后還，不稱旨。既和，領太后諸局事。

穆宗即位，與冀王敵烈謀反，死獄中。

敵獵，字烏輦，六院夷离堇朮不魯之子。少多詐。

世宗即位，爲羣牧都林牙。察割謀亂，官僚多被囚繫。及壽安王與耶律屋質率兵來討，諸黨以次引去。察割度事不成，即詣囚所，持弓矢脅曰：「悉殺此曹！」敵獵進曰：「殺何益於事？竊料屋質將立壽安王，故爲此舉，且壽安未必知。若遣人藉此爲辭，庶可免。」察割曰：「如公言。誰可使者？」敵獵曰：「大王若不疑，敵獵請與罨撒葛同往說之。」察割遣之。壽安王用敵獵計，誘殺察割，凡被脅之人無一被害者，皆敵獵之力。

亂既平，帝嘉賞，然未顯用。敵獵失望，居常怏怏，結羣不逞，陰懷不軌。應曆二年，與其黨謀立婁國，事覺，陵遲死。

蕭革，小字滑哥，字胡突堇，國舅房林牙和尚之子。警悟多智數〔六〕。太平初，累遷官職。游近習間，以諛悅相比昵，爲流輩所稱，由是名達於上。

重熙初，拜北面林牙。十二年，爲北院樞密副使。帝嘗與近臣宴，謂革曰：「朕知卿才，故自拔擢，卿宜勉力！」革曰：「臣不才，誤蒙聖知，無以報萬一，惟竭愚忠，安敢怠？」明年，拜北府宰相。十五年，改同知北院樞密事。革怙寵專權，同僚具位而已。時夷离畢耶律義先知革姦佞，因侍燕，言革所短，用之將敗事。帝不聽。一日，上令義先對革巡擲，義先酒酣，曰：「臣備位大臣，縱不能進忠去佞，安能與賊博乎！」革銜之，佯言曰：「公相謔，不既甚乎！」義先詬詈不已。帝怒，皇后解之曰：「義先酒狂，醒可治也。」翌日，上詔革謂曰：「義先無禮，可痛繩之。」革曰：「義先之才，豈逃聖鑒！然天下皆知忠直。今以酒過爲罪，恐咈人望。」帝以革犯而不校，眷遇益厚。其矯情媚上多此類。拜南院樞密使，詔班諸王上，封吴王。改知北院，進王鄭，兼中書令。帝大漸，詔革曰：「大位不可一日曠，朕若弗寤，宜即令燕趙國王嗣位。」

清寧元年，復爲南院樞密使，更王楚〔七〕。復徙北院，與國舅蕭阿剌同掌朝政。革多私撓，阿剌每裁正之，由是有隙，出阿剌爲東京留守。會南郊，阿剌以例赴闕，帝訪羣臣以時務，阿剌陳利病，言甚激切。革伺帝意不悅，因譖曰：「阿剌恃寵，有慢上心，非臣子禮。」帝大怒，縊阿剌于殿下。

後上知革姦計，寵遇漸衰。八年，致仕，封鄭國王。九年秋，革以其子爲重元壻，革預其謀，陵遲殺之。

校勘記

〔一〕委事於李從敏　「李從敏」當爲「李從益」之誤。按舊五代史卷一〇〇漢高祖紀下天福十二年五月丁酉："「是日，契丹所署汴州節度使蕭翰迎郇國公李從益至東京，請從益知南朝軍國事。己亥，蕭翰發離東京北去。」新五代史卷一〇漢高祖紀天福十二年五月丙申同。又契丹國志卷一七蕭翰傳云："「時唐明宗子許王從益與王淑妃在洛陽，翰遣高謨翰迎之，矯稱太宗命以從益知南朝軍國事。」

〔二〕會同元年與趙思温持節册晉帝　「元年」，原作「二年」。按本書卷四太宗紀下繫遣使事於會同元年七月戊辰，舊五代史卷七七晉高祖紀三、新五代史卷八晉高祖紀、通鑑卷二八一後晉紀二均繫册封事於天福三年（遼會同元年）十月戊寅。今據改。

〔三〕季父房罨古只之孫　按季父房乃德祖諸子後人，罨古只爲懿祖次子帖剌之子，於德祖爲昆弟行，不當隸季父房。本書卷六六皇族表繫於六院夷离菫房，是。

〔四〕劉哥字明隱太祖弟寅底石之子　「弟」，原作「兄」，據本書卷一太祖紀上五年五月及卷六四皇子表改。

〔五〕隋國王釋魯之庶子　按下文謂會同五年海思年十八，則當生於天贊四年。然據本書卷一一二耶律滑哥傳及卷六一刑法志上，知釋魯之卒在太祖即可汗位前，此處所記恐有誤。

〔六〕警悟多智數　「智」，原作「定」，明鈔本、南監本同，今據北監本、殿本改。

〔七〕清寧元年復爲南院樞密使更王楚　按本書卷二一道宗紀一繫此事於清寧四年六月乙丑，與此異。

遼史卷百十四

列傳第四十四

逆臣下

蕭胡覩　蕭迭里得　古迭　耶律撒剌竹　奚回离保　蕭特烈

蕭胡覩，字乙辛。口吃，視斜，髮鬈，伯父孝穆見之曰：「是兒狀貌，族中未嘗有。」及壯，魁梧桀傲，好揚人惡。

重熙中，爲祇候郎君。俄遷興聖宮使，尚秦國長公主，授駙馬都尉。以不諧離婚，復尚齊國公主，爲北面林牙。

清寧中，歷北、南院樞密副使，代族兄朮哲爲西北路招討使。時蕭革與蕭阿剌俱爲樞密使，不協，革以朮哲爲阿剌所愛，嫉之。朮哲受代赴闕，先嘗借官粟，留直而去。胡覩希革意，發其事，朮哲因得罪。

胡覩又欲要權，歲時獻遺珍玩、畜産于革，二人相愛過于兄弟。胡覩族弟敵烈爲北剋，薦國舅詳穩蕭胡篤于胡覩，胡覩見其辨給壯勇，傾心交結。每遇休沐，言論終日，人皆怪之。會胡覩同知北院樞密事，奏胡篤及敵烈可用，帝以敵烈爲旗鼓拽剌詳穩，胡篤爲宿直官。及革搆陷其兄阿剌，胡篤陰爲之助，時人醜之。

耶律乙辛知北院樞密事，胡覩位在乙辛下，意怏怏不平。初，胡覩嘗與重元子涅魯古謀逆，欲其速發。會車駕獵太子山，遂與涅魯古脅弩手軍犯行宮。既戰，涅魯古中流矢而斃，衆皆逃散。時同黨耶律撒剌竹適在圍場，聞亂，率獵夫來援。其黨謂胡覩等曰：「我軍甚衆，乘其無備，中夜決戰，事冀有成；若至明日，其誰從我？」胡覩曰：「倉卒中，黑白不辨。若内外軍相應，則吾事去矣。黎明而發，何遲之有！」重元聽胡覩之計，令四面巡警待旦。是夜，同黨立重元僭位號，胡覩自爲樞密使。

明日戰敗，胡覩被創，單騎遁走，至十七濼，投水死。五子，同日誅之。

蕭迭里得，字胡覩堇，國舅少父房之後。父雙古，尚鈿匿公主，仕至國舅詳穩。

迭里得幼警敏不羈，好射獵。太平中，以外戚補祗候郎君，歷延昌宮使、殿前副點檢。重熙十三年伐夏，迭里得將偏師首入敵境，多所俘掠，遷都點檢，改烏古敵烈部都詳穩。十八年，再舉西伐，迭里得奏：「軍馬器械之事，務在選將。夏人豈爲難制，但嚴設斥候，不用掩襲計，何慮不勝？」帝曰：「卿其速行，無後軍期。」既而迭里得失利還，復爲都點檢。十九年，夏人來侵金肅軍，上遣迭里得率輕兵督戰，至河南三角川，斬候者八人，擒觀察使，以功命知漢人行宮都部署事，出爲西南面招討使。

族弟黃八家奴告其主私議宮掖事，迭里得寢之。事覺，決大杖，削爵爲民。清寧中，上以所坐事非迭里得所犯，起爲南京統軍使。至是，從重元子涅魯古等亂，敗走被擒，伏誅。

古迭，本宮分人，不知姓氏。好戲狎，不喜繩檢。膂力過人，善擊鞠。重熙初，爲護衞，歷宿直官。十三年，西征，以古迭爲先鋒。夏人伏兵掩之，古迭力戰，麾下士多歿，乃單騎突出。遇夏王李元昊來圍，勢甚急。古迭馳射，應弦輒仆，躍馬直擊中堅，夏兵不能當，晡乃還營。改興聖宮太保。

清寧九年，從重元、涅魯古亂，與扈從兵戰，敗而遁，追擒之，陵遲而死。

撒剌竹，孟父房滌洌之孫。性兇暴。清寧中，累遷宣徽使，改殿前都點檢，首與重元謀亂。會帝獵灤河，重元恐事泄，與扈從軍倉卒而戰。其子涅魯古既死，同黨潰散。撒剌竹適在畋所，聞亂，劫獵夫以援。既至，知涅魯古已死，大悔恨之，謂曰：「我輩惟有死戰，胡爲若兒戲，自取殞滅？今行宮無備，乘夜劫之，大事可濟。若俟明旦，彼將有備，安知我衆不携貳。一失機會，悔將無及。」重元、蕭胡覩等曰：「今夕但可四面圍之，勿令外軍得入，彼何能備！」不從。遲明，投仗而走，撒剌竹戰死。

奚回离保，一名翰〔一〕，字挼懶，奚王忒鄰之後。善騎射，趫捷而勇，與其兄竈里剌齊名。大安中，車駕幸中京，補護衛，稍遷鐵鷂軍詳穩。天慶間，徙北女直詳穩，兼知咸州路兵馬事，改東京統軍。既而諸蕃入寇，悉破之，遷奚六部大王，兼總知東路兵馬事。

保大二年，金兵至，天祚播遷，回离保率吏民立秦晉國王淳爲帝。淳僞署回离保知北院樞密事，兼諸軍都統，屢敗宋兵。淳死，其妻普賢女攝事。是年，金兵由居庸關入，回离保知北院，即箭笴山自立，號奚國皇帝，改元天復〔二〕，設奚、漢、渤海三樞密院，改東、西節度使爲二王，分司建官。

時奚人巴輒、韓家奴等引兵擊附近契丹部落，劫掠人畜，羣情大駭。會回离保爲郭藥師所敗，一軍離心，其黨耶律阿古哲與其甥乙室八斤等殺之，僞立凡八月〔三〕。

蕭特烈，字訛都椀，遥輦洼可汗宫分人。乾統中，入宿衞，出爲順義軍節度使。天慶四年，同知咸州路兵馬事。五年，以兵敗奪節度使。

保大元年，遷隗古部節度使。及天祚在山西集羣牧兵，特烈爲副統軍。聞金兵將至，特烈諭士卒以君臣之義，死戰于石輦鐸。金兵不戰，特烈伺間欲攻之。天祚喜甚，召嬪御諸子登高同觀，將詫之。金兵望日月旗，知天祚在其下，以勁兵直趨奮擊，無敢當者，天祚遁走。特烈所至，招集散亡，尋爲中軍都統，復敗于梯己山。

天祚決意渡河奔夏，從臣切諫不聽，人情惶懼不知所爲。特烈陰謂耶律兀直曰：「事勢如此，億兆離心，正我輩效節之秋。不早爲計，奈社稷何！」遂共劫梁王雅里，奔西北諸部，僞立爲帝，特烈自爲樞密使〔四〕。雅里卒，欲擇可立者。會耶律兀直言朮烈才德純備，兼興宗之孫〔五〕，衆皆曰可，遂僭立焉，特烈僞職如故。未三旬，與朮烈俱爲亂兵所殺。

論曰：遼之秉國鈞，握兵柄，節制諸部帳，非宗室外戚不使，豈不以爲帝王久長萬世之計哉。及夫肆叛逆，致亂亡，皆是人也。有國家者，可不深戒矣乎！

校勘記

〔一〕奚回离保一名翰　按本書卷二九天祚皇帝紀三、卷一〇二李處温傳、耶律余覩傳及宋會要蕃夷二之三五、會編卷五宣和四年三月十七日、宋史卷二二徽宗紀四宣和四年五月丙戌均作「蕭幹」。此處作「翰」，誤。

〔三〕改元天復　「天復」，或記作「天阜」、「天嗣」、「天興」。參見本書卷二九天祚皇帝紀三校勘記〔一三〕。

〔三〕僞立凡八月　本書卷二九天祚皇帝紀三、金史卷二太祖紀及卷六七奚王回离保傳皆云回离保保大三年正月僭號，是年五月被殺，蓋稱帝不足八月。

〔四〕特烈自爲樞密使　按本書卷三〇天祚皇帝紀四附耶律雅里傳，謂「以耶律敵列爲樞密使，特母哥副之」。「耶律敵列」，卷二九天祚皇帝紀三保大三年五月庚申、卷五九食貨志上、卷六九部族表皆作「耶律敵烈」。此處蕭特烈與耶律敵列（烈）蓋係一人，其姓氏當有一誤。

〔五〕會耶律兀直言朮烈才德純備兼興宗之孫　按本書卷六四皇子表、卷六六皇族表皆云朮烈爲聖宗子吳哥四世孫，與此不合。

遼史卷百十五

二國外記第四十五

高麗

高麗自有國以來，傳次久近，人民土田，歷代各有其志，然高麗與遼相爲終始二百餘年。

自太祖皇帝神册間，高麗遣使進寶劍〔一〕。天贊三年，來貢。太宗天顯二年，來貢。會同二年，受晉上尊號册，遣使往報。

聖宗統和三年秋七月，詔諸道各完戎器，以備東征高麗。八月，以遼澤沮洳，罷師。十年，以東京留守蕭恒德伐高麗。十一年，王治遣朴良柔奉表請罪，詔取女直國鴨渌江東數百里地賜之。十二年，入貢。三月，王治遣使請所俘生口，詔贖還之〔二〕，仍遣使撫諭。

十二月，王治進妓樂，詔却之。十三年，治遣李周楨來貢〔三〕，又進鷹。十月，遣李知白奉貢。十一月，遣使册治爲王。遣童子十人來學本國語。十四年，王治表乞爲昏姻，以東京留守駙馬蕭恒德女下嫁之。六月，遣使來問起居。自是，至者無時。

十五年，韓彦敬來納聘幣〔四〕，弔駙馬蕭恒德妻越國公主薨。十一月，治薨，其姪誦遣王同穎來告。十二月，遣使致祭，詔其姪誦權知國事〔五〕。十六年，遣使册誦爲王。二十年，誦遣使賀伐宋之捷。七月，來貢本國地里圖。二十二年，以南伐事詔諭之。二十三年，高麗聞與宋和，遣使來賀。二十六年，進龍鬚草席，及賀中京成〔六〕。二十七年，承天皇太后崩，遣使報以國哀。二十八年，誦遣魏守愚等來祭。三月，使來會葬。

五月，高麗西京留守康肇弑其主誦〔七〕，擅立誦從兄詢〔八〕。八月，聖宗自將伐高麗，報宋，遣引進使韓杞宣問詢。詢奉表乞罷師，不許。十一月，大軍渡鴨渌江，康肇拒戰于銅州〔九〕，敗之。肇復出，右皮室詳穩耶律敵魯擒肇等，追奔數十里，獲所棄糧餉、鎧仗，銅、霍、貴、寧等州皆降〔一〇〕。詢上表請朝，許之。禁軍士俘掠。以政事舍人馬保祐爲開京留守〔一一〕，安州團練使王八爲副留守。太子太師乙凜將騎兵一千，送保祐等赴京。守將卓思正殺我使者韓喜孫等十人〔一二〕，領兵出拒，保祐等復還。乙凜領兵擊之，思正遂奔西京。圍之五日，不克，駐蹕于城西佛寺。高麗禮部郎中渤海陀失來降。遣排押、盆奴攻開京，遇敵于京西，敗之。詢棄城遁走，遂焚開京，至清江而還。二十九年正月，班師，所降諸城復叛。至貴州南嶺谷〔二三〕，大雨連日，霽乃得渡，馬駝皆疲乏，甲仗多遺棄，次鴨渌江。以所俘人分置諸陵廟，餘賜内戚、大臣。

開泰元年，詢遣蔡忠順來乞稱臣如舊，詔詢親朝。八月，遣田拱之奉表，稱病不能朝。詔復取六州之地。二年，耶律資忠使高麗取地〔二四〕，未幾還。三年，資忠復使，如前索地。五月，詔國舅詳穩蕭敵烈、東京留守耶律團石等造浮梁于鴨渌江，城保、宣義、定遠等州〔二五〕。四年，命北府宰相劉慎行爲都統，樞密使耶律世良爲副，殿前都點檢蕭虚烈爲都監。慎行挈家邊上，致緩師期，追還之；以世良、虚烈總兵伐高麗。五年，世良等與高麗戰于郭州西，破之。六年，樞密使蕭合卓爲都統，漢人行宫都部署王繼忠爲副，殿前都點檢蕭虚烈爲都監進討。蕭合卓攻興化軍不克，師還。七年，詔東平郡王蕭排押爲都統，蕭虚烈爲副統，東京留守耶律八哥爲都監，復伐高麗。十二月，蕭排押與戰于茶、陀二河之間，我軍不利，天雲、右皮室二軍没溺者衆，天雲軍詳穩海里、遥輦帳詳穩阿果達、客省使酌古、渤海詳穩高清明等皆没于陣。八年，詔數排押討高麗罪，釋之。加有功將校，益封戰没將校之妻，録其子弟。以南皮室軍校有功〔二六〕，賜衣物銀絹有差，出金帛賜肴里、涅哥二奚軍。八月，遣郎君曷不吕等率諸部兵，會大軍同討高麗。詢遣使來乞貢方物。九年，資忠還，以詢降表進，釋詢罪。

太平元年，詢薨〔一七〕，遣使來報嗣位，即遣使册王欽爲王〔一八〕。九年，賜欽物。十一年，聖宗崩，遣使告哀。七月，使來慰奠。

興宗重熙七年，來貢。十二年三月，以加上尊號，來賀。十三年，遣使來貢。十四年三月〔一九〕，又來貢。十五年，入貢。八月，王欽薨〔二〇〕，遣使來告。十六年，來貢。明年，又來貢。十九年，復貢。六月，遣使來賀伐夏之捷。二十二年，入貢。二十三年四月，王徽請官其子，詔加檢校太尉。

興宗崩，道宗即位，清寧元年八月，遣使報國哀，以先帝遺留物賜之。十一月，使來會葬。二年、三年，皆來貢。四年春，遣使報太皇太后哀。五月，使來會葬。咸雍七年、八年，來貢〔二一〕。十二月，以佛經一藏賜徽。九年、十年，來貢。大康二年三月，皇太后崩，遣使報哀〔二二〕。六月，使來弔祭。四年，王徽乞賜鴨渌江以東地，不許。九年八月，王徽薨，以徽子三韓國公勳權知國事。十二月，勳薨。大安元年，册勳子運爲國王〔二三〕。二年，遣使來謝封册。三年，來貢。四年三月，免歲貢。五年、六年，連貢。九年，賜王運羊。十年，運薨，子昱遣使來告，即賻贈。壽隆元年，來貢。十一月，王昱病，命其子顒權知國事〔二四〕。二年，來貢。三年三月，王昱薨。五年，王顒乞封册。六年，封顒爲三韓國公〔二五〕。

七年，道宗崩，天祚即位，改爲乾統元年，報道宗哀，使來慰奠。十二月，遣使來賀。五年，三韓國公顒薨，子俁遣使來告。八月，封俁爲三韓國公，贈其父顒爲國王〔二六〕。十二月，遣使來謝。九年，來貢。天慶二年，王俁母薨，來告，遣使致祭，起復。三年，遣使來謝致祭，又來謝起復。十年，乞兵于高麗以禦金，而金人責之。至是遼國亡矣。

西夏

西夏，本魏拓跋氏後，其地則赫連國也。遠祖思恭，唐季受賜姓曰李，涉五代至宋，世有其地。至李繼遷始大，據夏、銀、綏、宥、靜五州，緣境七鎮，其東西二十五驛，南北十餘驛。子德明，曉佛書，通法律，嘗觀太一金鑑訣、野戰歌，製番書十二卷，又製字若符篆〔二七〕。

其俗，衣白窄衫，氈冠，冠後垂紅結綬。自號嵬名〔二八〕，設官分文武。其冠用金縷貼，間起雲，銀紙帖，緋衣，金塗銀帶，佩蹀躞、解錐、短刀、弓矢，穿靴，禿髮，耳重環，紫旋襴六襲。出入乘馬，張青蓋，以二旗前引，從者百餘騎〔二九〕。民庶衣青緑。革樂之五音爲一音，裁禮之九拜爲三拜。凡出兵先卜，有四：一炙勃焦，以艾灼羊胛骨；二擗筭，擗竹于地以求數，若揲蓍然；三呪羊，其夜牽羊，焚香禱之，又焚穀火于野，次晨屠羊，腸胃通則吉，羊心有血則敗；四矢擊絃，聽其聲，知勝負及敵至之期。病者不用醫藥，召巫者送鬼，西夏語以巫爲「厮」也；或遷他室，謂之「閃病」。喜報仇，有喪則不伐人，負甲葉於背識之。仇解，用雞猪犬血和酒，貯於髑髏中飲之，乃誓曰：「若復報仇，穀麥不收，男女禿癩，六畜死，蛇入帳。」有力小不能復仇者，集壯婦，享以牛羊酒食，趨讎家縱火，焚其廬舍。俗曰敵女兵不祥，輒避去。訴于官，官擇舌辯氣直之人爲和斷官，聽其屈直。殺人者，納命價錢百二十千。

土產大麥、蓽豆、青稞、床子、古子蔓、鹹地蓬實、蓯蓉、苗、小蕪荑、席雞草子、地黃葉、登厢草、沙葱、野韭、拒灰蓧、白蒿、鹹地松實〔三〇〕。

民年十五爲丁。有二丁者，取一爲正軍。負擔雜使一人爲抄〔三一〕，四丁爲兩抄。餘人得射它丁，皆習戰鬬。正軍馬駝各一，每家自置一帳。團練使上，帳、弓、矢各一，馬五百疋，橐駝一，旗鼓五，槍、劍、棍棓、粆袋、雨氊、渾脱、鍬钁、箭牌、鐵笊籬各一〔三二〕；刺史以下，人各一駝，箭三百，毛幕一；餘兵三人共一幕。有砲手二百人，號「潑喜」。勇健者號「撞令郎」。齎糧不過一旬。晝則舉煙、揚塵，夜則篝火爲候。若獲人馬，射之，號曰「殺鬼招魂」，或射草縛人。出軍用單日，避晦日。多立虛寨，設伏兵。衣重甲，乘善馬，以鐵騎爲前鋒，用鈎索絞聯，雖死馬上不落。

其民俗勇悍，衣冠、騎乘、土産品物、子姓傳國，亦略知其大概耳。

初，西夏臣宋有年，賜姓曰趙。迨遼聖宗統和四年，繼遷叛宋，始來附遼，授特進、檢校太師、都督夏州諸軍事，遂復姓李。十月，遣使來貢。六年，入貢。七年，來貢，以王子帳耶律襄之女封義成公主，下嫁繼遷〔三三〕。八年正月，來謝。三月，又來貢。九月，繼遷遣使獻宋俘。十月，以敗宋軍來告。十二月，下宋麟、鄜等州，來告，遣使封繼遷爲夏國王。九年二月，遣使告伐宋之捷。四月，遣李知白來謝封册〔三四〕。七月，復綏、銀二州，來告。十月，繼遷以宋所授敕命，遣使來上。是月，定難軍節度使李繼捧來附，授開府儀同三司、檢校太師，兼侍中，封西平王，仍賜推忠效順啓聖定難功臣。十二月，繼遷潛附于宋，遣韓德威持詔諭之。十年二月，韓德威還，奏繼遷託故不出，至靈州俘掠以還。西夏遣使來奏德威俘掠，賜詔撫諭。十月，來貢。十二年，入貢。十三年，敗宋師，遣使來告。十四年，又來貢。十五年三月，以破宋兵來告，封繼遷爲西平王。六月，遣使來謝封册。十六年，來貢。十八年，授繼遷子德明朔方軍節度使。十九年，遣李文冀來貢〔三五〕。六月，奏下宋恒、環、慶三州，賜詔褒美。二十年，遣使來進馬、駝。六月，遣劉仁勗來告下靈州。二十一年，繼遷薨，其子德昭遣使來告。六月，贈繼遷尚書令，遣西上閤門使丁振弔慰。八月，德昭遣使來謝弔贈〔三六〕。二十二年三月，德昭遣使上繼遷遺留物。七月，封德昭爲西平王。十月，遣使來謝封册。二十三年，下宋青城，來告。二十五年，德昭母薨，遣使弔祭，起復。二十七年，承天皇太后崩，遣使報哀于夏。二十八年，遣使册德昭爲夏國王。開泰元年，德昭遣使進良馬。二年，遣引進使李延弘賜夏國王李德昭及義成公主車馬。太平元年，來貢。十一年，聖宗崩，報哀于夏，德昭遣使來進賻幣。

興宗即位，以興平公主下嫁李元昊，以元昊爲駙馬都尉。重熙元年，夏國遣使來賀。李德昭薨，册其子夏國公元昊爲王。二年，來貢。十二月，禁夏國使沿路私市金、鐵。七年，來貢。李元昊與興平公主不諧，公主薨，遣北院承旨耶律庶成持詔問之。九年，宋遣郭禎以伐夏來報〔三七〕。十年，夏國獻所俘宋將及生口。十一年，遣使問宋興師伐夏之由。十二月，禁吐渾鬻馬于夏，沿邊築障塞以防之。十二年正月，遣樞密都承旨王惟吉諭夏國與宋和〔三八〕。二月，元昊以加上尊號，遣使來賀。耶律敵烈等使夏國還，奏元昊罷兵，遣使報宋。四月，夏國遣使進馬、駝。七月，元昊上表請伐宋，不從。十月，夏人侵党項，遣延昌宮使高家奴讓之。十三年四月，党項及山西部族節度使屈烈以五部叛入西夏〔三九〕，詔徵諸道兵討之。六月，阻卜酋長烏八遣其子執元昊所遣求援使窊邑改來〔四〇〕。八月，夏使對不以情，覊之。使復來，詢事宜不實對，笞之。十月，元昊上表謝罪，欲收集叛黨以獻，從之；進方物，命北院樞密副使蕭革迓之。元昊親率党項三部來降，詰其納叛背盟，元昊伏罪。初，夏人執蕭胡覩，至是，請以被執者來歸。詔所留夏使亦還其國。十二月，胡覩來歸，又遣使來貢。

十七年，元昊薨，其子諒祚遣使來告，上其父遺留物。鐵不得國乞以本部軍助攻夏國，不許。十八年，復議伐夏，留其賀正使不遣，遣北院樞密副使蕭惟信以伐夏告宋。六月，夏國遣使來貢，留之。七月，親征。八月，渡河，夏人遁。九月，蕭惠爲夏人所敗。十月，招討使耶律敵古率阻卜軍至賀蘭山，獲元昊妻及其官屬。遇其軍三千來拒，殪之；詳穩蕭慈氏奴、南剋耶律斡里歿于陣。十九年正月，遣使問罪于夏。夏將洼普等攻金肅城，耶律高家奴等破之，洼普被創遁去，殺猥貨、乙靈紀。三月，殿前都點檢蕭迭里得與夏軍戰于三角川，敗之。招討使蕭蒲奴、北院大王宜新等帥師伐夏，都部署別古得爲監戰。五月，蕭蒲奴等入夏境，不遇敵，縱軍俘掠而還。夏國洼普來降。十月，李諒祚母遣使乞依舊稱臣。十二月，諒祚上表如母訓。二十年二月，遣使索党項叛户。五月，蕭友括使夏回，進諒祚母表；乞代党項權進馬駝牛羊等物；又求唐隆鎮，仍乞罷所建城邑。以詔答之。六月，獲元昊妻，及俘到夏人置于蘇州[四一]。二十一年十月，諒祚遣使乞弛邊備，遣友括賫詔諭之。二十二年七月，諒祚進降表，遣林牙高家奴賫詔撫諭[四二]。二十三年正月，貢方物。五月，乞進馬、駝，詔歲貢之。七月，諒祚遣使求婚。十月，進誓表。二十四年，興宗崩，遣使報哀于夏〔四三〕。

道宗即位，清寧元年，遣使來賀。九月，以先帝遺物賜夏。四年四月，遣使會葬〔四四〕。九年正月，禁民鬻銅于夏。咸雍元年五月，來貢。三年十一月，遣使進回鶻僧、金佛、梵覺經。十二月，諒祚薨。四年二月，諒祚子秉常遣使報哀，即遣使弔祭。秉常上其父遺物。十月，册秉常爲夏國王。十二月，來貢。五年七月，遣使來謝封册。閏十一月〔四五〕，秉常乞賜印綬。九年，遣使來貢。大康二年正月，仁懿皇后崩，遣使報哀于夏，以皇太后遺物賜之〔四六〕。遣使來弔祭。五年，來貢。八年二月，遣使以所獲宋將張天益來獻〔四七〕。大安元年十月，秉常遣使報其母哀。二年十月，秉常薨，遣使詔其子乾順知國事。十二月，李乾順遣使上其父秉常遺物。四年七月，册乾順爲夏國王。五年六月，遣使來謝封册。八年六月，夏爲宋所侵，遣使乞援。壽隆三年六月，以宋人置壁壘于要地，遣使來告。四年六月，求援。十一月，遣樞密直學士耶律儼使宋，諷與夏和。夏復遣使來求援。五年正月，詔乾順伐拔思母等部〔四八〕。十一月，夏以宋人罷兵，遣使來謝。六年十一月，遣使請尚公主。七年，道宗崩，遣使告哀于夏。遣使來慰奠。

天祚即位，乾統元年，夏遣使來賀。二年，復請尚公主。又以爲宋所侵，遣李造福、田若水來求援。三年，復遣使請尚公主。十月，使復來求援。四年、五年，李造福等至，乞援。以族女南仙封成安公主下嫁乾順。六年正月，遣牛温舒使宋，令歸所侵夏地。六月，遣李造福來謝。八年，乾順以成安公主生子，遣使來告。九年，以宋不歸地來告。十年，遣李造福等來貢。天慶三年六月，來貢。保大二年，天祚播遷，乾順率兵來援，爲金師所敗，乾順請臨其國。六月，遣使册乾順爲夏國皇帝，而天祚被執歸金矣〔四九〕。

論曰：高麗、西夏之事遼，雖嘗請昏下嫁，烏足以得其固志哉？三韓接壤，反覆易知；涼州負遠，納叛侵疆，乘隙輒動，貢使方往，事釁隨生。興師問罪，屢煩親征。取勝固多，敗亦貽悔。昔吴趙咨對魏之言曰：「大國有征伐之兵，小國有備禦之固。」豈其然乎！先王柔遠，以德而不以力，尚矣。遼亡，求援二國，雖能出師，豈金敵哉。

校勘記

〔一〕自太祖皇帝神册間高麗遣使進寶劍　按本書卷一太祖紀上，高麗進寶劍在太祖九年十月。

〔二〕詔贖還之　「贖」，原作「續」。按本書卷一三聖宗紀四統和十二年三月丁巳云：「高麗遣使請所俘人畜，詔贖還。」今據改。

〔三〕治遣李周楨來貢　「李周楨」，本書卷一三聖宗紀四統和十三年二月甲辰、高麗史卷一二七康兆傳同，高麗史卷三成宗世家成宗十四年（遼統和十三年）二月、同卷穆宗世家穆宗十二年（遼統和二十七年）正月、卷九四趙之遴傳皆作「李周禎」。未知孰是。

〔四〕韓彦敬　本書卷一三聖宗紀四統和十五年七月丙子同，高麗史卷三成宗世家成宗十五年（遼統和十四年）三月作「韓彦卿」。

〔五〕詔其姪誦權知國事　「誦」，原作「記」，據上文及高麗史卷三穆宗世家改。

〔六〕賀中京成　「成」，原作「城」，據本書卷一四聖宗紀五統和二十六年五月己巳改。

〔七〕康肇　據高麗史卷一二七康兆傳及卷三穆宗世家，當作「康兆」。

〔八〕擅立誦從兄詢　據高麗史卷三穆宗世家、卷四顯宗世家一及宣和奉使高麗圖經卷二世次，詢當爲誦之從弟。

〔九〕銅州　當作「通州」。參見本書卷一五聖宗紀六校勘記〔四〕。

〔一〇〕銅霍貴寧等州皆降　「霍」、「貴」，疑爲「郭」、「龜」之音誤。參見本書卷一五聖宗紀六校勘記〔六〕。

〔一一〕馬保祐　本書卷一五聖宗紀六統和二十八年十一月辛卯及高麗史卷九四智蔡文傳皆作「馬保佑」。

〔一二〕卓思正　高麗史卷九四智蔡文傳、東國通鑑卷一五高麗紀顯宗元文王一元年十二月庚戌皆作「卓思政」。

〔一三〕至貴州南嶺谷　「貴州」，原作「貴德州」，據本書卷一五聖宗紀六統和二十八年十一月戊子及二十九年正月乙亥改。「南嶺谷」，聖宗紀作「南峻嶺谷」。

〔一四〕耶律資忠　高麗史及崔士威廟誌皆作「耶律行平」，參見本書卷一五聖宗紀六校勘記〔二二〕。

〔一五〕城保宣義定遠等州　此處所記州名淆亂，參見本書卷一五聖宗紀六校勘記〔二八〕。

〔一六〕以南皮室軍校有功　「軍校」二字原闕，據本書卷一六聖宗紀七開泰八年六月乙巳補。

〔一七〕太平元年詢薨　此處所記有誤。按高麗史卷五顯宗世家二，王詢卒於顯宗二十二年（遼太平十一年）五月辛未。

〔一八〕「太平元年」至「遣使册王欽爲王」　本書卷一六聖宗紀七繫此事於太平二年十二月，又高麗史卷五顯宗世家二謂册王欽爲「國公」，參見卷一六校勘記〔二七〕。

〔一九〕十四年三月　「十四年」前原衍「三」字，顯誤，今删。

〔二〇〕王欽薨　「王欽」當爲「王亨」之誤，參見本書卷一九興宗紀二校勘記〔二〇〕。

〔二一〕咸雍七年八年來貢　「咸雍」二字原闕。按本書道宗紀，咸雍七年十一月、八年六月皆有高麗來貢事，清寧七年、八年則無，又此下「以佛經一藏賜徽」事見道宗紀咸雍八年十二月庚寅。今據補。

〔二二〕大康二年三月皇太后崩遣使報哀　「二年」，原作「元年」，據本書卷二三道宗紀三大康二年三月癸亥改。

〔三〕册勳子運爲國王　此處所記有誤。據高麗史卷九順宗世家、卷一〇宣宗世家，宣宗運乃文宗第二子，順宗勳母弟。

〔四〕王昱病命其子顒權知國事　「子」當作「叔」。按高麗史文宗、順宗、宣宗、獻宗、肅宗諸世家，文宗三子：勳、運、顒；昱係運之子，顒之從子。

〔五〕封顒爲三韓國公　此處所記有誤。按高麗史卷一一肅宗世家一，肅宗二年（遼壽昌三年）十二月癸巳册封顒爲高麗王，五年十月壬子册顒之長子俁爲三韓國公。

〔六〕八月封俁爲三韓國公贈其父顒爲國王　「八月」，諸本皆同。然本書卷二七天祚皇帝紀一乾統八年四月丙申，「封高麗王俁爲三韓國公，贈其父顒爲高麗國王」，疑「八月」當爲「八年」之誤。又此處所記册封事有誤，參見卷二七天祚皇帝紀一校勘記〔三〕。

〔七〕「子德明」至「又製字若符篆」　長編卷一一一明道元年十一月及宋史卷四八五夏國傳上皆以此爲元昊事。

〔八〕「其俗」至「自號嵬名」　此處所記西夏風俗，長編卷一一五景祐元年十月及宋史卷四八五夏國傳上皆記爲元昊事。又「自號嵬名」，長編、宋史皆作「自號嵬名吾祖」。

〔九〕「出入乘馬」至「從者百餘騎」　長編卷一一一明道元年十一月及宋史卷四八五夏國傳上記此亦爲元昊事。

〔三〇〕「土産大麥」至「拒灰蓧白蒿鹹地松實」　此處「拒灰蓧」當有闕文。按隆平集卷二〇夷狄傳云：「西北少五穀。軍興糧饋止於大麥、蓽豆、青麻子之類。其民則春食鼓子蔓、鹹蓬子；夏食莜蓉、苗、小蕪荑；秋食席雞子、地黄葉、登厢草；冬則畜沙葱、野韭、拒霜、灰蓧子、白蒿、鹹松子，以爲歲計。」

〔三一〕負擔雜使一人爲抄　「負擔」恐係「負贍」之誤。按宋史卷四八六夏國傳下云：「男年登十五爲丁，率二丁取正軍一人。每負贍一人爲一抄。負贍者，隨軍雜役也。」

〔三二〕「團練使上」至「鐵笊籬各一」　按宋史卷四八六夏國傳下云：「團練使以上，帳一、弓一、箭五百、馬一、橐駝五，旗、鼓、槍、劍、棍棓、粆袋、披氈、渾脱、背索、鍬钁、斤斧、箭牌、鐵爪籬各一。」此處「團練使」下當闕「以」字，又「矢各一，馬五百疋，橐駝一，旗鼓五」句當有舛誤。

〔三三〕七年來貢以王子帳耶律襄之女封義成公主下嫁繼遷　本書卷一一聖宗紀二及宋史卷四八五夏國傳上皆繫此事於統和四年。

〔三四〕遣李知白來謝封册　「李知白」，本書卷一三聖宗紀四統和九年四月乙亥作「杜白」。按聖宗紀及本卷高麗外記皆有統和十三年十月高麗使臣李知白來貢事，又高麗史卷三成宗世家成宗十四年（遼統和十三年）二月亦有遣李知白使遼事。疑此處將西夏使臣「杜白」誤爲高麗使臣「李知白」。

〔三五〕李文冀　本書卷一四聖宗紀五統和十九年三月乙亥作「李文貴」。

〔三六〕八月德昭遣使來謝弔贈　按本書卷一四聖宗紀五繫此事於是年九月己亥。

〔三七〕郭禎　當作「郭稹」。參見本書卷一八興宗紀一校勘記〔三九〕。

〔三八〕遣樞密都承旨王惟吉諭夏國與宋和　此處漏記耶律敵烈。按下文謂「耶律敵烈等使夏國還」，本書卷一九興宗紀二重熙十二年正月辛未亦謂「遣同知析津府事耶律敵烈、樞密院都承旨王惟吉諭夏國與宋和」。

〔三九〕党項及山西部族節度使屈烈以五部叛入西夏　「族」字原闕，據本書卷一九興宗紀二重熙十三年四月丙辰補。

〔四〇〕阻卜酋長烏八遣其子執元昊所遣求援使窊邑改來　此句原作「阻卜子烏八執元昊」，據本書卷一九興宗紀二重熙十三年六月甲午及卷七〇屬國表補正。

〔四一〕獲元昊妻及俘到夏人置于蘇州　上文「獲元昊妻」事在重熙十八年十月。按本書卷二〇興宗紀三，重熙二十年六月丙戌「詔以所獲李元昊妻及前後所俘夏人安置蘇州」。此處當有闕誤。

〔四二〕二十二年七月諒祚進降表遣林牙高家奴賫詔撫諭　本書卷二〇興宗紀三繫此事於重熙二十二年九月。此作「七月」，恐誤。

〔四三〕二十四年興宗崩遣使報哀于夏　「興宗崩遣使報哀于夏」九字原在「二十四年」前，諸本皆同。按本書卷二一道宗紀一，興宗崩於重熙二十四年八月己丑，同日道宗即位。今據以乙正。

〔四四〕四年四月遣使會葬　按本書卷二一道宗紀一，太皇太后卒於清寧三年十二月己巳，四年正月壬申遣使報哀於宋、夏。此處「遣使會葬」所指不明，當漏記事由。

〔四五〕閏十一月　「閏」字原闕，據本書卷二二道宗紀二咸雍五年及卷四三閏考補。

〔四六〕大康二年正月仁懿皇后崩遣使報哀于夏以皇太后遺物賜之　按本書卷二三道宗紀三，此皆大康二年三月事。

〔四七〕張天益　本書卷二四道宗紀四大康八年二月己巳作「張天一」，長編卷三二八神宗元豐五年（遼大康八年）七月壬辰作「張天翼」。

〔四八〕詔乾順伐拔思母等部　「詔」字原闕，據本書卷二六道宗紀六壽隆五年正月己酉補。「拔思母」，原作「拔母思」，本書興宗紀、道宗紀屢見「拔思母」，今據改。

〔四九〕「保大二年」至「而天祚被執歸金矣」　此處所記諸事繫年不明。按本書天祚皇帝紀，保大二年六月夏兵來援，三年五月乾順請臨其國，六月遣使册乾順爲帝，而天祚被執歸金則已在五年二月。

遼史卷百十六

國語解第四十六

史自遷、固，以迄晉、唐，其爲書雄深浩博，讀者未能盡曉。於是裴駰、顔師古、李賢、何超、董衝諸儒，訓詁音釋，然後制度名物、方言奇字，可以一覽而周知。其有助於後學多矣。

遼之初興，與奚、室韋密邇，土俗言語大概近俚。至太祖、太宗，奄有朔方，其治雖參用漢法，而先世奇首、遥輦之制尚多存者。子孫相繼，亦遵守而不易。故史之所載，官制、宫衞、部族、地理，率以國語爲之稱號。不有註釋以辨之，則世何從而知，後何從而考哉。今即本史參互研究，撰次遼國語解以附其後，庶幾讀者無齟齬之患云。

帝紀

太祖紀：

耶律氏、蕭氏　本紀首書太祖姓耶律氏，繼書皇后蕭氏，則有國之初，已分二姓矣。有謂始興之地曰世里，譯者以世里爲耶律，故國族皆以耶律爲姓。有謂述律皇后兄子名蕭翰者，爲宣武軍節度使，其妹復爲皇后，故后族皆以蕭爲姓。其説與紀不合，故陳大任不取。又有言以漢字書者曰耶律、蕭，以契丹字書者曰移剌、石抹，則亦無可考矣。

霞瀨益石烈　鄉名。諸宮下皆有石烈，設官治之。

彌里　鄉之小者。

撻馬狘沙里　撻馬，人從也。沙里，郎君也。管率衆人之官。後有止稱撻馬者。

大迭烈府　即迭剌部之府也。初，阻午可汗與其弟撒里本領之[一]，及太祖以部夷离菫即位，因强大難制，析爲二院。烈、剌音相近。

夷离菫　統軍馬大官。會同初，改爲大王。

集會堝下窩、陀二音。　地名。

阿主沙里　阿主，父祖稱。

惕隱　典族屬官。即宗政職也。

奚、霫下音習。　國名。中京地也。

黑車子　國也。以善製車帳得名。契丹之先，嘗遣人往學之。

于越　貴官，無所職。其位居北、南大王上〔二〕，非有大功德者不授。

鷹軍　鷹鷙，以之名軍，取捷速之義。後託龍軍、虎軍、鐵鷂軍者〔三〕，倣此。

嗢娘改上音兀〔四〕。　地名。

西樓　遼有四樓：在上京者曰西樓，木葉山曰南樓，龍化州曰東樓，唐州曰北樓。歲時遊獵，常在四樓間。

阿點夷离的　阿點，貴稱。夷离的，大臣夫人之稱。

糺轄　糺，軍名。轄者，管束之義。

夷离畢　即參知政事，後置夷离畢院以掌刑政。宋刁約使遼有詩云「押宴夷离畢」，知其爲執政官也。

射鬼箭　凡帝親征，服介冑，祭諸先帝，出則取死囚一人，置所向之方，亂矢射之，名「射鬼箭」，以祓不祥。及班師，則射所俘。後因爲刑法之用。

暴里　惡人名也。

大、小鶻軍〔五〕　二室韋軍號也。

神纛　從者所執。以旄牛尾爲之，纓槍屬也。

龍眉宫　太祖取天梯、蒙國、别魯三山之勢，于葦淀射金齪箭以識之，名龍眉宫。神册三年，築都城于其地，臨潢府是也。齪，測角切，箭名。

崤里　室韋部名。

君基太一神　福神名。其神所臨之國，君能建極，孚于上下，則治化升平，民享多福。

撻林　官名。後二室韋部改爲僕射，又名司空〔六〕。

舍利　契丹豪民要裹頭巾者，納牛駝十頭〔七〕，馬百疋，乃給官名曰舍利。後遂爲諸帳官，以郎君繫之。

阿廬朵里一名阿魯敦。　貴顯名。遼于越官兼此者，維曷魯耳。

選底　主獄官。

常衮　官名。掌遥輦部族户籍等事；奚六部常衮掌奚之族屬。

譚謀　渤海國主名。

尅釋魯　尅，官名。釋魯，人名。後尅朗、尅臺哂倣此。

烏魯古、阿里只　太祖及述律后受諲譔降時所乘二馬名也，因賜諲譔夫婦以爲名。

太宗紀：

箭笴山笴音簳〔八〕。　胡損奚所居。

柴册　禮名。積薪爲壇，受羣臣玉册。禮畢，燔柴祀天。阻午可汗制也。

遥輦氏九帳　遥輦九可汗宫分。

北尅、南尅　掌軍官名，猶漢南北軍之職。

祭麃鹿神　遼俗好射麃鹿，每出獵，必祭其神以祈多獲。

林牙　掌文翰官，時稱爲學士。其羣牧所設，止管簿書。

瑟瑟禮　祈雨射柳之儀，遥輦蘇可汗制。

再生禮　國俗，每十二年一次，行始生之禮，名曰再生。惟帝與太后、太子及夷离堇得行之。又名覆誕。

神速姑　宗室人名，能知蛇語。

蒲割額下乃頂切。　公主名也。

三尅　統軍官，猶云三帥也。

詳穩　諸官府監治長官。
梯里已　諸部下官也，後陞司徒。
達剌干　縣官也，後陞副使。
麻都不　縣官之佐也，後陞爲令。
馬步　未詳何官，以達剌干陞爲之。
牙署　官名。疑即牙書，石烈官也。
世燭　遥輦帳侍中之官。
敞史　官府之佐吏也。
思奴古　官與敞史相近。
徒覩古　邊徼外小國。
世宗、穆宗紀：
躃林上音帶。　地名，即松林故地。
閘撒狘　抹里司官，亦掌宫衛之禁者。
撻馬　扈從之官。
濃兀　部分名。

葉格戲　宋錢僖公家有葉子揭格之戲。

景宗、聖宗紀：

飛龍使　掌馬官，亦爲導騎。

横帳　德祖族屬號三父房，稱横帳，宗室之尤貴者。

著帳　凡世官之家洎諸色人，因事籍没者爲著帳户，官有著帳郎君。

杓窊印　杓窊，鷙鳥總稱，以爲印紐，取疾速之義。凡調發軍馬則用之，與金魚符、銀牌略同。

國舅帳剋　官制有大國舅帳，此則本帳下掌兵之官。

拜奥禮　凡納后，即族中選尊者一人當奥而坐，以主其禮，爲之「奥姑〔九〕」。送后者拜而致敬，故云拜奥禮。

拜山禮　祀木葉山之儀。

敞穩　諸帳下官。亦作常衮，蓋字音相近也。

萬役陷河冶〔一〇〕　地名。本漢土垠縣，有銀礦。太祖募民立寨以專採煉，故名陷河冶。

合蘇衮　女直别部名，又作曷蘇館。

執手禮　將帥有克敵功，上親執手慰勞；若將在軍，則遣人代行執手禮。優遇之意。

阿札割只　官名。位在樞密使下，蓋墩官也。

四捷軍　遼以宋降者分立二部：一曰四捷軍，一曰歸聖軍。

山金司　以陰山産金，置冶採煉，故以名司；後改統軍政〔二二〕。

興宗紀：

別葦斗　地名。

虎黏下北潘切。　婆離八部人名。

解洗禮　解裝前祓，飲至之義。

獨盧金　地名。六院官屬秋冬居之。

行十二神纛禮　神纛解見前。凡大祭祀、大朝會，以十二纛列諸御前。

南撒葛栢　地名。

合只忽里　地名。

拖古烈　地名。

曷里狘　地名。

道宗紀：

塔里捻　地名。

撒里乃　地名。

三班院祗候　左、右班并寄班爲三班。祗候，官名。

高墩　遼排班圖，有高墩、矮墩、方墩之列。自大丞相至阿札割只，皆墩官也。

天祚紀：

侯里吉〔一二〕　地名。

頭魚宴　上歲時鈎魚，得頭魚，輒置酒張宴，與頭鵝宴同。

訛莎烈　地名。

漚里謹　地名。

懽撻新查剌　地名。

射粮軍　射，請也。

女古底　地名。

落昆髓　地名。

阿里軫斗　地名。

忽兒珊　西域大軍將名〔一三〕。

起兒漫　地名。

虎思斡魯朵　「思」亦作「斯」，有力稱。斡魯朵，宮帳名。

葛兒罕　漠北君王稱。

志

禮、樂志〔一四〕：

祭東　國俗，凡祭皆東向，故曰祭東。

敵烈麻都　掌禮官。

旗鼓拽剌　拽剌，官名。軍制有拽剌司，此則掌旗鼓者也。

爇節　歲時雜禮名。

九奚首　奚首，營帳名。

食羖之次　大行殯出，羣臣以羖羊祭于路，名曰食羖之次。

𥙿祭上於琰切。　凡出征，以牝牡麃各一祭之曰𥙿，詛敵也。

勘箭　車駕遠歸，閤門使持雄箭，勘箭官持雌箭，比較相合，而後入宮。

檐牀　一人肩任曰檐，兩人以手共舁曰牀〔一五〕。

攢隊　士卒攢簇，各爲隊伍。

方裀、朵殿　凡御宴，官卑，地坐殿中方墩之上；其不應升殿，則賜坐左右朵殿。

地拍　田鼠名。正旦日，上於牕間擲米團，得隻數爲不利，則燒地拍鼠以禳之。

迺捏咿唲　正月朔旦也。

忡里𠮃　忡讀作狎，𠮃讀作頗。二月一日也。六月十八日宴國舅族，亦曰忡里𠮃。

陶里樺　上巳日，射兔之節名。

討賽咿唲　重午日也。

賽伊唲奢　日辰之好也。

捏褐耐　犬首也〔一六〕。

必里遲離　重九日也。

戴辣　燒甲也。

炒伍㑀𠮃　戰名也〔一七〕。

卓帳　卓，立也。帳，氈廬也。

百官志：

石烈辛衮　石烈官之長。

令穩　官名。

彌里馬特本　官名，後陞辛衮。

麻普　即麻都不，縣官之副也，初名達剌干。

知聖旨頭子事　掌誥命奏事官。

提轄司　諸宮典兵官。

皮室　軍制，有南、北、左、右皮室及黄皮室，皆掌精兵。

廳房　即工部。

梅里　貴戚官名。述律皇后族有慎思梅里、婆姑梅里，未詳何職。

抹鶻　瓦里司之官。

先離撻覽　奚、渤海等國官名，疑即撻林字訛。

營衛志：

象吻　黄帝治宫室，陶蚩尤象置棟上，名曰蚩吻。

瓦里　官府名，宫帳、部族皆設之。凡宗室、外戚、大臣犯罪者，家屬没入於此〔二八〕。

抹里　官府名。閘撒狘亦抹里官之一。

算斡魯朵　算，腹心拽剌也。斡魯朵，宫也。已下國阿輦至監母，皆斡魯朵名，其注語，則始置之義也。

國阿輦　收國也。

奪里本　討平也。

耶魯盌　興旺也。

蒲速盌　義與耶魯盌同。

女古　金也。

孤穩　玉也。

窩篤盌　孳息也〔一九〕。

阿斯　寬大也〔二〇〕。

阿魯盌〔二一〕　輔佑也。

得失得本　孝也〔二二〕。

監母　遺留也。

地理志：

屬珊　應天皇后從太祖征討，所俘人户有技藝者隸之帳下〔二三〕，名屬珊，蓋比珊瑚之寶。

永州　其地居潢河、土河二水之間，故名永州，蓋以字從二、從水也。

鄚頡上慕各切，下胡結切。　渤海郡府名。

且慮皆平聲。　興中府縣名〔三四〕。

豯養上音奚。　幽州澤藪名，見周職方。

菑、時　幽州浸名，出同上。

墮瑰　門名，遼有墮瑰部。

野旅寅　野謂星野，旅謂躔次。寅者，辰舍，東北之位；燕分，析津之所也。

儀衞志：

金叜下祖叢切。　馬首飾也。

果下馬　馬名。謂果樹下可乘行者，言其小也。

實里薛衮　祭服之冠，行拜山禮則服之。

鞊韘帶上他協切，下徒協切。　武官束帶也。

扞腰　即拄腰，以鵝項、鴨頭爲之。

胡木鍪　胄名。

⿰革延馬上音誕。　馬不施鞍轡曰⿰革延。

白毦音餌。　以白鷺羽爲綱，又鬣也。

兵衞志：

捉馬　拘刷馬也。

欄子軍　居先鋒前二十餘里，偵候敵人動靜。

弓子鋪　遼軍馬頓舍，不設營塹，折木稍爲弓，以爲團集之所。又諸國使來，道旁簇置木稍弓，以充欄楯。

食貨志：

云爲户〔二五〕　義即營運，字之訛。

刑法志：

鍾院　有冤者擊鍾，以達于上，猶怨鼓云。

楚古　官名。掌北面訊囚者〔二六〕。

表〔二七〕

皇子表：

五石烈　即五院。非是分院爲五，以五石烈爲一院也。

六爪　爪，百數也。遼有六百家奚，後爲六院〔二八〕，義與五院同。二院，即迭剌部析之爲二者是也。

裂麛皮　麛，牡鹿。力能分牡鹿皮。

世表：

莫弗紇　諸部酋長稱，又云莫弗賀〔二九〕。

蠕蠕而宣切。　國名。

俟斤　突厥官名。

遊幸表：

舐鹹鹿　鹿性嗜鹹，灑鹻於地以誘鹿，射之。

女瓌〔三〇〕　虞人名。

列傳

可敦　突厥皇后之稱。

忒里蹇　遼皇后之稱。

耨斡麽　「麽」，亦作「改」。耨斡，后土稱。麽，母稱。

乙室、拔里　國舅帳二族名。

諸功臣傳：

龍錫金佩　太祖從兄鐸骨札以本帳下蛇鳴，命知蛇語者神速姑解之，知蛇謂穴傍樹中有金，往取之，果得金〔三〕，以爲帶，名「龍錫金」。

撒剌　酒樽名。

遥輦糺　遥輦帳下軍也。其書永興宫分糺、十二行糺、黄皮室糺者，倣此。

吐里　官名。與奚六部秃里同。吐，秃字訛。

寢殿小底　官名。遼制多小底官，餘不注。

雜丁黄　禮，男幼爲黄，四歲爲小，十六爲中，二十一爲丁。軍中雜幼弱，以疑敵也。

遥輦尅　遥輦帳下掌兵官。

柢枑　宫衛門外行馬也〔三〕。

榾柮犀　千歲蛇角，又爲篤訥犀。

珠二琲下蒲昧切。　珠五百枚爲琲。

題里司徒　題里，官府名。

庢中上陟栗切。　地名。

堂印　博之采名。

臨庫　以帛爲通曆，具一庫之物，盡數籍之，曰臨庫。

堂帖　遼制，宰相凡除拜，行頭子堂帖權差，俟再取旨，出給告敕〔三〕。故官有知頭子事。見陰山雜録。

夷离堇畫者　畫者人名，爲夷离堇官。

虎斯　有力稱。紀言「虎思」，義同。

校勘記

〔一〕阻午可汗與其弟撒里本領之　本書卷三三營衛志下五院部條曰：「其先曰益古，凡六營。阻午可汗時，與弟撒里本領之，曰迭剌部。」乙室部條曰：「其先曰撒里本，阻午可汗之世，與其兄益古分營而領之，曰乙室部。」知撒里本乃益古之弟，係阻午可汗時人。此處蓋史臣節録失當。

〔二〕其位居北南大王上　「王」字原闕，據文義補。

〔三〕後託龍軍虎軍鐵鷂軍者　「託」，羅校謂當作「記」。「託龍軍」，陳士元諸史夷語音義卷三作「飛龍軍」。按本書卷四六百官志二北面軍官條有「龍軍詳穩司」及「飛龍軍詳穩司」，此處「託」或即「飛」之誤。

〔四〕嗢娘改上音兀　「兀」，原作「九」。按「嗢」、「九」字音不合。箭內亙兀良哈及韃靼考謂「嗢娘改」即遼史之「斡朗改」，元朝秘史之「兀良孩」、「兀良合」。又本書之「兀惹」，松漠記聞卷上及契丹國志卷二六諸蕃記並作「嗢熱」。知「嗢」、「兀」音同，「九」當係「兀」之誤，今據改。

〔五〕大小鴶軍　「鴶軍」，本書卷一太祖紀上太祖七年五月丙寅、卷四六百官志二北面軍官條、卷六〇食貨志下並作「鶻軍」。

〔六〕撻林官名後二室韋部改爲僕射又名司空　按撻林又名司空別無旁證，疑係史官誤解。

〔七〕納牛駝十頭　「十」，契丹國志卷二七歲時雜記同，類説卷五引武珪燕北雜記舍利條作「七十」。

〔八〕笴音簳　「音」，原作「言」，據明鈔本、南監本、北監本、殿本改。

〔九〕爲之奧姑　「奧姑」，原作「奧始」，據殿本改。按本書卷六五公主表稱質古「幼爲奧姑。契丹故俗，凡婚燕之禮，推女子之可尊敬者坐於奧，謂之『奧姑』」。又，此處「爲」字與「謂」義通。

〔一〇〕萬役陷河冶　據本書卷一五聖宗紀六開泰元年七月丙子，「進士康文昭、張素臣、郎玄達坐論知貢舉裴玄感、邢祥私曲，祕書省正字李萬上書，辭涉怨訕，皆杖而徒之，萬役陷河冶」，知「萬」指李萬。下文專釋「陷河冶」，此處不當取「萬役」二字。

〔一一〕後改統軍政　「統軍政」，明鈔本、南監本、北監本、殿本皆作「統軍司」。

〔一二〕侯里吉　本書卷二〇興宗紀三重熙十七年閏正月癸丑、十九年七月壬子，卷二七天祚皇帝紀一乾統五年六月己丑、九年七月甲寅並作「候里吉」。

〔一三〕忽兒珊西域大軍將名　「軍將」，大典卷五二五一引遼史國語解同，明鈔本、南監本、北監本及殿本作「將軍」，蓋以「忽兒珊」爲人名。本書卷三〇天祚皇帝紀四附耶律大石傳謂大石至尋思干，「西域諸國舉兵十萬，號忽兒珊」，則以爲軍名。按忽兒珊即呼羅珊，本係西域地名。

〔一四〕禮樂志　「樂志」二字原闕，據明鈔本、南監本、北監本及殿本補。

〔一五〕檐牀一人肩任曰檐兩人以手共舁曰牀　按本書卷五一禮志四宋使見皇太后儀條謂「殿前置擔牀」，又高麗史卷二惠宗世家惠宗二年謂後晉賜其「檐牀一張」，知「檐牀」、「擔牀」係器具名，無肩任、共舁之義。參任文彪擔牀考。又「手」，原作「下」，據明鈔本、南監本、北監本、殿本改。

〔一六〕捏褐耐犬首也　「犬」，原作「大」，據大典卷五二五二引遼史國語解及本書卷五三禮志六歲時雜儀改。

〔一七〕炒伍侕𠉀戰名也　據本書卷五三禮志六歲時雜儀臘辰日條，「國語謂是日爲『炒伍侕𠉀』。

『炒伍侕』，戰也」，又二月一日條謂「『尀』，時也」。曾慥類説卷五引燕北雜記戎裝飲條謂「臘月戎裝飲酒呼爲粆離尀」，注云「粆離是戰，尀是時」。契丹國志卷二七歲時雜記同。知「炒伍侕尀」當爲戰時之意，非戰名。

〔一八〕宫帳部族皆設之凡宗室外戚大臣犯罪者家屬没入於此　「族」字原闕，據大典卷五二五二引遼史國語解補。「宗室」，原作「宫室」，按本書卷四五百官志一北面宫官謂「内族、外戚、世官犯罪，没入瓦里」，卷三一營衛志上著帳郎君條謂「後族、戚、世官犯罪者」没入瓦里，今據改。

〔一九〕孳息也　「孳」，原作「慈」，據本書卷三一營衛志上宫衛窩篤盌斡魯朵條改。

〔二〇〕寬大也　「寬」，原作「實」，據本書卷三一營衛志上宫衛阿思斡魯朵條改。

〔二一〕阿魯盌　「阿」，原作「何」，據大典卷五二五二引遼史國語解及本書卷三一營衛志上宫衛阿魯盌斡魯朵條改。

〔二二〕得失得本孝也　「得失得本」，本書卷三一營衛志上孝文皇太弟敦睦宫條作「赤寔得本」，元王士點禁扁甲卷敦睦宫條作「赤石得本」。

〔二三〕所俘人户有技藝者隸之帳下　「技藝者隸」，原作四字空格，據大典卷五二五二引遼史國語解補。「隸」，陳士元諸史夷語音義卷三作「置」。

〔二四〕且慮興中府縣名　按本書卷三九地理志三，興中府下有閭山縣，「本漢且慮縣」。且慮乃漢縣名，非遼縣名。

〔二五〕云爲户　「户」，原作「所」，據大典卷五二五二引遼史國語解及本書卷五九食貨志上改。

〔二六〕掌北面訊囚者　「訊」，原作「詔」，據大典卷五二五二引遼史國語解改。

〔二七〕表　「表」字原闕，據文例補。

〔二八〕後爲六院　「六」字原闕，據大典卷五二五二引遼史國語解補。

〔二九〕莫弗紇諸部酋長稱又云莫弗賀　「莫弗紇」、「莫弗賀」，即中古北族慣用名號「莫賀弗」，此處倒誤。參本書卷三二營衛志中校勘記〔一三〕。

〔三〇〕女瓌　「瓌」，原作「瓌」，據大典卷五二五二引遼史國語解及本書卷七穆宗紀下應曆十四年八月乙巳、十八年九月甲辰改。

〔三一〕穴傍樹中有金往取之果得金　「樹中有金往取之果」，原作八字空格，據大典卷五二五二引遼史國語解補。

〔三二〕柢枑宫衛門外行馬也　「柢枑」，周禮天官掌舍作「梐枑」。

〔三三〕宰相凡除拜行頭子堂帖權差俟再取旨出給告敕　「旨」，原作「二日」。本書卷三二營衛志中行營條謂「除拜官僚，止行堂帖權差，俟會議行在所，取旨、出給誥敕」。按「旨」俗作「㫖」，此處訛爲「二日」，今據改。

附録

修三史詔〔一〕

聖旨：至正三年三月十四日，篤憐帖木兒怯薛第三日，咸寧殿裏有時分，速古兒赤江家奴、云都赤蠻子、殿中俺都剌哈蠻，給事中孛羅帖木兒等有來，脱脱右丞相、也先帖木兒平章、鐵睦爾達世平章、太平右丞、長仙參議、孛里不花郎中、老老員外郎、孛里不花都事等奏：「遼、金、宋三國史書不曾纂修來，歷代行來的事跡合纂修成書有，俺商量來：如今選人將這三國行來的事跡交纂修成史，不交遲滯。但凡合舉行事理，俺定擬了呵。怎生？」奏呵，奉聖旨：「那般者。」

三月二十八日，別兒怯不花怯薛第二日，咸寧殿裏有時分，速古兒赤不顏帖木兒、云都赤蠻子、殿中俺都剌哈蠻，給事中孛羅帖木兒等有來，脱脱右丞相、也先帖木兒平章、鐵睦爾達世平章、太平右丞、吴參政、買朮丁參議、長仙參議、韓參議、別里不花郎中、王郎中、老老員外郎、孔員外郎、觀音奴都事、孛里不花都事、杜都事、直省舍人倉赤也先、蒙古必闍赤鎖住、都馬等奏：「昨前『遼、金、宋三國行來的事跡，選人交纂修成史書者』麼道，奏了來。這三國爲聖朝所取，制度、典章、治亂、興亡之由，恐因歲久散失，合遴選文臣，分史置局，纂修成書，以見祖宗盛德得天下遼、金、宋三國之由，垂鑑後世，做一代盛典〔二〕。交翰林國史院分局纂修，職專其事。集賢、秘書、崇文并内外諸衙門裏，著文學博雅、才德修潔，堪充的人每斟酌區用。纂修其間，予奪議論，不無公私偏正，必須交總裁官質正是非，裁決可否。遴選位望老成，長於史才，爲衆所推服的人交做總裁官。這三國實録、野史、傳記、碑文、行實，多散在四方，交行省及各處正官提調，多方購求，許諸人呈獻，量給價直，咨達省部，送付史館，以備采擇。合用紙札、筆墨，一切供需物色，於江西、湖廣、江浙、河南省所轄各學院并貢士莊錢糧，除祭祀、廩膳、科舉、修理存留外，都交起解將來，以備史館用度。如今省裏脱脱右丞相監修國史做都總裁，交鐵睦爾達世平章、太平右丞、張中丞、歐陽學士、吕侍御、揭學士做總裁官。提調官，省裏交也先帖木兒平章、吴參政，樞密院裏塔失帖木兒同知、姚副樞，臺裏狗兒侍御、張治書、買朮丁參議、長仙參議、韓參議、右司王郎中、左司王郎中、老老員外郎、孔員外郎、觀音奴都事、杜都事，六部各委正官并首領官提調。其餘修史的凡例、合行事理，交總裁官、修史官集議舉行呵。怎生？」奏呵，奉聖旨：「那般者。」

校勘記

〔一〕修三史詔　此題原無，今據文義擬定。

〔二〕做一代盛典　「典」，原作「興」，據陸心源皕宋樓藏書志卷一九引元刊本遼史所載詔旨改。

進遼史表

開府儀同三司、上柱國、録軍國重事、中書右丞相、監修國史、領經筵事臣脱脱言：竊惟天文莫驗於璣衡，人文莫證於簡策。人主監天象之休咎，則必察乎璣衡之精；監人事之得失，則必考乎簡策之信。是以二者所掌，俱有太史之稱。然天道幽而難知，人情顯而易見。動静者吉凶之兆，敬怠者興亡之機。史臣雖述前代之設施，大意有助人君之鑑戒。

遼自唐季，基于朔方。造邦本席於干戈，致治能資於黼黻。敬天尊祖，而出入必祭；親仁善鄰，而和戰以宜。南府治民，北府治兵。春狩省耕，秋狩省斂。吏課每嚴於芻牧，歲饑屢賜乎田租。至若觀市赦罪，則脗合六典之規；臨軒策士，則恪遵三歲之制〔一〕。享國二百一十九載，政刑日舉，品式備具，蓋有足尚者焉。迨夫子孫失御，上下離心。驕盈盛而釁隙生，讒賊興而根本蹙。變强爲弱，易於反掌。吁！可畏哉！

天祚自絶，大石苟延。國既丘墟，史亦蕪茀。耶律儼語多避忌，陳大任辭乏精詳。五代史繫之終篇，宋舊史埒諸載記。予奪各徇其主，傳聞況失其真。我世祖皇帝一視同仁，深加愍惻。嘗敕詞臣撰次三史，首及於遼。六十餘年，歲月因循，造物有待。

臣脱脱誠惶誠恐頓首，欽惟皇帝陛下，如堯稽古，而簡寬容衆；若舜好問，而濬哲冠倫。講經兼誦乎祖謨，訪治旁求乎往牒。茲修史事，斷自宸衷。睿旨下而徵聘行，朝士賀而遺逸起。於是命臣脱脱以中書右丞相領都總裁，中書平章政事臣鐵睦爾達世〔二〕、中書右丞今平章政事臣賀惟一、御史中丞今翰林學士承旨臣張起巖、翰林學士臣歐陽玄〔三〕、侍御史今集賢侍講學士兼國子祭酒臣吕思誠、翰林侍講學士臣揭傒斯奉命爲總裁官。中書遴選儒臣崇文太監今兵部尚書臣廉惠山海牙〔四〕、翰林直學士臣王沂、秘書著作佐郎臣徐昺、國史院編修官臣陳繹曾分撰遼史。起至正三年四月，迄四年三月。發故府之櫝藏，集遐方之匭獻，蒐羅剔抉，删潤研劘。紀志表傳，備成一代之書；臧否是非，不迷千載之實。臣脱脱叨承隆寄，幸覩成功。載宣日月之光華，願效涓埃之補報。我朝之論議歸正，氣之直則辭之昌；遼國之君臣有知，善者喜而惡者懼。所撰本紀三十卷、志三十一卷〔五〕、表八卷〔六〕、列傳四十六卷〔七〕，各著論贊，具存體裁，隨表以聞。上塵天覽，下情無任慚懼戰汗屏營之至。臣脱脱誠惶誠懼頓首頓首謹言。

至正四年三月　日，開府儀同三司、上柱國、録軍國重事、中書右丞相、監修國史、領經筵事臣脱脱上表。

校勘記

〔一〕則恪遵三歲之制　歐陽玄圭齋文集卷一三進遼史表此句下尚有「君慕漢高之爲帝，托耶律於劉宗；相擬鄭侯之爲臣，更述律以蕭姓」一語。

〔二〕鐵睦爾達世　「鐵睦」，原作「或陸」，據明鈔本、南監本、北監本、殿本改。

〔三〕翰林學士臣歐陽玄　圭齋文集卷一三進遼史表「翰林學士」下有「承旨」二字，宋史附進宋史表、修史官員同。

〔四〕崇文太監今兵部尚書臣廉惠山海牙　「崇」，原作「宗」，據圭齋文集卷一三進遼史表及元史卷一四五廉惠山海牙傳改。

〔五〕志三十一卷　圭齋文集卷一三進遼史表同。按本書志凡三十二卷，然目録及諸志所題皆僅三十有一，蓋因卷四七、卷四八百官志分題「志第十七上」、「志第十七下」，故此謂三十一卷。

〔六〕表八卷　「八卷」，圭齋文集卷一三進遼史表作「若干卷」。

〔七〕列傳四十六卷　本書目録及明鈔本、南監本、殿本目録均同，蓋併國語解計之。圭齋文集卷一三進遼史表列傳作「四十五」，則未計入國語解。

三史凡例

一、帝紀：

三國各史書法，準史記、西漢書、新唐書。各國稱號等事，準南、北史。

一、志：

各史所載，取其重者作志。

一、表：

表與志同。

一、列傳：

后妃，宗室，外戚，羣臣，雜傳。

人臣有大功者，雖父子各傳。餘以類相從，或數人共一傳。

三國所書事有與本朝相關涉者，當稟。金、宋死節之臣，皆合立傳，不須避忌。其餘該載不盡，從總裁官與修史官臨文詳議。

一、疑事傳疑，信事傳信，準春秋。

修史官員

都總裁：

開府儀同三司、上柱國、録軍國重事、中書右丞相、監修國史、領經筵事臣　脱脱。

總裁官：

光禄大夫、中書平章政事、知經筵事、提調都水監臣　鐵睦爾達世[一]。

榮禄大夫、中書平章政事、知經筵事臣　賀惟一。

翰林學士承旨、榮禄大夫、知制誥兼修國史臣　張起巖。

翰林學士、資善大夫、知制誥、同修國史臣　歐陽玄。

集賢侍講學士、通奉大夫兼國子祭酒臣　吕思誠。

翰林侍講學士、中奉大夫、知制誥、同修國史、同知經筵事臣　揭傒斯。

纂修官：

正議大夫、兵部尚書臣　廉惠山海牙。

翰林直學士、朝請大夫、知制誥、同修國史兼經筵官臣　王沂。

文林郎、秘書監著作佐郎臣　徐昺。
將仕佐郎、翰林國史院編修官臣　陳繹曾。

提調官：

資德大夫、中書右丞臣　伯顔。
榮禄大夫、中書左丞臣　姚庸。
奉議大夫、參議中書省事臣　長仙。
通議大夫、參議中書省事臣　吕彬。
朝散大夫、中書右司郎中臣　悟良哈台。
嘉議大夫、中書左司郎中臣　趙守禮。
亞中大夫、中書左司員外郎臣　偰哲篤。
亞中大夫、中書省左司員外郎臣　何執禮。
儒林郎、右司都事臣　觀音奴。
奉議大夫、左司都事臣　烏古孫良禎。
嘉議大夫、禮部尚書臣　王守誠。
中憲大夫、工部尚書臣　丁元。

奉議大夫、禮部侍郎臣　老老。
嘉議大夫、禮部侍郎臣　杜秉彝。

校勘記

〔一〕鐵睦爾達世　「鐵」字原闕，據明鈔本、北監本補。

主要參考文獻

一

遼史一一六卷，百衲本二十四史影印明初翻刻本，商務印書館，一九三一年。
遼史一一六卷，遼史彙編影印原内閣大庫藏明初内廷朱絲欄鈔本，臺灣鼎文書局，一九七三年。
遼史一一六卷，明嘉靖八年南京國子監刊本，清順治十五年至十六年補刊，中華書局圖書館藏。
遼史一一六卷，明萬曆三十四年北京國子監刊本，清康熙二十五年重修，中華書局圖書館藏。
遼史一一六卷，上海古籍出版社、上海書店影印清乾隆四年武英殿校刊本，一九八六年。

周禮注疏，漢鄭玄注，唐賈公彦疏，十三經注疏本，中華書局，一九八〇年。
周禮正義，清孫詒讓撰，王文錦、陳玉霞點校，中華書局，二〇〇八年。
儀禮注疏，漢鄭玄注，唐賈公彦疏，十三經注疏本，中華書局，一九八〇年。
孟子注疏，漢趙岐注，宋孫奭疏，十三經注疏本，中華書局，一九八〇年。

二

漢書，漢班固撰，唐顏師古注，中華書局，一九六二年。
後漢書，南朝宋范曄撰，唐李賢等注，中華書局，一九六五年。
宋書，南朝梁沈約撰，中華書局，一九七四年。
魏書，北齊魏收撰，中華書局，一九七四年。
北齊書，唐李百藥撰，中華書局，一九七二年。
北史，唐李延壽撰，中華書局，一九七四年。
隋書，唐魏徵、令狐德棻撰，中華書局，一九七三年。

舊唐書，後晉劉昫等撰，中華書局，一九七五年。
新唐書，宋歐陽脩、宋祁撰，中華書局，一九七五年。
舊五代史，宋薛居正等撰，中華書局，一九七六年。
新五代史，宋歐陽脩撰，宋徐無黨注，中華書局，一九七四年。
宋史，元脱脱等撰，中華書局，一九七七年。
金史，元脱脱等撰，中華書局，一九七五年。
元史，明宋濂等撰，中華書局，一九七六年。
廿二史考異，清錢大昕撰，方詩銘、周殿傑校點，上海古籍出版社，二〇〇四年。
續通曆，宋孫光憲撰，見通紀，唐馬總撰、宋孫光憲續撰，續修四庫全書影印宛委別藏清鈔本，上海古籍出版社，二〇〇二年。
太宗皇帝實録，宋錢若水撰，四部叢刊（三編）本。
資治通鑑，宋司馬光編著，元胡三省音注，中華書局，一九五六年。
資治通鑑目録，宋司馬光編著，四部叢刊（初編）本。
續資治通鑑長編，宋李燾撰，中華書局，一九九五年。
建炎以來繫年要録，宋李心傳撰，景印文淵閣四庫全書本，臺灣商務印書館，一九八六年；中華書局排印本，一九五六年。
皇朝編年綱目備要，宋陳均編，許沛藻等點校，中華書局，二〇〇六年。
皇宋十朝綱要，宋李𡌴撰，宋史資料萃編第一輯影印民國十六年上海東方學會鉛印本，臺灣文海出版社，一九八〇年。
續宋中興編年資治通鑑，宋劉時舉撰，民國十六年上海東方學會鉛印本。
宋史全文續資治通鑑，元佚名撰，中華再造善本影印元刻本，北京圖書館出版社，二〇〇六年。
通鑑續編，元陳桱撰，國家圖書館藏元至正二十一年顧逖刻本。
宋元通鑑，明薛應旂撰，四庫全書存目叢書影印明嘉靖四十五年自刻本，齊魯書社，一九九六年。
西夏書事，清吴廣成纂，續修四庫全書影印清道光五年小峴山房刻本，上海古籍出版社，二〇〇二年。
續資治通鑑長編紀事本末，宋楊仲良撰，宋史資料萃編第二輯影印廣雅書局本，臺灣文海出版社，一九六七年。
三朝北盟會編，宋徐夢莘撰，上海古籍出版社影印清光緒三十四年許涵度刻本，一九八七年；中研院傅斯年圖書館藏明鈔本。
東都事略，宋王稱撰，「國立中央圖書館」善本叢刊影印宋紹熙間眉山程舍人宅刊本，臺北「國立中央圖書館」，一九九一年；宋史資料萃編第一輯影印清光緒九年淮南書局重刊本，臺灣文海出版社，一九六七年。
隆平集，宋曾鞏撰，宋史資料萃編第一輯影印清康熙四十年刻本，臺灣文海出版社，一九八一年。
契丹國志，舊題宋葉隆禮撰，賈敬顏、林榮貴點校，上海古籍出版社，一九八五年。
弘簡録，明邵經邦撰，續修四庫全書影印清康熙二十七年邵遠平刻本，上海古籍出版社，二〇〇二年。
五代史補，宋陶岳撰，五代史書彙編，杭州出版社，二〇〇四年。
南唐書，宋陸游撰，五代史書彙編，杭州出版社，二〇〇四年。
太平治蹟統類，宋彭百川撰，適園叢書本。
歷代紀年，宋晁公邁撰，續修四庫全書影印宋紹熙三年盱江郡齋刻本，上海古籍出版社，二〇〇二年。
松漠記聞，宋洪皓撰，遼海叢書本，遼瀋書社，一九八五年。

燕翼詒謀録，宋王栐撰，誠剛點校，中華書局，一九八一年。
裔夷謀夏録，舊題宋劉忠恕撰，黄寶華點校，全宋筆記第五編，大象出版社，二〇一二年；臺北「國家圖書館」藏順德李氏讀五千卷書室鈔本。
大金弔伐録，金佚名撰，四部叢刊（三編）本。
宋大詔令集，宋佚名編，中華書局，一九六二年。
歷代名臣奏議，明黄淮、楊士奇編，上海古籍出版社影印明永樂刊本，一九八九年。
高麗史，朝鮮鄭麟趾撰，韓國延禧大學東方學研究所影印本，一九五五年；朝鮮科學院古典研究室排印本，一九五七年。
東國通鑑，朝鮮徐居正撰，日本明治四十四年朝鮮光文會鉛印本。
歲時廣記，宋陳元靚編，叢書集成初編本，中華書局，一九八五年。
禁扁，元王士點撰，清康熙四十五年揚州詩局刻楝亭十二種本。
元和郡縣圖志，唐李吉甫撰，賀次君點校，中華書局，一九八三年。
太平寰宇記，宋樂史撰，王文楚等點校，中華書局，二〇〇七年。
元一統志，元孛蘭肸等撰，趙萬里校輯，中華書局，一九六六年。
大元混一方輿勝覽，元劉應李原編、詹友諒改編，郭聲波整理，四川大學出版社，二〇〇三年。
大明清類天文分野之書，明劉基撰，續修四庫全書影印明刻本，上海古籍出版社，二〇〇二年。
寰宇通志，明陳循等撰，玄覽堂叢書本，廣陵書社，二〇一〇年。
明一統志，明李賢等撰，明天順五年刻本。
讀史方輿紀要，清顧祖禹撰，賀次君、施和金點校，中華書局，二〇〇五年。
康熙大清一統志，清王安國纂修，清乾隆九年刻本。
康熙東安縣志，清王士美等修、張墀等纂，安次縣舊志四種合刊本，一九三五年。
日下舊聞考，清于敏中等撰，北京古籍出版社，一九八三年。
滿洲源流考，清阿桂撰，景印文淵閣四庫全書本，臺灣商務印書館，一九八六年。
欽定熱河志，清和珅、梁國治等纂，清乾隆四十六年武英殿刻本。
水經注，北魏酈道元撰，陳橋驛點校，上海古籍出版社，一九九〇年。
使遼語録，宋陳襄撰，遼海叢書本，遼瀋書社，一九八五年。
宣和奉使高麗圖經，宋徐兢撰，天禄琳琅叢書影印宋乾道三年刻本，故宫博物院，一九三一年。

遼東行部志，金王寂撰，丁氏竹書堂鈔本；遼海叢書本，遼瀋書社，一九八五年。
通典，唐杜佑撰，王文錦等點校，中華書局，一九八八年。
續通典，清嵇璜撰，浙江古籍出版社影印萬有文庫十通本，二〇〇〇年。
唐會要，宋王溥撰，上海古籍出版社，一九九一年。
五代會要，宋王溥撰，上海古籍出版社，二〇〇六年。
宋朝事實，宋李攸撰，宋史資料萃編第一輯影印清武英殿聚珍版叢書本，臺灣文海出版社，一九八〇年。
宋會要輯稿，清徐松輯，中華書局影印本，一九五七年。
文獻通考，元馬端臨撰，中華書局影印萬有文庫十通本，一九八六年。
大唐開元禮，唐蕭嵩撰，民族出版社影印洪氏公善堂刊本，二〇〇〇年。
大金集禮，金佚名撰，清光緒二十一年廣雅書局本。
郡齋讀書志校證，宋晁公武撰，孫猛校證，上海古籍出版社，一九九〇年。
皕宋樓藏書志，清陸心源撰，清光緒十萬卷樓藏本。
中右記，日本藤原宗忠撰，增補史料大成刊行會編，京都臨川書店，二〇〇一年。
百鍊抄，日本佚名撰，日本新訂增補國史大系卷一一，東京吉川弘文館，二〇〇〇年。

Ibn al - Athir, *The Chronicle of Ibn al - Athir for The Crusading Period from al - Kamil fi'l - Ta'rikh*, tr. by D. S. Richards, Aldershot : Ashgate, 2008.

武經總要，宋曾公亮撰，中國兵書集成影印明萬曆金陵書林唐富春刻本，解放軍出版社、遼瀋書社，一九八八年。

管子校注，黎翔鳳撰，梁運華整理，中華書局，二〇〇四年。

歷代長術輯要，清汪曰楨撰，續修四庫全書影印清光緒刻本，上海古籍出版社，二〇〇二年。

古今推步諸術考，清汪曰楨撰，續修四庫全書影印清光緒刻本，上海古籍出版社，二〇〇二年。

宣和畫譜，宋官修，津逮秘書本。

樂府雜録，唐段安節撰，叢書集成初編本，中華書局，一九八五年。

泉志，宋洪遵撰，續修四庫全書影印明萬曆刻秘册彙函本，上海古籍出版社，二〇〇二年。

諸史夷語音義，明陳士元撰，明萬曆刻歸雲外集本。

十駕齋養新録，清錢大昕撰，陳文和、孫顯軍點校，江蘇古籍出版社，二〇〇〇年。

文昌雜録，宋龐元英撰，金圓點校，全宋筆記第二編，大象出版社，二〇〇六年。
雲麓漫鈔，宋趙彦衛撰，傅根清點校，中華書局，一九九六年。
密齋筆記，宋謝采伯撰，叢書集成初編本，中華書局，一九八五年。
家世舊聞，宋陸游撰，孔凡禮點校，中華書局，一九九三年。
類説，宋曾慥撰，明天啓六年刻本。
册府元龜，宋王欽若等編，中華書局影印明刊本，一九八二年；中華書局影印宋本，一九八九年。
玉海，宋王應麟撰，廣陵書社影印清光緒九年浙江書局刊本，二〇〇七年。
永樂大典殘本，明解縉等纂修，中華書局，一九八六年。
歸田録，宋歐陽脩撰，李偉國點校，中華書局，一九八一年。
玉壺清話，宋文瑩撰，楊立揚點校，中華書局，一九八四年。
後山談叢，宋陳師道撰，李偉國點校，上海古籍出版社，一九八九年。
酉陽雜俎，唐段成式撰，方南生點校，中華書局，一九八一年。
圓宗文類，高麗釋義天輯，日本駒澤大學佛教學部研究紀要第五十六號，平成十年三月。

張九齡集校注，唐張九齡撰，熊飛校注，中華書局，二〇〇八年。

咸平集，宋田錫撰，宋集珍本叢刊影印明澹生堂鈔本，綫裝書局，二〇〇四年。

武溪集，宋余靖撰，北京圖書館古籍珍本叢刊影印明成化九年刻本，書目文獻出版社，一九九八年。

歐陽脩全集，宋歐陽脩撰，中華書局，二〇〇一年。

司馬光集，宋司馬光撰，李文澤、霞紹暉校點，四川大學出版社，二〇一〇年。

初寮集，宋王安中撰，景印文淵閣四庫全書本，臺灣商務印書館，一九八六年。

秋澗先生大全文集，元王惲撰，四部叢刊（初編）本。

圭齋文集，元歐陽玄撰，四部叢刊（初編）本。

曝書亭集，清朱彝尊撰，四部叢刊（初編）本。

國朝文類，元蘇天爵編，四部叢刊（初編）本。

三

乾隆殿本遼史考證，上海古籍出版社、上海書店影印清乾隆四年殿本，一九八六年。

文淵閣四庫全書本遼史考證，景印文淵閣四庫全書本，臺灣商務印書館，一九八六年。
道光殿本遼史考證，遼史彙編本，臺灣鼎文書局，一九七三年。
宋遼金元四史朔閏考，清錢大昕撰，錢侗增補，四庫未收書輯刊第十輯影印清嘉慶二十五年阮福刻本，北京出版社，二〇〇〇年。
遼史地理志考，清李慎儒撰，遼史彙編本，臺灣鼎文書局，一九七三年。
西遼立國本末考，丁謙撰，續修四庫全書影印民國元年上海國粹學報社鉛印本，上海古籍出版社，二〇〇二年。
遼史索隱，陳漢章撰，遼史彙編本，臺灣鼎文書局，一九七三年。
百衲本遼史校勘記，張元濟撰，稿本（已佚），據陳述校勘記轉引。
遼史初校，馮家昇撰，遼史證誤三種，中華書局，一九五九年。
遼史校勘記，羅繼祖撰，上海人民出版社，一九五八年。
遼史校勘記，陳述撰，中華書局二〇〇三年遼史印本。
全遼文，陳述輯校，中華書局，一九八二年。
遼史叢考，傅樂焕撰，中華書局，一九八四年。
遼史長箋，楊家駱、趙振績編，臺北新文豐出版股份有限公司，二〇〇六年。

遼史補注，陳述撰，稿本。
二十史朔閏表，陳垣著，中華書局，一九六二年。
宋書校勘記長編，王仲犖著，中華書局，二〇〇九年。
祖沖之科學著作校釋，嚴敦杰撰，遼寧教育出版社，二〇〇〇年。

遼代混同江考，日本池内宏撰，東洋學報六卷一號，一九一六年。
元代社會の三階級，日本箭内亘撰，蒙古史研究，東京刀江書院，一九三〇年。
兀良哈及韃靼考，日本箭内亘撰，陳捷、陳清泉譯，商務印書館，一九三二年。
遼史地理志補正，譚其驤撰，禹貢半月刊第一卷第二期，一九三四年三月十六日。
遼史訂補三種，譚其驤撰，國立浙江大學文學院集刊一九四二年第二期。
遼史天祚紀證釋，唐長孺撰，湖南國立師範學院史地教育特刊，一九四二年。
慶陵，日本田村實造、小林行雄撰，京都大學文學部、座右寶刊行會，一九五三年。
遼史兵衞志「御帳親軍」「大首領部族軍」兩事目考源辨誤，鄺又銘（鄧廣銘）撰，北京大學學報一九五六年第二期。
關於「宋代户口」一文遼代部份的意見，費國慶撰，歷史研究一九五八年第八期。

遼の制度の二重體系，日本津田左右吉撰，津田左右吉全集，岩波書店，一九六四年。
契丹的部族組織與國家的産生，蔡美彪撰，歷史研究一九六四年第五、六期合刊。
遼道宗宣懿皇后父爲蕭孝惠考，閻萬章撰，社會科學輯刊一九七九年第二期。
遼史外戚表補證，馮永謙撰，社會科學輯刊一九七九年第三、四期。
釋契丹語「迤邏免」和「乙林免」，劉鳳翥撰，瀋陽師範學院學報一九八〇年第一期。
東北古地理古民族叢考，賈敬顔撰，文史第一二輯，中華書局，一九八一年。
跋北京出土遼張儉墓誌銘，陳述撰，文史第一二輯，中華書局，一九八一年。
遼史百官志辨誤三例，向南、楊若薇撰，社會科學輯刊一九八二年第三期。
遼史補正三則，馬洪路撰，社會科學輯刊一九八二年第五期。
遼史補正三則辨正，閻萬章撰，社會科學輯刊一九八三年第三期。
試論遼朝軍隊的徵集和編組系統，王曾瑜撰，中華文史論叢一九八六年第四輯。
遼史帝紀校讀記，嵇訓杰撰，中華文史論叢一九八六年第四輯。
遼史公主表補正，閻萬章撰，遼金史論集第一輯，上海古籍出版社，一九八七年。
遼上京附近水道辨誤——兼考金上京之曲江縣故址，馮永謙撰，遼金史論集第二輯，書目文獻出版社，一九八七年。

中國史曆日和中西曆日對照表，方詩銘、方小芬編，上海辭書出版社，一九八七年。

古代中日關係史，田久川撰，大連工學院出版社，一九八七年。

中國歷史地圖集釋文彙編東北卷，譚其驤主編，中央民族學院出版社，一九八八年。

耶律蒲奴寧辨，馬赫撰，遼金契丹女真史研究一九八八年第一期。

遼與日本的關係瑣談，馮繼欽撰，北方文物一九八八年第一期。

遼史補正五則，費國慶撰，社會科學輯刊一九八八年第三期。

遼史避諱表，陳述撰，遼金史論集第四輯，書目文獻出版社，一九八九年。

遼史校證三則，雷昀撰，東北地方史研究一九九〇年第一期。

遼史耶律速撒傳有誤，雷昀撰，東北地方史研究一九九〇年第二期。

遼史迭粟底即轄底之子迭里特，天放撰，東北地方史研究一九九〇年第四期。

遼史所記耶律資忠即耶律行平，天放撰，東北地方史研究一九九一年第一期。

遼史皇族表補正，向南撰，東北地方史研究一九九一年第二期。

遼代「西南面五押招討司」辨，天放撰，東北地方史研究一九九一年第四期。

契丹王朝政治軍事制度研究，楊若薇撰，中國社會科學出版社，一九九一年。

遼代后族與遼季后妃三案，蔡美彪撰，歷史研究一九九四年第二期。

點校本遼史正誤，閻萬章撰，遼海文物學刊一九九五年第一期。
東丹國與東京道，日本高井康典行撰，史滴第十八號，一九九六年。
遼史地理志考補——上京道、東京道失載之州軍，馮永謙撰，社會科學戰綫一九九八年第四期。
遼史補正六則，楊黛撰，浙江大學學報一九九九年第三期。
遼史地理志平議，張修桂、賴青壽撰，歷史地理第十五輯，上海人民出版社，一九九九年。
遼代韓匡嗣與其家人三墓誌銘考釋，劉鳳翥、金永田撰，香港中文大學中國文化研究所學報新第九期，二〇〇〇年。
遼蕭義墓誌考釋，劉東社撰，文博二〇〇〇年第六期。
兩唐書輿（車）服志校釋稿，孫機撰，中國古輿服論叢（增訂本），文物出版社，二〇〇一年。
遼代的渤海遺民——以東丹國和定安國爲中心，劉浦江撰，文史二〇〇三年第一輯。
耶律仁先墓誌銘與耶律智先墓誌銘之比較研究，愛新覺羅烏拉熙春撰，立命館文學第五八一號，二〇〇三年。
遼代蕭烏盧本等三人的墓誌銘考釋，劉鳳翥、唐彩蘭、高娃撰，文史二〇〇四年第二輯。

從遼史國語解到欽定遼史語解，劉浦江撰，歐亞學刊第四輯，中華書局，二〇〇四年。

遼金史與契丹、女真文，愛新覺羅烏拉熙春撰，日本東亞歷史文化研究會，二〇〇四年。

遼宋夏金元五朝日曆，洪金富編，臺北中研院歷史語言研究所，二〇〇四年。

契丹小字蕭大山和永清公主墓誌考釋，袁海波、劉鳳翥撰，文史二〇〇五年第一輯。

再論阻卜與韃靼，劉浦江撰，歷史研究二〇〇五年第二期。

遼史所載宋遺來使資料勘誤，薛政超撰，廣西社會科學二〇〇五年第二期。

遼聖宗皇帝十子考，魏奎閣撰，遼金史研究，吉林大學出版社，二〇〇五年。

遼金元三史樂志研究，王福利撰，上海音樂學院出版社，二〇〇五年。

遼代耶律隆祐墓誌銘和耶律貴墓誌銘考釋，劉鳳翥、唐彩蘭等撰，文史二〇〇六年第四輯。

契丹小字蕭特每闊哥駙馬第二夫人韓氏墓誌銘考釋，劉鳳翥、清格勒撰，十—十三世紀中國文化的碰撞與融合，上海人民出版社，二〇〇六年。

契丹文墓誌より見た遼史，愛新覺羅烏拉熙春撰，日本松香堂，二〇〇六年。

遼朝の皇族——金啓孮先生逝去二周年に寄せて，愛新覺羅烏拉熙春撰，立命館文學第五九四號，二〇〇六年。

梁國王墓誌銘文初釋，韓世明、吉本智慧子撰，民族研究二〇〇七年第二期。
再談東丹國國號問題，劉浦江撰，中國史研究二〇〇八年第一期。
遼金與高麗的保州交涉，趙永春、玄花撰，中國邊疆史地研究二〇〇八年第一期。
内蒙古巴林左旗遼代祖陵考古發掘的新收穫，中國社會科學院考古研究所内蒙古第二工作隊、内蒙古文物考古研究所撰，考古二〇〇八年第二期。
遼會要，陳述、朱子方主編，上海古籍出版社，二〇〇九年。
契丹小字金代蕭居士墓誌銘考釋，郭添剛、崔嵩、王義、劉鳳翥撰，文史二〇〇九年第一輯。
遼代懿州考，余蔚撰，中華文史論叢二〇〇九年第四輯。
檢讀各史樂志的零散札記，許在揚撰，點校本「二十四史」及清史稿修訂工程簡報第二十九期，二〇〇九年。
中古北族名號研究，羅新撰，北京大學出版社，二〇〇九年。
愛新覺羅烏拉熙春女真契丹學研究，愛新覺羅烏拉熙春撰，日本松香堂，二〇〇九年。
契丹長壽公主婚姻考析，高宇撰，北方文物二〇一〇年第二期。
遼太宗朝的「皇太子」名號問題——兼論遼代政治文化的特徵，邱靖嘉撰，歷史研究二〇一〇年第六期。

蕭撻凜家族世系考，康鵬撰，新亞洲論壇第四輯，韓國首爾出版社，二〇一一年。

再論契丹「五色紀年説」——以契丹小字□爲中心，陳曉偉撰，文史二〇一一年第四輯。

韓半島から眺めた契丹女真，愛新覺羅烏拉熙春、吉本道雅撰，京都大學學術出版會，二〇一一年。

遼史複文再探——以楊皙傳和楊續傳爲例，陳曉偉撰，中國史研究二〇一二年第二期。

擔牀考，任文彪撰，故宮博物院院刊二〇一二年第六期。

遼史曆象志溯源——兼評晚清以來傳統曆譜的系統性缺陷，邱靖嘉撰，中華文史論叢二〇一二年第四期。

新出契丹史料の研究，愛新覺羅烏拉熙春、吉本道雅撰，日本松香堂，二〇一二年。

遼史姦臣傳、逆臣傳傳目辨析，苗潤博撰，中國史研究二〇一三年第二期。

契丹國舅別部世系再檢討——兼論遼史諸表的文獻學與史學史價值，苗潤博撰，史學月刊二〇一四年第四期。

契丹小字詞彙索引，劉浦江、康鵬主編，中華書局，二〇一四年。

遼高玄圭墓誌考釋，康鵬、左利軍、魏聰聰撰，北方文物二〇一四年第三期。

遼道宗「壽隆」年號探源——金代避諱之新證，邱靖嘉撰，中華文史論叢二〇一四年第四期。

遼史百官志考訂，林鵠撰，中華書局，二〇一五年。

科舉與遼代社會，高福順撰，中國社會科學出版社，二〇一五年。

四

遼會同四年耶律羽之墓誌，拓本及録文見内蒙古遼代石刻文研究（增訂本），蓋之庸編，内蒙古大學出版社，二〇〇七年。

遼應曆五年陳萬墓誌，録文見遼代石刻文编，向南編，河北教育出版社，一九九五年。

遼保寧二年劉承嗣墓誌，録文見遼代石刻文编。

遼保寧十年李内貞墓誌，録文見遼代石刻文编。

遼保寧十一年耶律琮神道碑，拓本及録文見内蒙古遼代石刻文研究（增訂本）。

遼乾亨三年王裕墓誌，録文見遼代石刻文编。

遼乾亨三年張正嵩墓誌，拓本見北京圖書館藏中國歷代石刻拓本匯編第四十五册，北京圖書館金石組編，中州古籍出版社，一九九〇年；録文見遼代石刻文編。
遼乾亨三年劉繼文墓誌，拓本見遼寧省博物館藏碑誌精粹，遼寧省博物館編，文物出版社、日本中教出版株式會社，二〇〇〇年；録文見遼代石刻文編。
遼乾亨四年韓匡嗣墓誌，拓本及録文見内蒙古遼代石刻文研究（增訂本）。
遼統和三年韓德昌墓誌，拓本及録文見内蒙古遼代石刻文研究（增訂本）。
遼統和十一年韓匡嗣妻秦國太夫人墓誌，拓本及録文見内蒙古遼代石刻文研究（增訂本）。
遼統和十四年韓德威墓誌，拓本及録文見内蒙古遼代石刻文研究（增訂本）。
遼統和十五年韓佚墓誌，拓本見遼韓佚墓發掘報告，黄秀純、傅公鉞撰，考古學報一九八四年第三期；録文見遼代石刻文編。
遼統和十八年劉宇傑墓誌，録文見遼代石刻文編。
遼統和十八年高嵩墓誌，録文見遼代石刻文續編，向南、張國慶、李宇峰編，遼寧人民出版社，二〇一〇年。
遼統和二十三年重修雲居寺碑記，拓本見北京遼金史迹圖志，梅寧華主編，北京燕山出版社，二〇〇四年；録文見遼代石刻文編。

遼統和二十三年王悦墓誌，録文見遼寧喀左縣遼王悦墓，李文信、朱貴、李慶發撰，考古一九六二年第九期。
遼統和二十六年耶律元寧墓誌，拓本及録文見内蒙古遼代石刻文研究（增訂本）。
遼統和二十六年常遵化墓誌，録文見遼代石刻文編。
遼統和二十八年耶律隆祐墓誌，拓本及録文見内蒙古遼代石刻文研究（增訂本）。
遼開泰六年無垢淨光大陀羅尼法舍利經記，録文見遼代石刻文編。
遼開泰八年慈雲寺舍利塔記，録文見遼代石刻文編。
遼開泰九年耿延毅墓誌，拓本見遼上京地區出土的遼代碑刻彙輯，劉鳳翥、唐彩蘭、青格勒編著，社會科學文獻出版社，二〇〇九年；録文見遼代石刻文編。
遼太平二年韓紹娣墓誌，録文見遼代石刻文續編。
遼太平三年馮從順墓誌，録文見遼代石刻文編。
遼太平四年張琪墓誌，拓本見北京圖書館藏中國歷代石刻拓本匯編第四十五册；録文見遼代石刻文編。
遼太平六年宋匡世墓誌，拓本見遼寧省博物館藏碑誌精粹；録文見遼代石刻文編。
遼太平七年耶律遂正墓誌，拓本及録文見内蒙古遼代石刻文研究（增訂本）。

遼太平七年耿知新墓誌，劉鳳翥先生藏拓本；録文見遼代石刻文編。

遼太平九年蕭僅墓誌，北京大學圖書館藏拓本；録文見遼代石刻文編。

遼太平十一年聖宗皇帝哀册，拓本及録文見内蒙古遼代石刻文研究（增訂本）。

遼重熙六年韓椅墓誌，北京大學圖書館藏拓本；録文見遼代石刻文編。

遼重熙七年耶律元妻晉國夫人蕭氏墓誌，拓本見遼寧省博物館藏碑誌精粹；録文見遼代石刻文編。

遼重熙七年蕭紹宗墓誌，拓本及録文見遼代蕭紹宗墓誌銘和耶律燕哥墓誌銘考釋，郭寶存、祁彦春撰，文史二〇一五年第三輯。

遼重熙八年張思忠墓誌，拓本見遼寧省博物館藏碑誌精粹；録文見遼代石刻文編。

遼重熙八年趙爲幹墓誌，録文見遼代石刻文編。

遼重熙十年北大王墓誌，拓本及録文見内蒙古遼代石刻文研究（增訂本）。

遼重熙十四年晉國王妃秦國太妃耶律氏墓誌，拓本及録文見遼秦國太妃晉國王妃墓誌考，萬雄飛撰，文物二〇〇五年第一期。

遼重熙十五年秦晉國大長公主墓誌，録文見遼代石刻文編。

遼重熙十八年慶州螭首造像建塔碑，拓本及録文見内蒙古遼代石刻文研究（增訂本）。

遼重熙十八年慶州五層塔室碑，録文見内蒙古遼代石刻文研究（增訂本）。

遼重熙二十二年耶律宗教墓誌，拓本見北鎮遼耶律宗教墓，魯寶林、辛發、吴鵬撰，遼海文物學刊一九九三年第二期；録文見遼代石刻文编。

遼重熙二十二年王澤墓誌，拓本見北京遼金史迹圖志；録文見遼代石刻文编。

遼重熙二十二年張儉墓誌，拓本見北京遼金史迹圖志；録文見遼代石刻文编。

遼清寧四年聖宗欽哀皇后哀册，拓本及録文見内蒙古遼代石刻文研究（增訂本）。

遼清寧八年耶律宗政墓誌，録文見遼代石刻文编。

遼清寧九年聖宗淑儀贈寂善大師墓誌，拓本見遼上京地區出土的遼代碑刻彙輯；録文見遼代石刻文續编。

遼清寧九年張績墓誌，録文見遼文存卷五，繆荃孫编，清光緒二十二年刻本。

遼咸雍元年耶律宗允墓誌，拓本見遼寧考古文集圖版二三，遼寧省文物考古研究所編，遼寧民族出版社，二〇〇三年；録文見遼代石刻文编。

遼咸雍四年蕭知行墓誌，録文見關山遼墓，遼寧省文物考古研究所編，文物出版社，二〇一一年。

遼咸雍五年韓資道墓誌，拓本照片見北京出土遼韓資道墓誌，文物資料叢刊第二輯，魯琪撰，文物出版社，一九七八年。；録文見遼代石刻文編。

遼咸雍五年秦晉國妃墓誌，拓本見遼寧考古文集圖版二二；録文見遼代石刻文編。

遼咸雍五年董匡信及妻王氏墓誌，拓本照片見北京圖書館藏中國歷代石刻拓本匯編第四十五册；録文見遼代石刻文編。

遼咸雍六年蕭闛墓誌，拓本及録文見内蒙古遼代石刻文研究（增訂本）。

遼咸雍七年耶律宗福墓誌，拓本及録文見内蒙古遼代石刻文研究（增訂本）。

遼咸雍八年耶律仁先墓誌，拓本見遼寧省博物館藏碑誌精粹；録文見遼代石刻文編。

遼咸雍八年創建靜安寺碑銘，拓本見北京圖書館藏中國歷代石刻拓本匯編第四十五册；録文見全遼文卷八，陳述輯校，中華書局，一九八二年。

遼咸雍八年耶律宗愿墓誌，拓本見遼上京地區出土的遼代碑刻彙輯；録文見遼代石刻文續編。

遼咸雍八年蕭闡墓誌，拓本見内蒙古遼代石刻文研究（增訂本）；録文見遼代石刻文續編。

遼咸雍九年蕭德恭墓誌，拓本見關山遼墓圖版五二；録文見遼代石刻文續編。

遼大康元年耶律祁墓誌銘，劉鳳翥先生藏拓本。

遼大康元年蕭德温墓誌，録文見遼代石刻文編。

遼大康二年興宗仁懿皇后哀册，録文見遼代石刻文編。

遼大康六年蕭勃特本墓誌，拓本及録文見内蒙古遼代石刻文研究（增訂本）。

遼大康七年聖宗仁德皇后哀册，拓本及録文見内蒙古遼代石刻文研究（增訂本）。

遼大康九年耶律元佐墓誌，拓本及録文見内蒙古遼代石刻文研究（增訂本）。

遼大康十年高玄圭墓誌，拓本及録文見遼高玄圭墓誌考釋，康鵬、左利軍、魏聰聰撰，北方文物二〇一四年第三期。

遼大安元年鄭頡墓誌，拓本見北京遼金史迹圖志；録文見遼代石刻文續編。

遼大安三年蕭興言墓誌，拓本見内蒙古遼代石刻文研究（增訂本）；録文見遼代石刻文續編。

遼大安三年董庠妻張氏墓誌，拓本見北京遼金史迹圖志；録文見遼代石刻文編。

遼大安五年梁穎墓誌，拓本及録文見遼朝梁穎墓誌銘考釋，楊衞東撰，文史二〇一一年第一輯。

遼大安九年蕭公妻耶律氏墓誌，録文見遼代石刻文續編。

遼大安十年耶律慶嗣墓誌，拓本見遼寧省博物館藏碑誌精粹；録文見遼代石刻文編。

遼大安十年耶律智先墓誌，拓本及録文見契丹小字耶律智先墓誌銘考釋，趙志偉、包瑞軍撰，民族語文二〇〇一年第三期。
遼壽昌三年賈師訓墓誌，拓本見遼寧省博物館藏碑誌精粹；録文見遼代石刻文編。
遼壽昌五年玉石觀音像唱和詩碑，録文見遼代石刻文編。
遼壽昌五年劉祜墓誌，拓本及録文見内蒙古遼代石刻文研究（增訂本）。
遼壽昌五年尚暐墓誌，拓本及録文見内蒙古遼代石刻文研究（增訂本）。
遼乾統元年道宗哀册，拓本見契丹小字研究圖版七，清格爾泰、劉鳳翥、陳乃雄、于寶林、邢復禮撰，中國社會科學出版社，一九八五年；録文見遼代石刻文編。
遼乾統元年梁援墓誌，拓本見遼寧省博物館藏碑誌精粹；録文見遼代石刻文編。
遼乾統八年妙行大師行狀碑，拓本見遼寧省博物館藏碑誌精粹；録文見遼代石刻文編。
遼乾統十年義和仁壽皇太叔祖哀册，拓本及録文見内蒙古遼代石刻文研究（增訂本）。
遼乾統十年宋魏國妃蕭氏墓誌，拓本及録文見内蒙古遼代石刻文研究（增訂本）。
遼乾統十年高爲裘墓誌，録文見遼代石刻文編。
遼乾統十年高澤墓誌，録文見遼代石刻文編。
遼乾統十年蕭德恭妻耶律氏墓誌，拓本見關山遼墓圖版五一；録文見遼代石刻文續編。

遼天慶二年蕭義墓誌，拓本見遼上京地區出土的遼代碑刻彙輯；録文見遼代石刻文編。
遼天慶三年耶律習涅墓誌，拓本及録文見内蒙古遼代石刻文研究（增訂本）。
遼天慶四年王師儒墓誌，拓本見北京圖書館藏中國歷代石刻拓本匯編第四十五册；録文見遼代石刻文編。
遼天慶十年杜悆墓誌，拓本見遼杜悆墓誌考，陳康撰，北京文物與考古第五輯，北京燕山出版社，二〇〇二年。
遼保大元年劉暐墓誌，拓本及録文見内蒙古遼代石刻文研究（增訂本）。
契丹大字耶律祺墓誌，拓本及考釋見契丹大字耶律祺墓誌銘考釋，劉鳳翥撰，内蒙古文物考古二〇〇六年第一期。
契丹小字道宗皇帝哀册，拓本及考釋見契丹小字研究。
契丹小字故耶律氏銘石，拓本及考釋見契丹小字研究。
契丹小字蕭令公墓誌，拓本及考釋見契丹小字研究。
契丹小字耶律迪烈墓誌，拓本及考釋見契丹小字耶律迪烈墓誌銘考釋，盧迎紅、周峰撰，民族語文二〇〇〇年第一期。

契丹小字耶律永寧郎君墓誌，拓本及考釋見契丹小字耶律永寧郎君墓誌銘考釋，鄭曉光撰，民族語文二〇〇二年第二期。

契丹小字韓敵烈墓誌，拓本及考釋見契丹小字韓敵烈墓誌銘考釋，唐彩蘭、劉鳳翥、康立君撰，民族語文二〇〇二年第六期。

契丹小字蕭大山和永清公主墓誌，拓本及考釋見契丹小字蕭大山和永清公主墓誌考釋，袁海波、劉鳳翥撰，文史二〇〇五年第一輯。

契丹小字韓高十墓誌，拓本及考釋見遼代韓德昌墓誌銘和韓高十墓誌銘考釋，劉鳳翥、清格勒撰，國學研究第一五卷，北京大學出版社，二〇〇五年。

契丹小字蕭圖古辭墓誌銘，拓本及考釋見契丹小字蕭奮勿膩圖古辭墓誌銘考釋，劉鳳翥、梁振晶撰，文史二〇〇八年第一輯。

契丹小字耶律副署墓誌，拓本及考釋見契丹小字耶律副部署墓誌銘考釋，蓋之庸、齊曉光、劉鳳翥撰，内蒙古文物考古二〇〇八年第一期。

契丹小字梁國王墓誌，拓本及考釋見契丹小字梁國王墓誌銘考釋，萬雄飛、韓世明、劉鳳翥撰，燕京學報新第二十五期，二〇〇八年。

契丹小字蕭居士墓誌，拓本及考釋見契丹小字金代蕭居士墓誌銘考釋，郭添剛、崔嵩、王義、劉鳳翥撰，文史二〇〇九年第一輯。
契丹小字耶律宗教墓誌銘，拓本及考釋見遼上京地區出土的遼代碑刻彙輯。
契丹小字耶律弘用墓誌，拓本及考釋見遼上京地區出土的遼代碑刻彙輯。
契丹小字宋魏國妃墓誌，拓本及考釋見遼上京地區出土的遼代碑刻彙輯。
房山石經題記彙編，北京圖書館金石組編，書目文獻出版社，一九八七年。
唐永泰二年李過折墓誌，拓本及録文見對西安市東郊唐墓出土契丹王墓誌的解讀，葛承雍撰，考古二〇〇三年第九期。
後唐同光元年王處直墓誌，拓本及録文見五代王處直墓，河北省文物研究所、保定市文物管理處編，文物出版社，一九九八年。
後周顯德五年宋彦筠墓誌，拓本見隋唐五代墓誌匯編洛陽卷，陳長安主編，天津古籍出版社，一九九一年；録文見五代墓誌彙考，周阿根撰，黄山書社，二〇一二年。
宋開寶七年陁羅尼經幢，録文見金石萃編卷一二三，清王昶編，石刻史料新編第一輯，臺灣新文豐出版股份有限公司，一九八二年。
宋太平興國五年上清太平宮碑，録文見金石萃編卷一二五，石刻史料新編第一輯。

宋慶曆四年重修鎮國寺記，録文見山右石刻叢編卷一三，清胡聘之編，石刻史料新編第一輯。

宋紹聖三年王公儀碑銘，金石萃編卷一四一，石刻史料新編第一輯。

高麗文宗二十九年（遼咸雍十一年）崔士威廟誌，録文見韓國金石全文（中世上），許興植編著，漢城亞細亞文化社，一九八四年。

金大定十七年完顏婁室神道碑，録文見羅福頤編滿洲金石志外編，滿日文化協會，石印本，一九三七年。

金大定十七年完顏希尹神道碑，北京大學圖書館藏清拓本；録文見羅福頤滿洲金石志卷三，石刻史料新編第一輯。

金大定二十三年韓詠墓誌，拓本見金代韓詠墓誌考，齊心撰，考古一九八四年第八期；録文見遼代石刻文續編。

金大安三年楊瀛神道碑，拓本及録文見北京遼金史迹圖志。

後記

點校本遼史修訂工作由北京大學歷史學系暨中國古代史研究中心劉浦江教授主持，始於二〇〇七年五月，同年十月，遼史修訂方案通過專家評審。二〇〇八年六月，遼史修訂樣稿五卷亦由專家審定通過。整個修訂工作至二〇一四年八月全部完成，前後歷時七年。在此期間，劉浦江教授始終主持全書修訂工作，並負責定稿，先後有十二人參與此次修訂，具體分工情況如次：

康鵬（中國社會科學院歷史研究所）：卷五至九、卷一六至二〇、卷三七至四一、卷一一六；

邱靖嘉（中國人民大學歷史學院）：卷三、卷一四至一五、卷二一至二二、卷二五至二六、卷四二至四四、卷七三、卷七六、卷七九至八一、卷九四；

陳曉偉（中國社會科學院民族學與人類學研究所）：卷二七、卷六八至七〇、卷八三、卷八八至八九、卷九七；

任文彪（中國錢幣博物館陳列宣教部）：卷二八、卷四九至五八、卷九五至九六、卷九八至九九、卷一〇一、卷一〇三至一〇五；

苗潤博（北京大學歷史學系博士研究生）：卷二九至三三、卷六四至六七、卷一〇六至一〇七、卷一一〇至一一一；

林鵠（中國社會科學院歷史研究所）：卷四五至四八；

高宇（吉林省委辦公廳）：卷一、卷一〇至一一、卷七一、卷八七；

曹流（中央民族大學歷史文化學院）：卷二、卷一二至一三、卷七二、卷七五；

樂日樂（中國國家博物館展覽一部）：卷二三至二四、卷七八、卷八四至八六、卷九〇至九三；

聶文華（北京大學歷史學系博士研究生）：卷四、卷七七；

肖乃鋮（北京字節跳動科技有限公司）：卷五九至六三、卷七四、卷八二、卷一一二至一一五；

趙宇（北京大學歷史學系博士研究生）：卷三四至三六、卷一〇〇、卷一〇二、卷一〇八至一〇九。

在統稿階段，劉浦江教授不幸罹患癌症，但仍堅持親自審定全書，及時交稿，並撰寫修訂前言、凡例。二〇一五年一月劉浦江教授辭世，修訂稿的後續修改、校閲及出版事宜由弟子邱靖嘉負責統籌，康鵬、陳曉偉、任文彪、苗潤博等弟子協同處理。經中華書局編輯部送請專家審稿、編輯審讀加工，最終定稿。

修訂組在工作過程中，撰有大量的校勘長編，其中一部分是對修訂本徑改之處版本異同的説明，但更多的是對遼史記載所存在的各種問題進行的考證研究。因體例所限，許多内容無法在校記中得以體現。遼史修訂校勘長編待進一步整理後，將另行出版。

點校本遼史修訂組

二〇一六年三月

點校本二十四史及清史稿修訂工程組織機構

總　修　纂　任繼愈

學術顧問　王元化　王永興　王鍾翰　何兹全　季羨林　馮其庸　蔡尚思
戴　逸　饒宗頤（以姓氏筆畫爲序）

修纂委員會　丁福林　王小盾　王　素　朱　雷　吴玉貴　吴金華　吴麗娱
汪桂海　辛德勇　周天游　武秀成　孟彦弘　南炳文　施新榮
烏　蘭　凍國棟　陳尚君　陳高華　徐　俊　張　帆　張金龍
程妮娜　景蜀慧　趙生群　裴汝誠　鄭小容　劉次沅　劉浦江
戴建國　羅　新（以姓氏筆畫爲序）

審定委員會　王天有　王文楚　王春瑜　王　堯　王曾瑜　王繼如　白化文

田餘慶　安平秋　安作璋　何英芳　何齡修　吴宗國　吴榮曾

宋德金　李學勤　周良霄　周振鶴　周清澍　周偉洲　來新夏

祝總斌　陳允吉　陳祖武　陳智超　袁行霈　高　敏　陶　敏

徐蘋芳　張大可　張文强　張忱石　崔文印　梁太濟　許逸民

黄留珠　鄒逸麟　程毅中　傅璇琮　傅熹年　裘錫圭　蔡美彪

熊國禎　樓宇烈　劉鳳翥　龔延明　（以姓氏筆畫爲序）